Anselm Schubert
Gott essen

Anselm Schubert

Gott essen

Eine kulinarische Geschichte
des Abendmahls

C. H. Beck

Mit 28 Abbildungen

© Verlag C.H.Beck oHG, München 2018
Umschlaggestaltung: Geviert, Grafik & Typografie, Michaela Kneißl
Umschlagabbildung: Antonio Baschenis, Das letzte Abendmahl,
Fresko auf der rechten Wand von Santo Stefano in Carisolo (Trentino),
15. Jahrhundert, © akg-images/Fototeca Gilardi
Satz: Janß GmbH, Pfungstadt
Druck und Bindung: CPI – Ebner &Spiegel, Ulm
Gedruckt auf säurefreiem, alterungsbeständigem Papier
(hergestellt aus chlorfrei gebleichtem Zellstoff)
Printed in Germany
ISBN 978 3 406 70055 2

www.chbeck.de

Der Familie,
den Freunden
und dem Freitagabend

Inhalt

Fleisch und Brot, Bier, Wein und Cola: Eine kulinarische
Geschichte des Abendmahls   11

Erster Teil
Brot und Wein der Christen

19

1. **Der Mahlkult des frühen Christentums (bis 120)**   21
   Das hellenistische Symposion 22 – Die vielen Speisen und das eine Gericht 25 – Das letzte Pessach 28

2. **Das Kultmahl der Alten Kirche (120–400)**   31
   Die Entstehung des Kultmahls 31 – Vielfältige Speisen und Bräuche 36 – Die Tradition von Brot und Wein 41 – Heilige Nahrung 46

3. **Staaten und Stämme (400–800)**   51
   Das Lamm und die Lanze 51 – Machtvolle Speisen 56

Zweiter Teil
Brot und Wein der Kirche

61

1. Die Klerikalisierung der Materie (800–1050)   63
Heilige Handlungen 63 – Klerus und Laien 65 – Materie und Form 68 – Rom und Konstantinopel 74 – Die russische Kirche 77

2. Eine eucharistische Kultur (1050–1525)   81
Die Wandlung der Materie 81 – Die Materie der Wandlung 86 – Gefährdete Reinheit 89 – An den Rändern der Welt 95 – Not kennt kein Gebot 98 – Gott als Gebrauchsgegenstand 99 – Sehen statt essen 102 – Bilder des Abendmahls 105

Dritter Teil
Brot und Wein des Glaubens

115

1. Streit um den Leib Gottes (1525–1830)   117
Substanz, Präsenz oder Symbol? 117 – Luthers Kniebank 120 – Die Quadratur der Hostie 125 – Auszug aus dem Sündenbabel 126 – Die calvinistische Antarktis 128 – Wassermessen und Vinarier 130 – Das Schaumbrot des Antichristen 131 – Reinigung der Riten 133 – «To bee eaten at the Table wyth other meates» 135 – Riten einer Weltkirche 137 – Asien – nur Huhn, Fisch und Reis 141 – Alte Götter und neue Speisen 146 – Eine böse Überraschung 153 – Theorie und Praxis der Lutheraner 156 – Verbrechen und Sittsamkeit 157 – Das Normbrot der konfessionellen Einheit 160

2. Der Leib Gottes im industriellen Zeitalter (1830–1970)   163
Vom Kunstwein zur Pastoralchemie 164 – Der Kelch der Dämonen 173 – «Mission ist Kampf gegen den Schnaps» 180 – Der Tod aus dem Kelch 181

3. Die Rückkehr der Vielfalt (seit 1970)   187
Alternativ, gesund und postkolonial 187 – Neue Riten braucht das Land 188 – Zärtlichkeit und Protest 190 – Unverträglichkeiten 192 – Eine Frage der Definition 197 – Fremde Materien 200 – Zwischen Cola und Walspeck 202

«The coconut of life» oder: Blick zurück in die Zukunft   206

Anhang

Dank 213 – Glossar 215 – Anmerkungen 217 – Literatur 242 – Bildnachweis 266 – Personenregister 267

«Unser Gott ist sowohl Essen als auch Trinken. Wir essen ihn, wenn wir ihn erkennen; wir trinken ihn, indem wir ihn lieben. [...] Aber so wie Speise nicht gegessen wird, ohne gekaut zu werden, gelangen wir zum Geschmack der Erkenntnis nur durch die Mühsal des Forschens.» *Hugo von St. Viktor*[1]

Fleisch und Brot, Bier, Wein und Cola:
Eine kulinarische Geschichte des Abendmahls

Im Winter 1997 veranstaltete das *Magazin* der *Süddeutschen Zeitung* ein Experiment. Es beauftragte Paula Bosch, die Sommelière des Münchener Sterne-Restaurants Tantris, die Weine zu beurteilen, die am kommenden Sonntag zur Eucharistie in den deutschen Domkirchen verwendet werden sollten. Das Ergebnis war vernichtend. Der französische Likörwein «Aureus» (Münster): «Nase nicht ganz sauber mit wenig Aroma, verhaltener Duft. Wirkt tot. Fettig und dumpf.» Der Silvaner der Kolb'schen Messweinstiftung in Würzburg: «Rosinig. Fett, breit, überlagert. Bitter im Abgang. Ich bedaure den Pfarrer, der das trinken muss.» Limburg schnitt noch am besten ab: «Vordergründiger Petrolgeruch, würzig, unterlegter Bodenton.» Im Fazit: «Der Herrgott hat in meinen Augen doch etwas Besseres verdient.»

Die Idee, die Eucharistie des katholischen Hochamtes auf ihr materielles Substrat zu beschränken, sie als Akt reinen Essens und Trinkens zu betrachten und dann den Kriterien der Restaurantkritik zu unterwerfen, offenbart ihre ganze Abgründigkeit erst, wenn man bedenkt, dass nach katholischer Lehre Brot und Wein in Leib und Blut Christi verwandelt werden: Dann hat der Herrgott es tatsächlich nicht verdient, dass man ihm als Substrat seiner Transsubstantiation ein dumpfes, fettiges, nach Petroleum riechendes Etwas anbietet. Dem ironischen Experiment des *SZ-Magazins* liegt aber eine ebenso wichtige wie elementare Beobachtung zugrunde: Der zentrale Ritus der christlichen Religion ist in der Tat ein Akt des Essens und Trinkens. Man isst ein Stück Brot und trinkt einen Schluck Wein – alles Weitere kommt erst danach.

Die Idee einer kulinarischen Geschichte des Abendmahls beschäftigt mich schon lange. Zugegebenermaßen war es zunächst die oft komische Fallhöhe zwischen der religiösen Überhöhung des Abendmahls und seiner bisweilen sehr profanen Realität in Form irgendwelcher krümeliger und flüssiger Substanzen, die mich auf die Idee brachte, eine Kulturgeschichte der Abendmahlselemente zu schreiben. Im Laufe der Arbeit an diesem Buch wurde mir jedoch immer deutlicher, dass diese Konzentration auf die realen Speisen und Getränke des Abendmahls auch der direkteste Weg zurück zu seiner ursprünglichen Bedeutung ist.

In den ersten hundert Jahren feierten die Christen das Abendmahl mit den Speisen, die sie von zuhause mitbrachten, gemeinsam verzehrten und von denen sie Christus und den Armen opferten. Wie für ihre heidnische Umgebung war für sie das Symposion, das gemeinsame kultische Mahl, die wichtigste Form gelebter Religion. Ein solches Symposion ließ sich aber nur mit wenigen Gästen abhalten. Als die christlichen Gemeinden wuchsen, wurde das kultische Mahl zunehmend von dem gemeinsamen Essen unterschieden. Fleisch und Früchte, Obst und Käse blieben zuhause oder wurden in besonderen Gemeinschaftsmahlen verzehrt. Das «Herrenmahl» wurde zu einem hoch ritualisierten Kult, bei dem zunehmend nur noch Wein und Brot (oder was man darunter verstand) die Elemente bildeten.

Seit dem vierten Jahrhundert wurden im oströmischen Reich (und seit dem neunten Jahrhundert auch im Westen) nicht mehr die von den Gläubigen mitgebrachten Gaben verzehrt, sondern Brot und Wein von den Klerikern gestellt und im Namen der Kirche gespendet. Aus dem Brot der Christen war ein Brot der Kirche geworden. Im Westen ging damit die Erfindung der Oblatenhostie einher, die mit dem ursprünglichen Brot nichts mehr zu tun hatte, sondern nur noch die Verkörperung seiner abstrakten Idee war. Als wenig später den Laien auch der Kelch nicht mehr gespendet wurde, war aus dem frühchristlichen Gemeinschaftsmahl endgültig ein Kultvorgang geworden, der schon bald mit magischen Vorstellungen aufgeladen wurde. Die Scheu vor dieser Eucharistie war so groß, dass die Laien im Spätmittelalter fast ganz auf die Teilnahme verzichteten und sich darauf beschränkten, die Hostie aus sicherer Entfernung anzuschauen und anzubeten und nur den Wein zu trinken, mit dem der Priester den Kelch *nach* der Eucharistie ausgespült hatte.

Die Reformation änderte (bis auf die Einführung des Laienkelches) daran so gut wie nichts. Erst zu Anfang des siebzehnten Jahrhunderts forderte der Calvinismus als Zeichen der Abkehr vom Papsttum energisch die Abschaffung der Hostie und die Rückkehr zum gesäuerten Brot, das Christus seinerzeit verwendet habe. Echtes Brot wurde nun das Erkennungszeichen des Calvinismus, während das Luthertum und die katholische Kirche bei der Hostie aus Weizenmehl blieben. Aus dem Brot der Kirche war das Brot des eigenen Bekenntnisses geworden, das sich vom Glauben der anderen abgrenzte.

An den Rändern des Christentums, wo Brot und Wein unbekannt waren, brachen sich die Traditionen des Christentums über Jahrhunderte an der Alltagswirklichkeit fremder Kulturen. Das Abendmahl wurde an den Grenzen Europas noch lange mit den Nahrungsmitteln gefeiert, die zur Verfügung standen: Wasser, Gerste, Bier in Skandinavien, Heidelbeerwein in Island und Grönland, Reis und Palmwein in Südostasien. Hybridisierung war ein sich ständig vollziehender Prozess an den Grenzen des Christentums, das sich langsam über die ganze Welt ausbreitete: zunächst nur an den nördlichen Grenzen des Römischen Reiches, dann an den noch nördlicheren und östlicheren Grenzen des christlichen Europa. Nach der Neuformierung der katholischen Kirche im Konzil von Trient war mit solchen Experimenten und Kompromissen Schluss: Im Zuge der Kolonisation und der Mission wurden Hostien aus Weizenmehl und Wein aus Traubensaft schließlich auch in die letzten Weltgegenden der europäischen Kolonialreiche in Amerika, Afrika und Asien gebracht.

Erst neuerdings, im Zeichen des Postkolonialismus, wird die Tradition von Wein und Weizen in vielen Gemeinden und Kirchen als westliches Diktat bewusst abgelehnt. Eine ganze Reihe von Kirchen außerhalb Europas fordert seit Jahren die Verwendung heimischer Speisen und Getränke. 1982 stellte der Ökumenische Rat der Kirchen fest, dass die Ansicht, «ortsübliche Nahrungsmittel und Getränke» könnten das Abendmahl besser ausdrücken, weit verbreitet war.[2] Eine Untersuchung der «Inter-Anglican Liturgical Commission» ergab 2005, dass im subsaharischen Afrika seit Jahren vor allem Fanta oder Cola beim Abendmahl zum Einsatz kamen. In pazifischen Gemeinden, auch an theologischen Ausbildungsstätten, werden Kokosnüsse verwendet. In Alaska wird unter den indigenen Völkern die Tradition des rituellen Potlatch wiederentdeckt – mit der Konsequenz, dass die ersten fordern, das Abendmahl wie die rituellen Feste der Vorfahren wieder mit Walspeck zu feiern.[3]

In solchen Kirchen wird die alte Verbindung von ursprünglicher *Mahlgemeinschaft* und einheimischen Speisen wiederentdeckt, weil man die Abendmahlselemente Weizen und Wein als europäisch ablehnt. In Europa ist es dagegen die Rückbesinnung auf das urchristliche *Gemeinschaftsmahl*, die zur Entwicklung des «Feierabendmahls» führte. Auch wenn es das «klassische» Abendmahl in den evangelischen Kirchen noch nicht abgelöst hat, hat es für viele, die dem traditionellen Ritus fernstehen, doch inzwischen große Attraktivität entwickelt.

Heute sind viele Kirchen weltweit dabei, die historische Trennung von Gemeinschaftsmahl und Herrenmahl wieder aufzuheben.

Die Geschichte scheint nach einer langen Zeit zu ihren Ursprüngen zurückzukehren. Das Bild einer Weizenoblate und eines Kelches mit Wein, das im kulturellen Gedächtnis für den christlichen Kult schlechthin steht, könnte sich auf lange Sicht als eine Episode der Geschichte erweisen. Die Vielfalt der Speisen, Getränke und Bräuche ist zurück. Die Geschichte ihrer Entstehung, ihres Verlustes und ihrer Wiedergewinnung will dieses Buch erzählen.

Dieses Buch ist ein Experiment. In ihm verbinden sich die zwei denkbar weit entfernten Themengebiete Christentumsgeschichte und Kulinarik. Das alte Fach Kirchengeschichte wird mit einer ganzen Reihe neuerer Disziplinen zusammengespannt. *Food History* ist die neueste und spannendste von ihnen. Food History des Christentums sind nicht nur die Geschichte der Alltagsspeisen und der Ernährung in der Antike, im europäischen Mittelalter und in der globalisierten Moderne, sondern auch die Mühen, die Menschen auf sich genommen haben, um im Grönland des zwölften, im Indonesien des siebzehnten oder im Wilden Westen des neunzehnten Jahrhunderts unter widrigsten Umständen irgendetwas zu beschaffen, mit dem sie den zentralen Ritus ihrer Religion feiern konnten.[4] In der Geschichte der Abendmahlselemente sehen wir die Schleifspuren der Alltagsgeschichte, der Ernährungs- und Wirtschaftsgeschichte, der Kolonial- und Militärgeschichte am *Corpus Mysticum* der Kirche.

Zugleich ist die Geschichte der Elemente des Abendmahls eine Theologiegeschichte des Christentums. Da keineswegs unumstritten ist, was als Brot und was als Wein gelten kann, waren die katholischen Theologen seit dem zehnten Jahrhundert um eine genaue Definition bemüht. *Auch an der Frage, wie das Brot beschaffen sein müsse, zerbrach* 1054 die Einheit von Ost- und Westkirche. Seit 1600 stritten die Protestanten erbittert über die Frage, ob das Brot ein Thema sei, über das man streiten müsse. An der Frage, ob und wie im Abendmahl Wein gereicht wurde, entzündeten sich nicht nur häresiologische Debatten in der Antike, sondern auch die kirchenkritischen Bewegungen der Utraquisten im fünfzehnten Jahrhundert und die modernen Diskussionen um Alkoholismus, Aids und Infektionsgefahren.

Nicht zuletzt zeigt sich am Umgang mit den Elementen Brot und Wein die Stellung der christlichen Kirchen zu ihren jüdischen Ursprüngen. Die Debatten um die rechte Gestalt von Brot und Wein begleitet seit den Anfängen ein gespenstischer Gegendiskurs, in dem sich christliche Theologen immer wieder vom «gesetzlichen», «epikureischen» oder «abergläubischen», stets aber «sinnentleerten» jüdischen Ritus zu distanzieren versuchten. Schon die Synoden der Alten Kirche verboten den Gebrauch ungesäuerter Brote als unchristliches «Judaisieren», und noch die Einführung alkoholfreien Weins im neunzehnten Jahrhundert war nicht frei von antisemitischen Ressentiments.

Nicht alle Zeiten und Gebiete der Kirchengeschichte sind in der folgenden Darstellung gleichermaßen vertreten. Mir ist bewusst, dass es riesige weiße Flecken auf meiner Karte der Christentumsgeschichte gibt. Das liegt nicht nur an der Unmöglichkeit für einen einzelnen Historiker, alle Zeiten und Regionen der Welt gleichermaßen zu überblicken, sondern auch daran, dass Quellen keineswegs in unbeschränkter Fülle erhalten sind. Gerade weil die Abendmahlselemente als alltägliche Grundlage des Kultes meist völlig selbstverständlich waren, entstand kaum das Bedürfnis, über sie zu schreiben. Aussagen über die Abendmahlselemente finden sich nur dort, wo sie zum Problem wurden – und das war vor allem in den westlichen Kirchen der Fall. Der Schwerpunkt liegt deshalb auf dem lateinischen Christentum in seiner weltweiten Verbreitung. Der deutschen Kirchengeschichte kommt vielleicht ein ungebührlich breiter Raum zu. Trotzdem hoffe ich, nichts Entscheidendes übersehen zu haben.

Da die Geschichte der Abendmahlselemente von der Forschung bis heute weitgehend ignoriert wurde, muss man sich die meisten Informationen aus liturgischen Überlieferungen, Landesgeschichten, historischen Anekdoten, Spezialstudien zur deutschen Brotgeschichte oder zu norditalienischen Bergkirchen, aus Memoiren französischer Önologen und portugiesischer Missionare, Kochbüchern, Zeitungsberichten oder polynesischen Fachzeitschriften zusammensuchen. Die Faszination der Geschichte der Abendmahlselemente besteht nicht zuletzt darin, dass sie eine große Reise durch die Kultur- und Ernährungsgeschichte aller Kontinente der Welt ist, die uns am Ende wieder an den Anfang führt.

Erster Teil

Brot und Wein der Christen

1.
Der Mahlkult des frühen Christentums

– bis 120 –

Jahrhundertelang galt es als gewiss, dass die Eucharistie der frühen Christen auf die Stiftung des letzten Abendmahls durch Jesus zurückgeht und sich daraus durch langsames Wachstum die frühe Form der Messe entwickelt hat.

Erst im zwanzigsten Jahrhundert waren Exegeten bereit, mit dem jüdischen Hintergrund Jesu ernst zu machen und einen Unterschied zwischen dem Denken und Handeln des historischen Jesus und der religiösen Verkündigung und Praxis der frühen Kirche zuzugeben.[1] Erst seit wenigen Jahrzehnten bricht sich die Erkenntnis Bahn, dass auch der Gegensatz von jüdischem Jesus und früher Kirche von falschen Voraussetzungen ausgeht. Zum einen bestanden die Verbindungen zwischen dem Judentum und den frühen christlichen Gemeinden viel länger und waren viel enger, als man glauben wollte. Das ‹parting of the ways›, die Konstruktion eines je eigenen religiösen Profils in Abgrenzung vom anderen, nahm eher Jahrhunderte als Jahrzehnte in Anspruch und war auch um 400 noch nicht abgeschlossen.[2] Zum anderen hatte sich auch das Judentum seit Jahrhunderten in der hellenistischen Kultur bewegt, in der sich auch das Christentum entwickelte. Judentum und Christentum teilten sich also über Jahrhunderte eine gemeinsame Kultur und bedienten sich gemeinsam ihrer sozialen, künstlerischen und religiösen Ausdrucksformen, so dass schwer zu sagen ist, was im Christentum Erbe des Judentums, des Hellenismus oder der Verbindung von beidem ist.

Lange Zeit ging man also davon aus, dass das regelmäßige «Brotbrechen» (Apg. 2,42ff; 20,7 ff.; 27,35 f.) der ersten christlichen Gemeinden auf das letzte Abendmahl Jesu zurückging, von dem die synoptischen Evangelien berichten. Doch zum einen ist schwer vorstellbar, dass sich die Vielfalt der frühchristlichen Mahle aus einem singulären historischen Ereignis heraus entwickelt haben sollte, zum anderen schildern die synoptischen Evangelien das Abendmahl Jesu als jüdisches Pessachmahl, das nur einmal im Jahr und nach einem festen und komplizierten Ritus gefeiert wurde.[3] Erst nachträglich scheint die Tradition der Gemeinschaftsmahle literarisch mit dem Motiv eines letzten Abendmahls verbunden worden zu sein. Dies geschah allerdings so früh (nämlich bereits im ältesten erhaltenen Zeugnis zum christlichen Herrenmahl überhaupt, dem 1. Korintherbrief des Paulus, etwa aus dem Jahr 55), dass die Geschichte der Gemeinschaftsmahle und die ihrer Deutung kaum sinnvoll voneinander zu unterscheiden sind. Auch die Annahme, die wöchentlichen Mahlfeiern der Christen seien eine Fortsetzung jener Gemeinschaftsmahle gewesen, die Jesus zu Lebzeiten mit Anhängern, Sündern und Zöllnern feierte, hat Anhänger.[4] Doch auch hier wäre zu erklären, warum es keinerlei Aufforderung Jesu gibt, es ihm nachzutun, und warum auch die biblischen Quellen keine solche Verbindung zu den Mahlen Jesu herstellen.

Erst neuerdings ist darauf hingewiesen worden, dass die Mahlgemeinschaften der frühen Christen möglicherweise gar nicht auf die Handlungen Jesu als historischen Ursprung oder literarisches Vorbild angewiesen waren. Sie verstanden sich vermutlich von selbst.

Das hellenistische Symposion

Die christlichen Gemeinden der Anfangszeit waren nichts anderes als religiöse Vereine, wie es sie im Römischen Reich massenhaft gab: Das religiöse Zentrum dieser Vereine waren die Mahlgemeinschaften ihrer Mitglieder. Einige Forscher gehen soweit zu sagen, dass in der griechisch-römischen Antike das Symposion, das ge-

Der Mahlkult des frühen Christentums

In Gefäßen wie diesem apulischen *krater* (um 400 v. Chr.) wurden Wein und Wasser gemischt. Er zeigt aber auch, dass bei den Symposien nur Männer zugelassen waren: Frauen traten allenfalls zur Unterhaltung auf.

meinsame rituelle Mahl, die wichtigste Form des religiösen Gemeinschaftslebens jenseits der Familienandacht und diesseits des öffentlichen Tempelkultes und der Götteropfer war: «Es gab für christliche Gemeinden, so wenig wie für irgendwelche anderen Gruppen, überhaupt keine Alternative, als sich zu Gemeinschaftsmählern zusammenzufinden und sich als Mahlgemeinschaften zu organisieren: die Entstehung von Gemeinde und Gemeinschaftsmahl fällt in eins.«[5] Das gemeinsame Mahl war die übliche Praxis religiöser Vereinigungen.

Ziel der Symposia war die Stiftung von sozialer und religiöser Einheit *(homónoia)* durch gemeinsames Essen und Trinken, durch Gebet, Gesang und Gespräche. Das Symposion war die gemeinsame Feier von Einheit *(koinonía)*, Freundschaft *(philía)* und Anmut *(cháris)*. Die äußeren Formen dieser Mahle waren weithin festgelegt. Sie fanden in Privaträumen oder angemieteten Lokalen statt, groß genug, dass für jeden der geladenen Gäste eine *kliné*, eine Lagerstatt, aufgestellt werden konnte. Zuweilen teilten sich zwei Gäste eine solche Liege, doch war die Zahl der Gäste deutlich beschränkt – zwischen sieben und zwölf galt als passende Anzahl. Um der Homonoia willen bemühte man sich von vornherein um eine möglichst große soziale oder anderweitige Homogenität der Teilnehmer. An den Symposien nahmen in der Regel nur Männer teil – zumindest vom letzten Teil, dem eigentlichen Trinkgelage, waren Frauen ausgeschlossen, und nur bei bestimmten offiziellen Anlässen waren auch sie sowie Kinder, Sklaven oder Freigelassene zugelassen. Der Konflikt zwischen dem Ideal sozialer Einheit und der faktischen Demonstration sozialer Distinktion spiegelte sich in der Zuteilung der Plätze (näher oder ferner vom Gastgeber?) und Speisen (bedienen sich alle selbst? werden Portionen zugeteilt?).[6]

Das Symposion selbst teilte sich in drei klar unterschiedene Phasen: das Sättigungsmahl, die Weinspende mit dreifacher Anrufung der Götter und zeremoniellem Gesang sowie das eigentliche Trinkgelage, das aber ebenfalls zeremoniellen Regelungen unterworfen war. Die Mahlzeit wurde mit den Vorspeisen begonnen. Ab und zu wurde als Aperitif *mulsum* gereicht, ein leichter, meist mit Honig oder Gewürzen versetzter Wein. Zur Mahlzeit selbst scheint nur Wasser getrunken worden zu sein.[7] Das dazu gereichte Brot wurde als Besteck benutzt, mit dem aus der gemeinsamen Schale gegessen wurde, sowie zum Abwischen der Finger. Das Ende des Mahles zeigte die Libation an, das Trankopfer, das zum Dank den Göttern gespendet wurde: Dreimal wurde unter Anrufung der Gottheit aus einer kleinen Schale ein wenig ungemischter Wein vergossen und ein kleiner Schluck genommen.[8] Die Libation wurde vom *paian*, einem Apollo gewidmeten Hymnus, begleitet, in dem um Gesundheit, Glück und Heil gebetet wurde. Beendet wurde der *paian* durch die Bekränzung der Symposianten.

Das eigentliche Trinkgelage, die *comissiatio*, unterlag einem strengen Trinkkomment. Ein gewählter Vorsitzender, der Symposiarch, der keineswegs immer der Gastgeber sein musste, regelte den Ablauf des Symposions. Seine Aufgabe war dabei, den schmalen Grat zwischen heiterer Atmosphäre und Betrunkenheit zu wahren. Der Wein wurde vom Symposiarchen für alle in einem Mischgefäß angerichtet. Als empfehlenswert galten harmonische Mischungen von Wasser und Wein im Verhältnis von 3 zu 1, 2 zu 1 oder 3 zu 2. Der Symposiarch schenkte den Wein aus und bestimmte, wann, wie und wieviel getrunken werden durfte: Trinken oder Gehen, hieß es – «aut bibat aut abeat»![9] Das Symposion wurde begleitet durch das Gespräch, durch Gesang, manchmal auch durch Tanz, Spiele und mimische Darstellungen, und auch diese ordnete und regelte der Symposiarch, sodass aus dem Gelage die Erfahrung von Einheit, Freundschaft und Anmut werden konnte.

Die vielen Speisen und das eine Gericht

Die älteste historische Überlieferung zum gemeinschaftlichen Mahl der christlichen Gemeinden findet sich im 1. Korintherbrief des Paulus und weist erstaunliche Parallelen zu dieser Tradition privatreligiöser Feiern auf.[10] Paulus beschäftigt sich mit der Mahlfeier in Korinth, weil sie zu einem Konflikt geführt hatte: Auch in Korinth begann man mit einem Brotbrechen, dem das Sättigungsmahl und die Kelchspende folgten. Daran schloss sich das gemeinsame Gespräch an, in dem die Einzelnen ihre unterschiedlichen Charismen, ihre «Gnadengaben», zur Erbauung der Gemeinde einbringen sollten (1. Kor. 11–14), wobei Liebe, Frieden und Ordnung herrschen sollten. Diese Mahlfeier hieß zunächst «Herrenmahl» (1. Kor. 11,20), weil man sich unter Christus als dem eigentlichen Gastgeber versammelte.

Liturgiehistoriker haben darauf hingewiesen, dass das korinthische Abendmahl auch jüdische Traditionen aufnahm, denn das gemeinsame Brotbrechen mit Segensspruch steht bis heute am Anfang jeden Essens im Judentum.[11] Das Herrenmahl der korinthischen Gemeinde spiegelt also recht genau die *religiöse* Zusammensetzung der frühen paulinischen Gemeinden aus Judenchristen und Heidenchristen wider.

Problematisch waren nicht das Brotbrechen und die Kelchspende, sondern die Sättigungsmahlzeit dazwischen. Hier zeigten sich die Probleme der *sozialen* Zusammensetzung der Gemeinde: Es war üblich, dass zum Gemeinschaftsmahl jeder Speisen von zuhause beisteuerte, die gemeinsam verzehrt wurden.[12] In Korinth aber waren die sozialen Differenzen so groß, dass jeder Teilnehmer nur das verzehrte, was er selbst mitgebracht hatte: Die Reichen aßen ihre Speisen und betranken sich, während die Armen, die nichts hatten erübrigen können, leer ausgingen. Damit offenbarte gerade jener Akt, der die Einheit der Gemeinde konstituieren sollte, ihre soziale und – bedenkt man die jüdischen Speisegesetze – möglicherweise auch ihre religiöse Gespaltenheit.

Dass die Einheit der Feiernden durch das Verzehren unterschiedlicher Speisen gestört wurde und die Koinonia die sozialen Distinktionen nicht überwinden konnte, war auch aus der griechischen Tradition der Symposien bekannt.[13] Paulus muss den Korinthern in Erinnerung rufen, dass alle nur *gemeinsam* der Leib des Herrn sind: Wer im Gemeinschaftsmahl für sich essen möchte, schließt sich selbst von der Gemeinde aus und hat so nicht mehr Teil an Christus. Er isst und trinkt sich «zum Gericht». Dabei ist nicht der Empfang von Brot und Kelch gemeint, sondern der Akt des realen, gemeinsamen Essens und Trinkens.[14]

Wir wissen nicht, welche Speisen die sozialen Unterschiede in der Gemeinde so krass hervortreten ließen. Das Essen beim Herrenmahl der frühen Gemeinden dürfte so vielgestaltig gewesen sein wie die Speisekarte der Menschen selbst und sich von Woche zu Woche unterschieden haben.[15] Dass zumindest gelegentlich auch Fleisch dabei gewesen sein dürfte, zeigt die Debatte um die Frage, ob Fleisch, das bei den griechischen Tempelopfern abfiel, in der Gemeinde gegessen werden dürfe oder nicht (1. Kor. 8). Sicher wissen wir nur von Brot und Wein, die ja auch in den paganen Riten eine wichtige Rolle spielten.

Wahrscheinlich sind in den christlichen Gemeinden alle bekannten Brotsorten und -formen verwendet worden, je nachdem was die regionale Besonderheit war oder was die Gemeindemitglieder erübrigen konnten.[16] Die später viel diskutierte Frage, ob die christlichen Gemeinden gesäuertes oder ungesäuertes Brot verwendeten, lässt sich nicht eindeutig beantworten. In 1. Korinther 5,7 fordert Paulus, das «Fest» (welches genau, wird nicht ganz deutlich) solle mit ungesäuertem Brot gefeiert werden. Das scheint die jüdische Tradition vorauszusetzen. Da jüdische Speisegesetze im selben Brief aber entschieden abgelehnt werden (1. Kor. 8,8), lässt sich nicht genau sagen, ob ungesäuertes Brot nicht eher metaphorisch gemeint war. Noch weniger erfahren wir bei Paulus über den Wein. Streng genommen noch nicht einmal, ob überhaupt Wein getrunken wurde, denn Paulus sagt wie die Synoptiker nichts über den eigentlichen Inhalt des «Kelches». Bei Wein, der im Rahmen der heidnischen Opfer ausgegeben worden war (Röm. 14,21), scheint man aber ebenso skeptisch gewesen zu sein wie beim Fleisch.

Ob bei den Feiern der urchristlichen Gemeinden der «Kelch der Danksagung», wie oft behauptet wird, mit Wasser verdünnt wurde, wissen wir ebenfalls nicht: Der Libationswein, der den Gottheiten geopfert wurde, war gewöhnlich ungemischt. Andererseits könnten die Christen gerade, um sich von den heidnischen Libationen abzusetzen, ihren Wein mit Wasser verdünnt haben, wie es auch im Alltag üblich war.

Das letzte Pessach

In den christlichen Gemeinden, in denen zwischen etwa 70 und 90 die Evangelien des Matthäus, Markus und Lukas entstanden, die sogenannten synoptischen Evangelien, wird das Mahl der Gemeinde literarisch an ein letztes Abendmahl Jesu zurückgebunden.[17] Die Synoptiker beschreiben dieses Abendmahl Jesu als jüdisches Pessachmahl (Mk. 14,12; Mt. 26,17; Lk, 22,13–15). Auch wenn nicht sicher ist, ob es ein solches letztes Abendmahl gab und ob es ein Pessachmahl war, so ist doch festzuhalten, dass die Evangelien es so darstellen *wollen*.[18] Damit ist allerdings noch nicht allzu viel gesagt, da die jüdischen Pessachordnungen nicht in die Zeit vor dem Jahr 70 zurückreichen, für die Rekonstruktion der Pessachbräuche zur Zeit Jesu also nicht herangezogen werden können.[19] Aus der ältesten erhaltenen Schilderung eines historischen Pessachfestes bei Philo aus den ersten Jahrzehnten n. Chr. erfahren wir kaum mehr, als dass in Erinnerung an den Auszug aus Ägypten jährlich ein Fest gefeiert wurde, bei dem im Tempel Lämmer geschlachtet wurden, die dann zuhause bei einem Festmahl, begleitet von Waschungen, Gebeten und Gesängen, mit ungesäuertem Brot und Wein verzehrt wurden.[20] Die synoptischen Evangelien beschreiben Jesu letztes Pessachmahl kaum ausführlicher. Sie erwähnen Gebet und Gesang, ein gebratenes Lamm, Brotbrechen und zumindest einen Kelch, der unter den Jüngern kreiste.[21] Über den *Ablauf* des jüdischen Pessachfestes sind wir also kaum sicher unterrichtet.

Besser steht es, wegen der besonderen Speisevorschriften an Pessach, mit den Eigenschaften von Brot und Wein.[22] Die Mazzen mussten aus ungesäuertem Teig sein, um an das hastig gebackene Brot beim Auszug aus Ägypten zu erinnern (Dtn. 16,3). Sie durften weder durch Sauerteig noch durch Selbstgärung aufgegangen sein und wurden als Fladen kurz in der Glut des Feuers gebacken.[23] Obwohl auch in Palästina die Gerste das am weitesten verbreitete Getreide war,[24] wurden die Mazzen wohl aus Weizenmehl gebacken, das auch für die Getreideopfer und die Schaubrote im Tempel vorgeschrieben war (Lev. 2,1; 24,5). Die synoptischen Evangelien sprechen, wo sie Getreide erwähnen, jedenfalls stets nur von Weizen (Mt. 13,24; Mk. 4,26 parr.). Allerdings ist auffällig, dass die Synoptiker bei ihrem Pessachmahl ausgerechnet die Mazzen nicht erwähnen, sondern das Wort *ártos* (Brot) verwenden. Möglicherweise wird hier der schwierige Übergang von den jüdischen Ritualpraktiken Jesu zu den Mahlpraktiken der christlichen Gemeinden erkennbar.

Über den Wein des letzten Abendmahls sagen die synoptischen Evangelien nichts. Streng genommen erfahren wir nicht einmal etwas über den Inhalt des Kelches. Dabei besaß auch Palästina eine alte und vielfältige Weinbautradition.[25] Rotwein war die verbreitetste Sorte, aber man kannte auch weißen, «gelben» und «schwarzen» Wein. Als besonders gut galten der aus dem Libanon und der aus der Gegend um Damaskus, Samaria, Hebron und dem Ostjordanland. Wein heidnischer Herkunft wurde allgemein gemieden, da Wein kultisch rein sein musste. Ursprünglich trank man in Israel den Wein rein und unvermischt (vgl. Jes. 1,22), erst unter griechischer Herrschaft scheint der Brauch übernommen worden zu sein, den Wein mit Wasser zu mischen.[26] Süßer Wein galt als der beste, und gerne versetzte man ihn auch mit Gewürzen, mit Pfeffer, Wermut oder Weihrauch.

Wein gehörte auch im hellenistischen Israel offenbar nicht zur täglichen Ernährung, sondern wurde eher zu feierlichen Gelegenheiten getrunken.[27] Dem entspricht, dass er Opfermaterie im Tempel war. Reine Trankopfer mit Wein wie in Griechenland gab es nicht, aber Wein war von alters her Beigabe: Zu jedem Brandopfer, auch zum Morgen- und Abendopfer, gehörte eine genau vorgeschriebene Menge Wein, die am Fuß des Altars ausgegossen oder über das Opfertier gesprengt und mit verbrannt wurde (vgl. Num. 15,5 ff.).

Zu Pessach, an dem man sich an den hastigen, nächtlichen Auszug aus der Sklaverei Ägyptens erinnerte, scheint ursprünglich kein Wein getrunken worden zu sein. Die Sitte kam erst unter hellenistischem Einfluss auf.[28] Vielleicht ist das der Grund, warum wir von den Synoptikern über den Inhalt des Kelches im Unklaren gelassen werden. Einige Forscher haben dennoch versucht, Genaueres in Erfahrung zu bringen: Wenn es denn Wein war, dann, soviel ist klar, war es echter, vergorener Wein und nicht etwa Traubensaft, der in Palästina zur Zeit Jesu Monate nach der Weinlese nicht zu haben war.[29] Der Vergleich, den die Evangelisten Jesus zwischen dem Wein und seinem Blut ziehen lassen, legt Rotwein nahe. Er war in Palästina ohnehin der üblichere Wein, und spätere mischnaische Quellen erklären roten Wein beim Pessachmahl sogar für verbindlich.[30]

2.
Das Kultmahl der Alten Kirche

– 120 – 400 –

Die Entstehung des Kultmahls

Wir haben gesehen, dass sich der christliche Gottesdienst in Form von Mahlfeiern entwickelte.[1] Ein regelrechtes Symposion lässt sich jedoch nur mit einer sehr überschaubaren Zahl von Teilnehmern abhalten, und als die christlichen Gemeinden wuchsen, wurde es schwierig, mit allen Gemeindemitgliedern eine solche Mahlgemeinschaft aufrechtzuerhalten.[2] Schon aus der Mitte des zweiten Jahrhunderts sind erste Berichte bekannt, die das Herrenmahl in deutlich stilisierterer Form zeigen. Das Sättigungsmahl wurde aus dem Herrenmahl ausgegliedert, und aus dem gemeinsamen Herrenmahl wurde ein eucharistisches Kultmahl, dem die Spendung von Brot und Wein und eine schon bald recht feste Folge von Gebeten Form und Gestalt gaben. Um diese Zeit begannen einige Christen erstmals, das Kultmahl als *Opfer* zu bezeichnen – freilich nicht als Sühnopfer oder auch nur als Nachvollzug des Sühnopfers Jesu, sondern als Dankopfer (*eucharistia*) für die durch Christus bewirkte Befreiung.[3] Die Gaben der Gläubigen wurden nun als Opfergaben verstanden.

Aus der Trennung von Gemeinschaftsmahl und Eucharistie entwickelten sich im Laufe des zweiten Jahrhunderts die gottesdienstlichen Formen, die schließlich zur Grundlage der Messe wurden. Nur noch die Segnung und die Spendung von Brot und Wein erinnerten an die Ursprünge des Gottesdienstes im Mahl, das durch sie

Brot und Wein der Christen

Die eigentliche Eucharistie war in der Alten Kirche den Gläubigen vorbehalten und wurde nicht dargestellt. An diesem Agapemahl aus dem 4. bis 6. Jahrhundert nehmen auch Kinder und Frauen teil (Wandmalerei in der Katakombe des Marcellinus und Petrus in Rom).

eingerahmt gewesen, aber nun weggefallen war. Dieser Prozess verlief nicht überall gleich schnell, aber es lässt sich doch eine klare Tendenz feststellen.[4] In den nordafrikanischen Gemeinden, von denen Tertullian berichtet, vollzog sich offenbar um 160 die Scheidung von Eucharistie und Gemeinschaftsmahl. Tertullian beschreibt eine *cena*, die noch ganz ähnlich abläuft wie das Herrenmahl in Korinth, mit einem Gebet, gemeinsamem Mahl und Gesprächen, einem Symposium, in dem «jeder in die Mitte gerufen wird, um Gott zu singen», und einem abschließenden Gebet.[5] Aber ob in dieser «Agape» noch die Eucharistie gefeiert wird oder die Eucharistie schon einen eigenen Platz hat, lässt sich nicht mehr feststellen.

Justin berichtet etwa zu gleichen Zeit, dass die Vorsteher der Gemeinde in Rom sich Brot und Wein bringen ließen, sie segneten und dann die Diakone «jedem Anwesenden von dem gesegneten Brot, Wein und Wasser» gaben und sogar Abwesenden davon brachten. In dieser recht distanziert geschilderten Kulthandlung wird die Eucharistie «nicht mehr als gemeines Brot und als gemeiner Trank» genommen, sondern als «geweihte Nahrung» – durch denselben Logos geweiht, durch den «auch Jesus Christus um unseres Heiles willen Fleisch und Blut angenommen hat».[6] Der Stilisierung des Kultes entspricht schon früh die Auratisierung der Abendmahlselemente.

Noch deutlicher werden die praktischen Konsequenzen der Trennung von Mahl und Eucharistie in der syrischen *Didaskalia*, einer Gemeindeordnung, die um die Mitte des dritten Jahrhunderts entstanden ist: Nun ruhen die Teilnehmer der Eucharistie nicht mehr wie früher auf Betten oder Liegen, sondern sitzen in der Kirche, die nach Osten ausgerichtet ist, wohlgeordnet nach Alter und Geschlecht. Sie müssen zum Gebet aufstehen und zum Diakon nach vorne gehen, um ein Stück Brot und einen Schluck Wein zu empfangen.[7] Die Sakramente selbst gelten «als göttliche Speise, die ewig nährt», als «Gleichnis des königlichen Leibes Christi».[8]

Dieser feierliche, von Priestern geleitete Kult konnte beim besten Willen nicht mehr als Dankopfer der Gemeinde bezeichnet werden. Aus der veränderten Praxis entwickelten sich neue Deutungen. Zunehmend verstand man die Eucharistie über Brot und Wein als *Erinnerung* an das Sühnopfer Christi am Kreuz. Und schon bald glaubte man, in der Eucharistie werde dieses Sühnopfer gegenwärtig oder sogar wiederholt. Aus dem gemeinsamen Essen war ein Opferkult geworden, wie ihn das Judentum und die heidnischen Kulte in ihren Tempeln gekannt hatten.

Die Tradition des gemeinsamen Essens wurde von der Eucharistie zwar abgespalten, aber keineswegs vergessen, was nicht erstaunt, da das Symposion in den antiken Kulten über Jahrhunderte die übliche Praxis gewesen war. Es wurden nun eigene Sättigungsmähler gehalten (die in der Forschung seit Hans Lietzmann meist «Agapemahl» genannt werden).[9] Da die Gegenwart Christi der «geweihten

Nahrung» vorbehalten war, musste die Funktion der Gemeinschaftsmähler neu bestimmt werden. Dass das nicht ganz einfach war, zeigt sich an der teilweise bis ins frühe dritte Jahrhundert zurückreichenden *Traditio Apostolica*. Eucharistie und gemeinsame *cena* sind hier theoretisch schon getrennt, aber einander noch so ähnlich, dass die Unterscheidung in der Praxis schwergefallen sein muss. Nach der *Traditio Apostolica* werden das Taufabendmahl und die Darbringung der Opfergaben anlässlich einer Bischofsweihe mit verschwenderischer liturgischer Fülle gefeiert, mit zahlreichen Hochgebeten, mit drei Kelchen, die Wasser, Milch und Wein enthalten, und dem Darbringen von Öl, Käse und Oliven, was wohl ein Erbe der älteren Gemeinschaftsmähler war. Umgekehrt begann auch die *cena* noch mit einem Gebet des Bischofs, es wurden Psalmen gesungen, der Bischof segnete einen Kelch und gab allen Gläubigen Stücke gesegneten Brotes. Erst nachdem man das Brot des Bischofs gegessen und über seinem eigenen Kelch Dank gesagt hatte, durften alle «trinken und essen in Reinheit».[10] Der Ablauf und die Elemente der *cena* sind einer Kommunion noch so ähnlich, dass die Kirchenordnung den Gemeindemitgliedern eigens einschärfen muss, das vom Bischof in der *cena* ausgeteilte Brot sei aber «keine Eucharistie wie der Leib des Herrn».[11]

Dass vieles durcheinander ging und die Trennung von Eucharistie und Gemeinschaftsmahl ein langer, schwieriger Prozess war, sieht man nicht nur an der Hartnäckigkeit, mit der in der Eucharistie weiterhin Speisen und Getränke konsekriert wurden, die ins Gemeinschaftsmahl gehören (siehe das nächste Kapitel), sondern auch an den vielen Kirchengesetzen und Konzilskanones, die noch Ende des vierten Jahrhunderts versuchten, beides auseinanderzuhalten. Besonders in den Bestimmungen des Konzils von Laodicäa von 363/64, das auch erstmals den vollständigen neutestamentlichen Kanon nannte, zeigt sich, wie sehr in der Praxis noch verbunden war, was in der Theorie streng getrennt sein sollte. Ziel des Konzils war eine scharfe Abgrenzung der Christen von ihrer Umwelt (die unter Julian Apostata wieder etwas «heidnischer» geworden war) und eine ebenso scharfe Unterscheidung von Richtig und Falsch nach innen. Die überwiegende Zahl der Gesetze widmet sich der Hierarchie der Kleriker und der liturgischen Gestaltung des Gottesdienstes. Erstmals wird hier die Unterscheidung zwischen der Eucharistie und Gemeinschaftsmählern ganz deutlich: So wie in der Kirche keine Agapemähler mehr gefeiert und erst recht keine Betten und Liegen aufgestellt werden dürfen, darf umgekehrt die Eucharistie nicht mehr in den Privathäusern der Gläubigen gefeiert werden.[12] Dass die Gemeinden beides offenbar weiterhin versuchten, steht auf einem anderen Blatt.

Auch der schwierig zu vermittelnde Unterschied zwischen konsekrierten und nichtkonsekrierten Resten des Abendmahls musste eingeschärft werden:[13] Wir haben gesehen, dass die Opfergaben im altkirchlichen Gottesdienst ursprünglich von den Gemeindemitgliedern von zuhause mitgebracht wurden. Alle Gaben wurden gesammelt und geweiht. Wenn konsekriertes Brot übrig blieb, wurde es den Gläubigen nach Hause mitgegeben, wo sie, so oft sie wollten, davon nehmen konnten. Nach Tertullian scheint das Essen solchen Brotes sogar eine Art häuslicher Mahleingangsritus gewesen zu sein. Er tröstet um 160 eine Christin, es werde ihr ungläubiger Mann «nicht wissen, was Du heimlich vor jeder Mahlzeit isst und wenn er es weiß, so wird er nicht glauben, dass es etwas Besonderes ist».[14]

Da nicht alle Gaben für die eigentliche Eucharistie konsekriert werden konnten, war es unvermeidbar, dass nach der Feier auch größere Mengen unkonsekrierter Materie übrigblieben. Dieses nicht konsekrierte Brot wurde *eulogion* genannt und den Gläubigen ebenfalls mitgegeben.[15] In der Praxis war es schwer, den Unterschied zwischen konsekrierter und «nur» gesegneter Materie verständlich zu machen.

Es war verbreiteter Kultbrauch der heidnischen Antike, Teile des eigenen Opfers auch denen zukommen zu lassen, die man an den Wirkungen des Opfers teilhaben lassen wollte.[16] Das Konzil von Laodicäa bestimmte nun, Eulogien dürften nicht in andere Diözesen geschickt werden – wo sie vermutlich als Teilhabe am Bischofsopfer verstanden wurden.[17] Mit aller Macht versuchte man, zwischen der Eucharistie und allen anderen Formen von Speisen und Mählern eine Distinktion zu schaffen, die den einfachen Leuten so gar nicht einzuleuchten schien.

Auch Eulogien zweifelhafter Herkunft durften von Christen nicht mehr angenommen werden: von Häretikern nicht, aber auch nicht mehr von Juden.[18] Vor allem letztere Bestimmung zeigt, wie nahe sich Judentum und Christentum zunächst gewesen waren und wie weit sie sich inzwischen voneinander entfernt hatten. Auch die Juden hatten den allgemeinen Brauch übernommen und christlichen Nachbarn zu Pessach Gaben ihres ungesäuerten Brotes zukommen lassen. Nun wurde dieser freundschaftliche Umgang endgültig verboten. Der 38. Kanon des Konzils von Laodicäa markiert die endgültige Trennung der beiden so lange gemeinsamen Wege von Juden und Christen.[19]

Am Ende des vierten Jahrhunderts löste das Christentum die letzten Verbindungen zur jüdischen und paganen Religion, und so wurde auch die Einheit von Eucharistie und Gemeinschaftsmahl, die das Christentum aus der paganen Umwelt übernommen und die es von Anfang an geprägt hatte, aufgelöst. Das gemeinsame Essen, Trinken und Beten hörte auf und wich einer sakramentalen Handlung, die von ausdifferenzierten Klerikerhierarchien verwaltet wurde. Aus dem Mahlkult mit vielfältigen Speisen und Getränken war ein Kultmahl allein mit Brot und Wein geworden.

Vielfältige Speisen und Bräuche

Doch der Weg vom Mahlkult zum Kultmahl war lang gewesen. In den frühchristlichen Quellen finden sich viele Belege für Eucharistiefeiern, in denen nicht nur Brot und Wein, sondern eine Vielzahl von Speisen eine entscheidende Rolle spielten. Allerdings sind uns die Informationen über diese Eucharistiefeiern nur in kurzen, polemischen Bemerkungen ihrer Gegner überliefert. Die vielfältige

Abendmahlspraxis der frühen Kirche wurde mit der Etablierung einer christlichen Staatskirche nach und nach eliminiert, so dass schließlich nur noch die Tradition von Brot und Wein als kanonisch galt und nur sie mit Texten im neutestamentlichen Kanon bezeugt wurde.

Wir können über die ursprünglichen Speisen kaum Sicheres sagen. Auffällig ist aber, dass Informationen über abweichende Praktiken fast so zahlreich sind wie die Informationen über jene Abendmahlspraktiken, die später für orthodox gehalten wurden. Epiphanius von Salamis erwähnt in seinem um 375 entstandenen Sammelwerk über häretische Gruppen die Sekte der Artotyriten, die «in ihren Riten *(mysteria)* Brot und Käse darreichen und so ihre Riten feiern».[20] Brot und Käse waren in den paganen Kultfeiern Griechenlands die häufigsten Opfermaterien, so dass sich hier eventuell einfach ältere Bräuche mit dem jüngeren Christentum verbunden haben.[21] Jetzt aber wurde der ältere Brauch skandalisiert. Epiphanius erklärt die Artotyriten zu Montanisten, Mitgliedern einer messianischen Gruppe, die um 160 bis 170 in Phrygien entstanden war. Augustin deutet ihr Verhalten als Versuch, an die Unschuld der ersten Menschen anzuschließen, deren «Opfer nur aus Früchten der Erde und Eiern bestanden hätten».[22] Ein Zeuge des sechsten Jahrhunderts sieht eine Verbindung zu den Marcioniten, einer streng dualistisch denkenden Gruppe des zweiten Jahrhunderts, die Fleisch- und Weingenuss ablehnte und angeblich in ihren eucharistischen Feiern nur Milch und Honig verwendete.[23]

Tatsächlich spielten Milch und Honig bei den eucharistischen Feiern einiger Gemeinden für lange Zeit eine Rolle. Schon in der *Traditio Apostolica*, deren älteste Schichten ins frühe dritte Jahrhundert zurückreichen, werden dem Täufling nach Taufe und Salbung drei Kelche gereicht: einer mit Wasser, einer mit Milch und Honig und einer mit Wein und Wasser, aus denen er jeweils einen Schluck nehmen muss.[24] Aber auch in den normalen Eucharistiefeiern wurden Honig und Milch noch lange konsekriert. In den wohl in Syrien verfassten *Apostolischen Kanones* wird dem Priester um 375 ausdrücklich geboten, nichts anderes zu opfern «als Honig oder Milch, oder statt des Weines ein anderes berauschendes oder künstliches Getränk»[25]. Auch im Westen musste das Konzil von Karthago (397) einschärfen, beim Abendmahl solle nur dargereicht werden, was der Herr selbst verwendet habe. Milch und Honig seien nicht Leib und Blut des Herrn! Aber Jahre später berichtet Hieronymus, Milch und Honig seien in den westlichen Kirchen «heute noch üblich».[26] Bis weit ins sechste Jahrhundert mussten westliche und östliche Konzile mahnen, dass der Kelch auch nicht mit Fruchtsaft oder Milch gefüllt werden dürfe.[27]

Auch andere Speisen spielten eine Rolle. Bekannt sind Olivenöl, Salz, Gemüse und Früchte. Dem im zweiten Jahrhundert lebenden Valentinianer Theodotus wurde nachgesagt, er habe beim Abendmahl Brot und Olivenöl gesegnet.[28] In den *Pseudoclementinischen Homilien* (Mitte des dritten Jahrhunderts) wird dem Neugetauften zur Kommunion Brot und Salz gereicht.[29] In den etwa gleichzeitigen *Thomasakten* spendet der Apostel Indiens Brot, Öl, Gemüse und Salz.[30] Über die Gründe dieser Form von Abendmählern können wir nur spekulieren. Es darf nicht aus den Augen verloren werden, dass die Trennung von Gemeinschaftsmahl und Kultmahl erst im Laufe des zweiten Jahrhunderts begann und sich noch im vierten Jahrhundert nicht überall durchgesetzt hatte. Da in den ersten hundert Jahren des Christentums das Gemeinschaftsmahl nicht nur *Teil*, sondern die eigentliche *Form* des Abendmahls war, könnten die polemischen Urteile über abweichende Praktiken auf ein «Christentum verschiedener Geschwindigkeiten» schließen lassen, bei dem sich in einigen Traditionen die Trennung von Sättigungsmahl und Eucharistie schon durchgesetzt hatte, bei anderen aber noch nicht. Der Blick auf die Abendmahlspraxis der anderen, die noch einen reichhaltigeren Speisezettel hatten, war möglicherweise nichts anderes als ein Blick in die eigene kultische Vergangenheit, die man nun vehement ablehnte.

Zeitgenossen wie Epiphanius und Augustin sahen bei diesen häretischen Praktiken asketische Momente am Werk.[31] Tatsächlich war das Verbindende dieser ganz unterschiedlichen Traditionen die Tatsache, dass all diese Gruppen *keinen Wein* beim Abendmahl verwendeten.[32] Ob Honig, Milch und Salz den Wein symbolisch oder real ersetzen sollten, ist umstritten; die Antwort hängt davon ab, wie man diese Speisen religions- oder kulturhistorisch deutet.

Die Tradition, das Abendmahl nur mit Brot und *Wasser* zu feiern, bestand im Christentum schon seit so früher Zeit, war so weit verbreitet und hielt sich so lange, dass wir über sie besser informiert sind als über jede andere abweichende Praxis.[33] Die Ursprünge dieses Brauches sind unbekannt. In den bekannten Ketzerkatalogen der Alten Kirche wird das Wasserabendmahl immer mehr Gruppen vorgeworfen: Um 180 sind es nur die Ebioniten, um 200 auch Markioniten, später auch die Gnostiker, und noch 383 bemüht sich ein Reichsgesetz, die Gruppe der nun sogenannten Hydroparastaten («die mit Wasser ersetzen») zu verbieten.[34]

Leider erfahren wir kaum etwas zur liturgischen Praxis und Theologie der «Aquarier».[35] Von Tatian etwa wissen wir nur, dass er den Weingenuss ablehnte, in seiner Evangelienharmonie Johannes den Täufer zum Vegetarier machte und jeden Hinweis darauf strich, dass Jesus Wein trank. Einige Apostelakten schreiben wahlweise Johannes, Andreas, Thomas oder Paulus eucharistische Mahle mit Wasser zu. In den um 200 entstandenen *Petrusakten* wird ein Abendmahl mit Wasser vom Apostel Paulus gefeiert, der dann (vielleicht deshalb) Petrus Platz machen muss.[36] Möglicherweise wurde das Wasserabendmahl nun bereits negativ beurteilt. In den *Thomasakten* aus der ersten Hälfte des dritten Jahrhunderts wird Wein nur von Heiden verwendet und der Apostel schließlich durch den Mundschenk des Königs verraten![37] In anderen Apostelakten ist nicht immer deutlich, ob es sich um ein eucharistisches Mahl handelt, doch allen Darstellungen gemeinsam ist, dass Wein aus asketischen Gründen gemieden wird. Wer Wein trinkt, dem wird auch Fleischeslust in jeder Hinsicht unterstellt. Nachfolge Jesu heißt radikale Verneinung jeden Genusses.

Interessanter ist die Tatsache, dass Wasserabendmahle auch von durch und durch unverdächtigen Gruppen gepflegt wurden. Ob Justin der Märtyrer in seinen um 160 entstandenen Schriften schon ein Abendmahl ohne Wein voraussetzt, ist umstritten.[38] Ob der Märtyrer Pionius beim Abendmahl, während dessen er verhaftet wird, «heiliges Brot und Wasser» nimmt, weil er am Todestag des Heiligen Polykarp fastet oder weil er Wein grundsätzlich ablehnt, ist nicht zu entscheiden.[39] Sicheres wissen wir erst von den Aquariern in Nordafrika. Sie scheinen sich nicht aus religiösen Gründen, sondern aus Angst gegen den Wein entschieden zu haben: Ein Lehrbrief des Cyprian, des Bischofs von Karthago, aus den Jahren um 250 zeigt, dass die Tradition in Nordafrika weitverbreitet war und sogar von Bischofskollegen geübt wurde,[40] doch er unterstellt, dass der Brauch nur wegen der laufenden Christenverfolgungen aufgekommen sei. Manche fürchteten offenbar, sich nach der Eucharistie durch den Weingeruch am Morgen als Christen zu verraten. Die Aquarier waren keine Asketen: Bei privaten Mählern am Nachmittag *(cena)* hatten sie keine Bedenken, Wein zu trinken. Die naheliegende Lösung, das Abendmahl auf den Abend zu verlegen, lässt Cyprian nicht gelten: Wer zur Kirche Christi gehören will, muss auch zum Martyrium Christi bereit sein – wie es Cyprian selbst 258 erlitt. Alle sollen zur Überlieferung zurückkehren, wie Jesus selbst sie gestiftet habe, der Wein und Wasser gemischt habe (Mt. 26,27). So wie sich der Wein mit dem Wasser verbinde, habe Jesus die Sünden des Volkes auf sich genommen. Wenn man nur mit Wasser feiert, fehlt das «Blut, durch das wir erlöst wurden» (2,2), wenn man nur mit Wein feiert, die Gemeinde (13,2). Das Abendmahl mit Wasser *und* Wein zu feiern heißt nach Cyprian, die Einheit der Kirche mit Christus sichtbar werden zu lassen. Die hier erstmals begegnende Deutung der *mixtio* will nicht erklären, warum dem Wein *Wasser* beigefügt werden soll, sondern warum überhaupt *Wein* verwendet werden muss.

Die Tradition von Brot und Wein

In den Traditionen, die sich später als orthodox durchsetzten, wurden gemischter Wein und Brot verwendet. Warum sich allein diese Tradition in den kanonischen Evangelien verewigen konnte, ist heute nicht mehr eindeutig nachvollziehbar. Da die jüdische Tradition weithin abgelehnt wurde, verdankt sich die prononcierte Verwendung von Wein und Brot offenbar eher der Anpassung an die heidnischen Ernährungs- und Opfergebräuche.[41]

In der hellenistischen Antike wuchs Weizen nicht überall, auch Athen und Rom mussten ihren Weizen größtenteils importieren. Das am weitesten verbreitete Getreide war Gerste.[42] Aus Gerstenmehl ließ sich allerdings kein echtes Brot in unserem Sinne backen, es eignete sich nur für Fladenbrot, Grützen, Graupen und Breie. Das Grundnahrungsmittel der griechischen und römischen Bevölkerung war bis zum Ende der Spätantike daher ein recht grober Teig, der aus Wasser, Gerstenmehl und Salz geknetet und entweder roh oder getrocknet gegessen oder über dem Feuer oder auf heißen Steinen zu Fladen gebacken wurde.

Obwohl sich auch die homerischen Helden von solchen Gerstenfladen ernährten, galt im hellenistischen Griechenland Brot, das gesäuert und aus Weizen gebacken war, als bessere Speise. Ließ man den Teig vor dem Backen an einem warmen Ort ein paar Stunden ruhen, begann er von selbst zu gären und konnte zu einem richtigen Brot ausgebacken werden. Dieser natürliche Prozess konnte beschleunigt werden, indem man einen Teil des gegorenen Teigs als *fermentum* zurückbehielt und dem nächsten Teig zusetzte. Da bei der Gärung Milchsäure entsteht, wurde «Sauerteig» umso saurer, je länger man ihn bis zum nächsten Backen verwendete. Schon in der Antike war aber auch bekannt, wie man *fermentum* neu ansetzen konnte. Plinius überliefert, dass man Weizenmehl mit frischem Traubenmost durchknetete.[43] Mit diesem Rezept für Hefeteig konnte man auch süßes Brot backen.

Weizenbrot gab es sowohl gesäuert als auch ungesäuert, im Ofen,

Brot und Wein der Christen

Nahrhaft und dauerhaft. Abguss eines in Pompeji gefundenen karbonisierten Brotes (79 n. Chr.). Die Einschnitte, die das Zerteilen erleichterten, und der Stempel, der Gewicht und Herkunft angab, wurden später als christliche Symbole gedeutet.

im Topf, in der Pfanne oder in der Asche gebacken, wobei das gesäuerte und im Ofen gebackene als das beste galt. Plinius kennt um 70 das Beilagenbrot, das Kuchenbrot, das Schnellbrot und das Pfannenbrot, wobei das picenische das beste sei.[44] Athenaios nennt in seinem gastrosophischen *Gelehrtenmahl* aus dem zweiten oder dritten Jahrhundert zweiundsiebzig verschiedene Sorten Brot, süß oder salzig, mit und ohne Gewürze, gefüllt oder pur, warm zum Wein oder knusprig zum Fleisch.[45]

Auch gesäuertes Weizenbrot war im Allgemeinen rund und relativ flach: Es war in der Mitte eingekerbt oder durch das mehrmalige Eindrücken eines Holzstabes in Drittel, Viertel, Sechstel oder Achtel geteilt, die das Brechen oder Zerreißen des Brotes erleichterten. Daneben gab es das Brot in Ringform, das auch als geflochtener

Kranz hergestellt wurde: Ringbrote und Brotkränze hatten zu Beginn allerdings wohl eher kultische Bedeutung als stellvertretende Opfer für Verstorbene.[46]

All diese Brote wurden in der Regel zuhause hergestellt und dann von Bäckern in öffentlichen Backöfen gebacken. Bäcker, die eigenen Brotteig herstellten, backten und verkauften, gab es in Griechenland und im Römischen Reich nur in den größeren Städten. Von der Qualität des durchschnittlichen antiken Brotes wird man sich freilich keine übertriebenen Vorstellungen machen dürfen. Das normale Brot dürfte spürbar zwischen den Zähnen geknirscht haben, wegen der für gewöhnlich verwendeten Gerste, aber auch wegen des unvermeidlichen Steinstaubs.[47] Experimente haben gezeigt, dass antikes Mehl 5–7 Prozent Steinstaub aus dem Abrieb der damals üblichen Steinmühlen enthielt.

Wie Brot galt auch Wein als kulturelle Errungenschaft, die den zivilisierten Menschen vom Barbaren unterschied.[48] In der antiken Literatur ist Wein ständiger Begleiter der Helden und der Erzähler, doch ob Wein im antiken Griechenland tatsächlich Teil der alltäglichen Ernährung war, ist angesichts der Quellenlage kaum zu entscheiden. Die Griechen hatten den Weinbau über Kleinasien von den Phöniziern, Sumerern und Ägyptern übernommen, und schon im klassischen Griechenland war der Weinbau eine der wichtigsten Formen der Landwirtschaft. Dennoch zeigt sich beim Symposion, bei dem er erst nach dem Essen getrunken wurde, dass Wein kein unverzichtbarer Teil der eigentlichen Mahlzeit war.

Einfache Rotweine waren am häufigsten, aber auch weiße Sorten waren schon bekannt.[49] Apicius überliefert gar ein Rezept, wie man durch Zugabe von Eiweiß, Bohnenmehl und Rebenasche aus Rotwein Weißwein machen könne.[50] Ein internationaler Weinhandel versorgte die griechischen Städte mit Qualitäts- und Luxusweinen aus Chios, Lesbos, Mende und Thasos, importierte oder exportierte Weine aus Griechenland selbst bis an den Pontus, Kreta, Italien oder Sizilien. Da (bis auf Ausnahmen wie den pramnischen Wein) süße Weine bevorzugt wurden, die deshalb nicht durchge-

Ein antikes Weinsieb – König Philipp von Makedonien konnte seinen Wein mit einem Sieb aus reinem Silber filtern. 4. Jahrhundert v. Chr.

goren wurden, waren die wenigsten Weine lange haltbar. Sie mussten entweder jung getrunken oder mit Zusätzen wie Harz (angeblich sogar Salzwasser) haltbar gemacht werden. Obwohl naturreine Weine das Ideal blieben, war es deshalb durchgehende Praxis, Weine mit Gewürzen und Zusätzen wie Bleiweiß, Rosenwasser, Harz, Pfeffer, Essig, Honig oder Most zu verbessern. Da der Wein vor dem Trinken ohnehin mit Wasser verdünnt wurde (im Sommer mit kühlem, im Winter gelegentlich auch mit heißem Wasser[51]), war die Grenze zur Weinfälschung fließend, auch wenn es im römischen Kaiserreich eine ganze Reihe drakonischer Gesetze dagegen gab. Man darf sich auch über die Qualität alltäglichen Weins in der Antike keinen Illusionen hingeben. Nicht nur wegen der Vielzahl an Gewürzen und Zusätzen, sondern auch, weil die Weine nicht gefiltert waren und oft genug Kerne, Schalen und Stielreste enthielten, mussten sie vor dem Trinken durch ein kleines Weinsieb (colum vinarium) gegossen werden.[52]

Das Kultmahl der Alten Kirche

Jesus als Römer. Auf einer der ältesten Darstellungen des letzten Abendmahls essen Jesus und seine Jünger die typischen römischen Rundbrote. Relief auf dem Sarkophag der Marcia Iulia Baebia Hertofila aus dem dritten Jahrhundert

Materie der christlichen Eucharistie waren die von den Gläubigen gespendeten Brote und Weine.[53] Es wurde also zunächst jedes Brot verwendet, das man erübrigen konnte, selbstgebacken oder gekauft, gesäuert oder ungesäuert, aus Gerste oder aus Weizen. Doch scheint man mit der Zeit dazu übergegangen zu sein, besseres Brot aus dem teureren Weizen zu verwenden: Wo in altkirchlichen Quellen das Getreide überhaupt genannt wird, wird jedenfalls immer Weizen genannt.[54] Der von den Gläubigen gestiftete Wein wurde im Gottesdienst gesammelt und in einem größeren Gefäß zusammengegossen, um dann konsekriert zu werden. Schon im frühen vierten Jahrhundert werden in Kircheninventaren silberne Krüge erwähnt, die diesem Zweck dienten, und in späteren Quellen wird zwischen verschiedenen Gefäßen unterschieden: den *amulae*, den Flaschen, in denen die Gläubigen ihren Wein herbeibrachten, dem größeren *skyphos*, in dem Weine zusammengegossen wurden, und dem *calix*, in dem der Wein schließlich konsekriert wurde.[55] Regelungen zu Qualität, Geschmack oder Farbe finden sich nicht. Da die Weine zusammengegossen wurden, wären solche Vorschriften ohnehin sinnlos gewesen. Es scheint aber Wert darauf gelegt worden zu sein, dass auch der zusammengegossene Wein noch rot aussah; zumindest wurde dem Gnostiker Markos vorgeworfen, mit einem Trick dafür gesorgt zu haben, dass der Wein «purpurrot erscheint, damit man glaube, daß wegen seiner Anrufung überirdische Gnade ihr Blut in den Kelch träufele.»[56] Über den Umgang mit den Resten des Weins schweigen die antiken Quellen. Er wurde wahrscheinlich nach dem Gottesdienst den Armen der Gemeinde gespendet. Vielleicht musste er, wie wir es von mittelalterlichen Priestern kennen, aber auch vor Ort von den Gläubigen ausgetrunken werden; das könnte die Sorge der karthagischen Christen erklären, am Weingeruch erkannt zu werden.

Heilige Nahrung

Dass gespendetes Brot und eigener Wein verwendet wurden, war nicht nur der Tradition des Gemeinschaftsmahles geschuldet, sondern hatte auch theologische Gründe: Nach Paulus war die Gemeinde selbst der Leib des Herrn. Da der Herr Brot und Wein als seinen Leib und sein Blut bezeichnet hatte, war auch ein Christ selbst offenbar auf irgendeine Weise Brot und Wein. Ignatius von Antiochien imaginierte sich als «Weizen Gottes»[57] und sein Martyrium als das Mahlen des Brotgetreides. Polykarp von Smyrna, dessen Gebeine verbrannt wurden, erschien seinen Zeitgenossen als «Brot, das gebacken wird»[58]. Für Augustinus galt: «Wir sind, was wir [im Abendmahl] empfangen. Erinnern wir uns, dass dieses Korn einst im Acker lag: die Erde hat es geboren, der Regen hat es genährt und die Ähre reifen lassen, die Arbeit der Menschen brachte es auf die Tenne, drosch es, lüftete es, lagerte es wieder in den Speichern, holte es wieder hervor, mahlte es, hat es geknetet und gebacken und nun ist es Brot geworden. Denkt daran – so auch Ihr! [...] Während des Katechumenats wart Ihr wie Korn im Speicher. Ihr habt Eure Namen eingetragen, um zwischen die Mühlsteine von Fasten und Exorzismen geworfen zu werden.

Dann gelangtet Ihr ans Taufbecken und wurdet benetzt und zu einem einzigen Teig gemacht. Durch das Feuer des Heiligen Geistes wurdet Ihr gebacken und seid Brot des Herrn geworden.»[59] Er dehnt die Analogie auch auf den Wein aus: «So kommt nun auch Ihr, nach den verschiedenen Fasten, den Mühen, der Erniedrigung, und der Zerknirschung im Namen Christi zum Kelch des Herrn. Dort seid Ihr selbst auf dem Tisch, seid Ihr selbst im Kelch.»[60]

Da die Eucharistie die Einheit mit Christus bedeutete, kam es schon früh zur religiösen Überhöhung ihrer Elemente. Tertullian betont schon um 160, die *Materie* selbst sei so heilig, dass es «uns Ängste [erregt], wenn etwas von dem uns eigentümlichen Kelch und Brot zu Boden fällt».[61] In der *Traditio Apostolica* aus dem dritten Jahrhundert kennt die Ehrfurcht schon keine Grenzen mehr: Man soll darauf achten, dass «kein Ungläubiger die Eucharistie genießt, auch keine Maus oder ein anderes Tier, noch dass etwas auf den Boden herunterfällt und dort verdirbt».[62] Der Wein schützt vor Gift und Tod und darf auf keinen Fall verschüttet werden, da er sonst von «einem fremden Geist» aufgeleckt wird, der Gottes Zorn auf die Gläubigen erregt.[63] Für Kyrill von Jerusalem (gest. 386) ist es, «wenn Du etwas davon fallen lässt, gerade so, als ob Du ein Glied deines Leibes verlörest».[64] Erstmals hören wir in dieser Zeit davon, dass die Kommunikanten *nach* Empfang des Sakraments noch ein Stück Brot essen und einen Schluck Wasser trinken müssen, damit sie nicht «mit Speichel oder Schleim unabsichtlich etwas vom heiligen Sakrament ausspucken»[65]. Aus den gemeinsamen Speisen war ein Substrat göttlicher Präsenz geworden.

Die offensichtliche Differenz zwischen dem so alltäglichen Ausgangsprodukt und seiner übernatürlichen Bedeutung rief von Anfang an Zweifel hervor. Epiphanius bringt das Dilemma auf den Punkt: «Wir sehen aber weiter, dass es [das Brot, das Jesus in seine Hände nahm] keine Gleichheit und Ähnlichkeit hat weder mit der fleischlichen Gestalt noch mit der unsichtbaren Gottheit noch mit den Formen und Eigentümlichkeiten der Glieder. Denn das eine ist von runder Form, das andere aber unerforschlich und unwahrnehmbar und nur der Kraft nach zu vergleichen.»[66] Schon Justin und Irenäus müssen deshalb betonen, dass es «wenn es unter die Anrufung Gottes kommt, nicht mehr gewöhnliches Brot ist»,[67] und noch fast zweihundert Jahre später kämpfen Ambrosius von Mailand (gest. 397) und Gregor von Nyssa (gest. nach 394) sowohl in der kaiserlichen Residenz des Westens als auch in der kappadokischen Provinz gegen die gleiche Skepsis.[68]

Eine Möglichkeit, Zweifeln zu begegnen bestand darin, das Brot schon seiner äußeren Form nach christlich zu deuten: Antikes Brot zeigte traditionell drei, vier, sechs oder acht Kerben, die das Zerteilen erleichtern sollten. Diese Kerben wurden schon früh als Zeichen der Trinität, als Kreuz oder Christusmonogramm interpretiert. Das anschaulichste Beispiel für die Christianisierung dieses antiken Brauches findet sich in den Dialogen Gregors des Großen (gest. 604): «Eines Tages buken die Mitbrüder Brot in der Asche, hatten aber vergessen, das Kreuzzeichen darauf zu drücken. Man pflegt nämlich in jener Gegend das noch ungebackene Brot mit einer Holzform so zu zeichnen, daß es in vier Viertel geteilt erscheint. Da kam der Diener Gottes [der Heilige Martyrius] dazu […] und machte bei diesen Worten mit dem Finger das Kreuzzeichen über die Glut. […] Als man das Brot fertig gebacken aus dem Feuer nahm, fand es sich, daß es mit dem Kreuze bezeichnet war, das ihm nicht eine Berührung, sondern der Glaube aufgedrückt hatte.»[69] Einfacher ging es mithilfe eines Brotstempels: So wie heidnische Brotstempel die Verwendung des Brotes im christlichen Kult unmöglich machten, wurde Brot durch explizit christliche Stempel zum eucharistischen Gebrauch bestimmt. Vor allem im Osten sind schon seit dem sechsten Jahrhundert Stempel mit Inschriften überliefert.[70]

Eine andere Möglichkeit war, in der Eucharistie Brotsorten zu verwenden, die schon in den paganen Opferriten kultische Bedeutung gehabt hatten: In der Lucinagruft, einem Grabraum der römischen Katakomben aus dem zweiten Jahrhundert, werden die

Fische und Brotringe in den frühchristlichen Katakomben wurden lange als Symbol der Eucharistie gedeutet. Heute wissen wir, dass man das Abendmahl in der Frühzeit tatsächlich auch mit Fleisch, Gemüse, Fisch, Öl, Oliven und Obst feierte (Lucinagruft in der Calixtuskatakombe in Rom, um 200).

geflochtenen Brotringe abgebildet, die aus besonders feinem Weizenmehl bestanden und schon seit altrömischen Zeiten als Opfermaterie verwendet worden waren.[71]

Um 200 ordnete Bischof Zephyrinus in Rom an, dass bei den Bischofsmessen solche *coronae* zu benutzen seien. Dieser Brauch blieb teilweise bis ins elfte Jahrhundert lebendig.[72] Aus dem Rom des frühen vierten Jahrhunderts wird auch von der Sitte berichtet, Teile von dem durch den Bischof konsekrierten Brot an die anderen Kirchen Roms zu senden.[73] Dieser Brauch wurde, wie oben gesehen, 363 dann vom Konzil von Laodicäa verboten.[74] Die Tatsache, dass diese Teile *fermentum* genannt wurden, könnte bedeuten, dass hier erstmals in der Christentumsgeschichte nicht mehr das gewöhnliche Brot der Gläubigen geopfert wurde, sondern mit dem *fermentum* des Bischofs Brot eigens für die Eucharistie gebacken wurde.[75] Man fragt sich, was man mehr bewundern soll: die Unbekümmertheit, mit der die Kirche heidnische Bräuche weiterführte, oder die Selbstsicherheit, mit der man sie christianisierte.

3.
Staaten und Stämme

– 400 – 800 –

Das Lamm und die Lanze

Es ist nicht leicht, die Geschichte der Abendmahlselemente in der oströmischen Kirche zu rekonstruieren. Da sie sich stets auf die Zuverlässigkeit ihrer Traditionen berief, sah sie keine Notwendigkeit, diese explizit festzuhalten. Anders als im Westen wurden diese Traditionen später auch nicht durch eine scholastische, eine konfessionelle oder eine aufklärerische Theologie hinterfragt.

Die langfristig wichtigste Entwicklung war die verbindliche Einführung gesäuerten Brotes in der Eucharistie. Das Konzil von Laodicäa 363 war auch hier die Wasserscheide. Es hatte, wie gesehen, Christen erstmals untersagt, von jüdischen Nachbarn zu Pessach Reste des ungesäuerten Brotes anzunehmen.[1] In den nur kurz darauf entstandenen *Apostolischen Kanones* wurde behauptet, diese Regelung gehe bereits auf die Apostel zurück.[2] Eine Begründung für das Verbot findet sich nicht (allerdings wird im nächsten Kanon auch der Umgang mit Heiden verboten). In der späteren orthodoxen Tradition wurde dies als Beleg dafür herangezogen, dass man seit apostolischen Zeiten stets und im Gegensatz zu den westlichen Kirchen ausschließlich gesäuertes Brot verwendet habe. Doch in Wirklichkeit dauerte es, bis sich das gesäuerte Brot durchsetzte: Noch das ökumenische Konzil von Konstantinopel 691 muss einschärfen, dass kein Christ «das ungesäuerte Brot der Juden essen»[3] dürfe. Auch blieb das Verbot unter den orientalischen Kirchen nicht unumstritten. Die armenische Kirche verwehrte sich im sechsten Jahrhundert der ostkirchlichen Zwei-Naturen-Lehre und brach mit der syrischen und der byzantinischen Kirche. Um die *Einheit* der göttlichen und der menschlichen Natur in Christus darzustellen, zelebrierte sie das Abendmahl mit «reinem», ungesäuertem Brot und mit «reinem», ungemischtem Wein.[4] Für diese Neuerung berief man sich auf einen angeblich schon vom heiligen Gregor im vierten Jahrhundert geübten Brauch.[5] Auf der Synode von Manaskert schrieben die Armenier im Jahr 726 die Verwendung von ungesäuertem Brot und ungemischtem Wein gegen die Traditionen der byzantinischen Großkirche fest. Von byzantinischer Seite wurde immer wieder gegen diesen Sonderweg polemisiert.[6] Einigkeit zwischen beiden Kirchen herrschte nur darin, dass die syrischen Jakobiten, die dem Brot Olivenöl hinzufügten, zweifellos Häretiker seien.[7]

Etwa gleichzeitig mit der Entwicklung des Christentums zum Staatskult scheint sich der Brauch durchgesetzt zu haben, dass die Abendmahlselemente nicht mehr von den Gläubigen gestiftet, sondern von der Kirche bereitgestellt wurden. Diese Neuerung scheint durch die Klöster des vierten Jahrhunderts verbreitet worden zu sein und sollte die besondere Heiligkeit der Elemente gewährleisten: Schon in der Mönchsregel des Pachomius werden die Mönche um 340 verpflichtet, beim Mischen und Kneten des Teiges, beim Backen und Tragen der Brote Stillschweigen zu bewahren oder allenfalls Psalmen und Schriftworte zu singen und sich ansonsten mit Zeichensprache zu verständigen.[8] Außerhalb des Klosters war diese Sitte noch lange umstritten: Über Johannes, den Bischof von Maiuma (gest. um 530) – im heutigen Gaza –, wird berichtet, dass er sich von Bäckern eigens «Brote zubereiten ließ, sehr schön, weiß und für die Darbringung würdig aber auch ganz klein. Er ließ viele von ihnen machen, trocknete sie und bewahrte sie in einem reinen Gefäß auf, und wo immer er hinkam, nahm er zum Heiligen Opfer diese Brote.»[9] Doch schließlich erscheint ihm der Herr und befiehlt: «Ich will, dass Du mir Brote vom Markt opferst und die Eucharistie mit ihnen feierst.»[10] Hinter dieser Geschichte könnten sich Konflikte um eine Abendmahlspraxis verbergen, die sich mit der religiösen Aufladung der eucharistischen Elemente zunehmend von den altchristlichen Traditionen entfernte.

Dass die Abendmahlselemente schließlich auch in den Gemeinden von der Kirche bereitgestellt wurden, hatte seinen Grund wohl weniger darin, dass man die Laien monastischer Disziplin unterwerfen wollte. Vielmehr mochte man sich im staatlichen Kultsystem wohl weder auf die Zuverlässigkeit und Quantität noch auf die Würdigkeit der von Gläubigen gespendeten Oblationen verlassen. In den *Kanones des Basilius*, die im fünften Jahrhundert in Ägypten entstanden, werden die Diakone dazu angehalten, das Brot zu untersuchen, «ob es nicht etwa vom vergangenen Tag stammt, ob es verbrannt oder ein Fehler daran ist».[11] Und laut einer Nachricht, deren Echtheit schwer einzuschätzen ist, bestand Kyrill von Alexandrien (gest. 444) darauf, «dass das eucharistische Brot nur in einem Ofen der Kirche gebacken werde, und dass keine Frau das Mehl mahlen oder backen soll».[12] Hier sind es ganz offensichtlich Anforderungen an die kultische Reinheit, die es verbieten, Brote unklarer Herkunft als eucharistische Gaben zu akzeptieren. Jedenfalls hat sich die Tendenz, nur noch eigens für den (oder gar vom) Priester selbst gefertigtes Brot zu konsekrieren, im Osten im fünften Jahrhundert entwickelt.

Auch der eucharistische Wein wurde seit dieser Zeit von der Kirche bereitgestellt. Auf dem Konzil von Chalcedon 451 wurde (der auch ansonsten übel beleumundete) Bischof Ibas von Edessa beschuldigt, für die eucharistischen Feiern zu wenig und zu schlechten Wein zur Verfügung gestellt zu haben. Während «er und die Seinen stets ausgezeichneten Wein» getrunken hätten, habe man für die Feier der Eucharistie nur schlechten (weil ganz jungen) Wein bestimmt – und auch davon nur so wenig, dass die Kirchendiener sich gezwungen sahen, in einer Schenke sechs zusätzliche Krüge Wein zu kaufen. Als auch das nicht gereicht habe, habe der Bischof die Presbyter angewiesen, die Spendung der Eucharistie einfach abzubrechen.[13] Dass guter Wein, ja Wein überhaupt in vielen Kirchen nicht immer die Regel gewesen sein dürfte, sieht man an den Bestimmungen des ökumenischen Konzils von Konstantinopel, das noch 691 verbieten muss, Honig, Milch oder Trauben im Kelch zu konsekrieren.[14]

Die großen ostkirchlichen Liturgien – die Jakobus-, Basilius- und natürlich die Chrysostomus-Liturgie – sehen mancherlei Besonderheiten im Umgang mit den *prosphora* genannten Gaben vor, sagen aber nichts über ihr materielles Substrat. Spätere liturgische Quellen behaupten, die eucharistischen Brote der rechtgläubigen Kirchen hätten stets allein aus Wasser, Weizenmehl und Hefe bestanden,[15] doch Quellen aus dem späteren Azymenstreit, der Auseinandersetzung zwischen der Ost- und der Westkirche um das rechte Abendmahlsbrot, belegen, dass dem Brot in der byzantinischen Kirche schon seit der Antike zumindest auch Salz hinzugefügt wurde.[16] Aus Bulgarien findet sich im frühen Mittelalter der Hinweis, dass eucharistische Gaben auch schon mal aus Gerstenmehl sein konnten.[17]

Genauer geregelt war der liturgische *Umgang* mit den Gaben: Schon seit dem fünften Jahrhundert haben wir Belege dafür, dass nicht mehr nur *ein* Brot und *ein* Kelch konsekriert wurden, sondern drei, fünf oder sogar sieben Brote und eine größere Zahl an Kelchen.[18] Die Brote wurden seit dem sechsten und siebten Jahrhundert mit einem eigenen, kreuzförmigen Brotstempel gekennzeichnet,[19] der das Brot nicht nur als christliches kenntlich machte, sondern auch eine liturgische Funktion hatte: Schon in den Geschichtensammlungen der Eremiten in der ägyptischen Wüste wird das eucharistische Brot nicht gebrochen, sondern in Erinnerung an den Lanzenstich in Christi Seite mit einer Art Messer zerschnitten.[20] Auch in der byzantinischen Liturgie opferte man nicht alle bereitgestellten Brote, sondern schnitt aus einem ausgesuchten Brot mit einer kleinen Lanze das durch den Brotstempel gekennzeichnete mittlere Stück, das sogenannte «Lamm», heraus. Dieses Stück wurde nach der Konsekration entsprechend der Zahl der Kommunikanten gebrochen, in den Kelch mit konsekriertem Wein gelegt und dann mit einem Löffel an die Gläubigen gespendet.

Die wachsende Anzahl von Gläubigen machte es notwendig, dass sowohl Brote als auch Kelche immer größer wurden. Teils waren sie riesig: Hostienschalen, die Patenen, hatten bis zu siebenundsiebzig Zentimeter Durchmesser, was auf die Größe der eucharistischen Brote schließen lässt. Die Kelche fassten bis zu einem ganzen Liter Wein und hatten, wie schon in der antiken Tradition, an beiden Seiten Henkel, um von den Diakonen getragen zu werden. Selbstverständlich wurde nur gemischter Wein verwendet. Schon seit dem sechsten Jahrhundert gibt es sogar Hinweise darauf, dass dem Kelch unmittelbar vor der Konsekration zusätzlich noch warmes Wasser zugefügt wurde,[21] sei es weil antiker Brauch es so verlangte, sei es weil man die Lebendigkeit des Opfers oder des Heiligen Geistes zeigen wollte.[22]

Weil von den geopferten Broten nur eines (und auch dies nur zum Teil) konsekriert wurde, stellte sich schon bald die Frage nach dem Umgang mit den Resten. Die unkonsekrierten Brote wurden den Gläubigen als sogenanntes *antidoron*, als gesegnetes Brot, mit nach Hause gegeben, wie es die altkirchliche Tradition vorgemacht hatte.[23] Der Brauch blieb bei den Gläubigen ebenso beliebt wie bei den Theologen umstritten. Wenn der Priester die konsekrierten Reste von Leib und Blut Christi nicht allein verzehren konnte, mussten diese besonders behandelt werden: Hesychios von Jerusalem (gest. nach 451) berichtet, dass zu seiner Zeit die Brotreste verbrannt wurden, gemäß dem Befehl in Exodus 12,10, nichts solle vom Pessachlamm übrigbleiben, «bis zum Morgen, was aber davon übrig ist bis zum Morgen, das sollt ihr verbrennen».[24] Tatsächlich finden sich seit dem fünften Jahrhundert «Heilige Öfen» in vielen byzantinischen Kirchen, in denen nach Ende des Gottesdienstes die Reste der Eucharistie verbrannt wurden.[25] Andere Quellen berichten, dass man die eucharistischen Brote unschuldigen Knaben zu essen gab, sie beerdigte oder einem fließenden Gewässer übergab.[26]

Machtvolle Speisen

Bei den germanischen Stämmen, die sich auf dem Boden des weströmischen Reiches niederließen, stand man dem neuen Kult noch ziemlich lange recht verständnislos gegenüber. Da sie ganz andere Ernährungsgewohnheiten hatten als die Menschen im mittelmeerischen Kulturraum, aus dem die Kirche stammte, waren die verwendeten Elemente Wein und Weizenbrot für sie zunächst ebenso exotisch wie interessant.

507 überreichte der heilige Remigius dem neugetauften Frankenkönig Chlodwig, der in den Kampf zog, eine Flasche konsekrierten Weins mit der Versicherung, der Feldzug werde siegreich sein, solange der Wein nicht zur Neige gehe. Der König, seine Familie und das ganze Volk verstanden das offenbar als Aufforderung sich «im Übermaß» Mut anzutrinken.[27] Nicht der Segen des Sakraments, sondern die Kraft des Weines war in den Augen des Königs offenbar das Entscheidende. Von den heidnischen Söhnen des Königs von Essex wird hundert Jahre später Ähnliches überliefert. Sie gingen Bischof Mellitus, der ihren Vater getauft hatte, an: «Warum gibst Du uns nicht das weiße Weizenbrot […], das Du unserem Vater Saba und selbst dem Volk in der Kirche gibst?» Als der Bischof ihnen aufträgt, sich vorher taufen zu lassen, lehnen sie ab: «Wir wollen nicht in diese Quelle steigen, das brauchen wir nicht, aber wir wollen trotzdem von diesem Brot essen.»[28] Hier wie dort erscheint die machtvolle Speise selbst als Zentrum der neuen Religion. Die kulturelle Höherwertigkeit der fremden Getreidesorten musste an den Höfen der germanischen Könige freilich erst noch gelernt werden: Der griechische Arzt Anthimos vermittelte dem in Ravenna residierenden ostgotischen König Theoderich um 500 die diätetischen Grundlagen der Antike, wonach Weizen gegenüber der Gerste das edlere und besser zu verdauende Getreide sei.[29]

Die wenigen Informationen, die vom sechsten bis neunten Jahrhundert erhalten sind, zeigen uns, dass die Verwendung von Weizenbrot und Traubenwein im Abendmahl in den nordwestlichen Provinzen des Römischen Reiches entweder niemals fest etabliert war oder schon bald in Vergessenheit geriet. Weinbau war in den ganz weit nördlich gelegenen Territorien nicht möglich, was die Feier der Messe erschwerte. In der um 700 entstandenen Vita Columbans des Jüngeren soll dieser in Schottland, wo er missionierte, die Messe feiern, findet aber keinerlei Wein mehr. In seiner Not schöpft er Wasser aus einer nahen Quelle und segnet es im Namen Jesu Christi: Auf den Altar gestellt findet er, dass es zu Wein geworden ist.[30] Aber auch um den britischen Weinbau, der noch auf römische Traditionen zurückging, scheint es so schlecht bestellt gewesen zu sein, dass der aus England stammende Bonifatius, seit 746 Bischof von Mainz, seinem Bischofskollegen Eckbert von York zwei Fässchen Wein schickte.[31]

Über die Art des Brotes im fränkischen Merowingerreich sind wir nicht sicher informiert. Brot und Wein waren, wie in den ersten Jahrhunderten, hier noch freiwillige Gaben der Gläubigen.[32] Venantius Fortunatus berichtet, dass Chlodwigs Schwiegertochter Radegundis das neue Christentum so eifrig angenommen habe, dass sie mit eigenen Händen das Mehl für Opferbrot gemahlen habe.[33] Möglicherweise war das weniger frommer Eifer als das Verlangen, die Kommunion von der eigenen Spende zu erhalten. Cäsarius von Arles (gest. 542) kritisierte entsprechende Auffassungen seiner Gläubigen, wonach bestimmte Brote oder Teile des Brotes heilswirksamer seien als andere.[34] Und Gregor von Tours überliefert die Geschichte von einer frommen Witwe, die jeden Tag besten Wein stiftete, den ihr verstorbener Mann für das Messopfer zurückgelegt hatte. Der Diakon lernt den guten Tropfen schätzen, behält ihn kurzerhand für sich und konsekriert stattdessen billigen, sauren Wein. Die Sache fliegt auf, als der Herr, auf Bitten des Toten, den Wein während des Gottesdienstes in so beißenden Essig verwandelt, dass der Diakon glaubt, «ihm fielen die Zähne aus».[35]

Obwohl der Weinbau im Frankenreich intensiv betrieben wurde und Bischöfe und Könige selbst das Anlegen von Weinbergen förderten, war der von den Gläubigen gespendete Wein im Allgemeinen von recht dürftiger Qualität.[36] Das Konzil von Orléans musste 541 darauf bestehen, keine anderen Getränke als Traubenwein in den Abendmahlskelch zu füllen, und die Synode im nahegelegenen Auxerre 585 schärfte eigens ein, gesüßter Wein («mellita, quod mulsa appellant») dürfe nicht konsekriert werden.[37] Wie es zu diesem ältesten Reinheitsgebot für eucharistischen Wein gekommen ist, bleibt unklar: Möglicherweise war nicht mehr bekannt, dass in der alten Kirche oft gewürzter und gesüßter Wein verwendet worden war. Da Gregor von Tours den Brauch kritisiert, den Wein wie Barbaren mit Absinth und Honig zu mischen, weil dadurch etwaiges Gift im Wein nicht bemerkt werde,[38] wurde die Reinheit des Weines möglicherweise auch als Ausweis höherer Kultiviertheit verstanden – ähnlich wie das Weißbrot.

Als im germanischen Königreich der Sueben in Nordwestspanien, seit 550 offiziell katholisch, kirchliche Strukturen aufgebaut wurden, gab es noch kaum Kenntnisse der christlichen Tradition. Darauf lassen die Vorschriften des Konzils von Braga 572 schließen: Direkt neben der Feststellung, dass Kinder nicht im Bauch ihrer Mutter mitgetauft werden, wird bestimmt, dass beim Abendmahl «nur Brot und Wein mit Wasser» konsekriert werden dürften.[39] Gegen welchen abweichenden Brauch sich diese Vorschrift richtete, wissen wir nicht, aber noch hundert Jahre später verbietet ein Provinzialkonzil in derselben Stadt die Verwendung von Milch, den Brauch, die Abendmahlsgeräte für normale Mahlzeiten zu verwenden, und die Gewohnheit, Weintrauben zu konsekrieren.[40] Interessanterweise wurden dieselben Bräuche nur wenige Jahre später auf dem ökumenischen Konzil von Konstantinopel 691 auch in der Ostkirche verboten.[41] Ob solche Bräuche im siebten Jahrhundert allgemein verbreitet waren oder ob die östlichen Bischöfe besonders enge Kontakte zu den westlichen Kollegen pflegten, ist unklar. In Braga zumindest hielt sich bis weit in die frühe Neuzeit der Brauch, am Fest der Verklärung Christi zumindest eine frische Traube in den Abendmahlswein zu pressen, «um die Neuheit der Auferstehung Christi darzustellen».[42]

Der wichtigste Gelehrte der westgotischen Kirche war Isidor von Sevilla (gest. 633). Der große Enzyklopädist war in vielfacher Weise prägend für das weitere Verständnis des Abendmahls: Er leitete das lateinische Wort für «Opfer», *offertorium*, in dem sich die Gnade verdinglicht, vom römischen Gerstenfladen, *fertum*, ab. Das eucharistische Brot sollte deshalb aus Gerstenmehl gebacken werden.[43] Seine eigene Definition von Getreide, wonach *frumentum* alles bezeichne, «was Ähren hat»,[44] widersprach dem allerdings, was zum Ausgangspunkt des spätmittelalterlichen Streits um die rechte Materie des eucharistischen Brotes wurde.

693 erließ ein Reichskonzil in Toledo erstmals detaillierte Vorschriften zu Form und Materie des eucharistischen Brotes. In vielen Gebieten Spaniens war die Unsitte eingerissen, dass Priester aus Unwissenheit oder Leichtfertigkeit «aus ihren gewöhnlichen Broten einen Kuchen rund ausschneiden».[45] Das Wissen, dass das eucharistische Brot rund sein müsse, hatte sich erhalten, auch dort, wo die runde Brotform der Antike nicht mehr selbstverständlich war. Für die Eucharistie dürfe aber kein anderes Brot benutzt werden, «als ein weißes [aus Weizen] und vollständiges, das vorher ordentlich zubereitet ist, und auch kein großes, sondern nur mittleres Opferbrot.»[46] Ein unversehrtes Brot lasse sich nicht nur besser aufbewahren, es drücke, wenn es aus Weizen statt aus Gerste gemacht ist, auch weniger den Magen dessen, der «bereit ist, es in sich hineinzustopfen», und es gehe auch nicht «weiter in die Verdauung».[47] Man hatte seine diätetischen Lektionen gelernt.

Auch an den nördlichen Grenzen der Christenheit begann man nun darauf zu achten, nicht mehr jedes beliebige Brot zur Eucharistie zuzulassen. Die Synode des angelsächsischen Königreichs Mercia im englischen Chelsea schrieb 787 vor, dass «die Opferbrote der Gläubigen dergestalt seien, dass sie keine Rinde haben».[48] Dass die Brote nur noch von Priestern selbst hergestellt worden wären, wie es im Osten bereits seit langem Brauch war, lässt sich für den Westen allerdings erst im neunten Jahrhundert feststellen.

In der Alten Kirche hatte man keinerlei Bedenken gehabt, den

Gläubigen konsekriertes Brot mit nach Hause zu geben. Seit dem fünften Jahrhundert änderte sich die Einstellung: Der Leib des Herrn musste nun in der Kirche bleiben und dort aufgebraucht werden. Wie in der Ostkirche setzte sich auch im Frankenreich der Brauch durch, die Reste von Leib und Blut Christi gewissermaßen zu neutralisieren.[49] Nach den Bestimmungen der Synode von Maçon 585 sollte eucharistisches Brot von unschuldigen Kindern verzehrt werden. Die Vorschrift, das Brot dafür in Wein zu tauchen, sollte sicher dazu dienen, das trockene Brot besser kauen und schlucken zu können. In anderen westlichen Kirchen waren die Priester gehalten, möglichst wenig konsekriertes Brot übrig zu lassen und dies nach der Messe selbst zu essen.[50]

Schwierigkeiten traten auf, wenn bereits konsekrierte Materie durch Schimmel oder Würmer ungenießbar wurde. Auch in den westlichen Kirchen kam der Brauch auf, solche Reste zu verbrennen. Vielleicht wurde er von der Ostkirche übernommen oder aber direkt aus dem biblischen Befehl abgeleitet, die Reste des Pessachlamms zu verbrennen. Die irischen Mönche machten sich besonders intensiv Gedanken über den Umgang mit dem Leib des Herrn.[51] Wer das Opferbrot, so das *Poenitentiale Ambrosianum* um 600, vertrocknen lässt oder nicht vor Würmern geschützt hat, büßt ein halbes Jahr bei Wasser und Brot. Wie das Brot sollen auch die Würmer, wenn sie vom Leib des Herrn gefressen haben, verbrannt und ihre Asche beim Altar bestattet werden. Wem die Opfergabe aus der Hand fällt, der muss den Boden aufwischen, den Putzlappen verbrennen und auch diese Asche bestatten. Jeder verschüttete Tropfen des Blutes muss mit eigener Zunge aufgeleckt werden. Holzboden, von dem sich das Blut nicht ganz aufnehmen lässt, muss abgehobelt und verbrannt werden.[52] Diese extremen Regeln fanden schon früh Eingang in fränkische Bußbücher,[53] und über die Synodalstatuten der mittelalterlichen Kirchen wurden sie seit dem dreizehnten Jahrhundert Gemeingut der lateinischen Christenheit. Selbst Martin Luther hielt an diesen Regeln, die ihm aus dem Klosterleben vertraut waren, zeitlebens fest.

Zweiter Teil

Brot und Wein der Kirche

1.
Die Klerikalisierung der Materie

– 800 – 1050 –

Heilige Handlungen

Das fränkische Reich unter dem Karl dem Großen war in vielerlei Hinsicht das Vorbild für die christlichen Reiche des Hochmittelalters: Der fränkische Herrscher trug als erster seit dem Untergang Roms wieder eine Kaiserkrone und beanspruchte, die Tradition des römischen Christentums zu erneuern. Mit einer Fülle an Reformen versuchte Karl der Große (wie auch schon einige Vorgänger), die Kirche seines Reiches, das sich im Laufe des achten und neunten Jahrhunderts auf immer mehr Gebiete Europas ausdehnte, zu organisieren und theologisch zu einen.

Eine dieser Reformen betraf die Liturgie. Schon der fränkische König Pippin hatte 754 an seinem Hof die römische Liturgie übernommen, aber erst Karl der Große bat Papst Hadrian um ein römisches Sakramentar, das Gebetbuch für die Feier der Eucharistie, das er vervielfältigen und per Gesetz im Frankenreich zur liturgischen Norm machen ließ.

Durch die Einführung der römischen Liturgie in der fränkischen Kirche vollzog sich in der lateinischen Kirche des Westens ein Wandel, der für die weitere Entwicklung der christlichen Kirche grundlegend werden sollte. Hatte man die Eucharistie in den Anfängen des Christentums noch als Dankopfer der Gemeinde oder als Erinnerung an das Sühnopfer Christi verstanden, war sie nun eine heilige Handlung, mit der der Priester vor den Augen der Gläubigen die Gottheit auf die Erde herabholte. Diese Verschiebung wurde maßgeblich für die Entstehung der religiösen Welt des Hochmittelalters, die in der Verehrung der Eucharistie ihren Mittelpunkt fand.

Die Theologen gingen überwiegend davon aus, dass die Elemente Gefäße für die herabsteigende Gottheit seien oder selbst irgendwie in die Gottheit verwandelt und als solche geopfert würden, um Gnade zu erwirken. Dafür mussten Brot und Wein makellos sein. Nicht mehr alle Gaben der Gläubigen konnten konsekriert werden, sondern nur noch die besten, bald darauf überhaupt nur noch die Gaben des Priesters selbst. Und auch diese mussten schließlich besonderen Ansprüchen genügen: Das Brot durfte nur noch aus reinem Wasser und reinstem Weizenmehl gefertigt sein, jeder Zusatzstoff, aber auch jedes andere Getreide war nicht mehr gut genug. Technische Neuerungen wie das Hostieneisen machten es möglich, aus einem solchen Teig völlig gleichartige, ebenso abstrakt wie homogen aussehende Oblaten (lat. das *Dargebrachte, Geopferte*) zu fertigen. Die Hostie (lat. *Opfer*) war sozusagen nur noch die Verkörperung der *Idee* von Brot. Beim Wein waren die Anforderungen weniger streng, wohl weil das Element im Kelch nicht gesehen werden konnte und ohnehin zunehmend nur noch vom Priester konsumiert und den einfachen Gläubigen immer seltener gereicht wurde.

Die Materialität dieser Elemente wurde deshalb aber nicht unwichtig – im Gegenteil. Die Vorstellung, dass sich eine dünne Scheibe aus Weizenteig und etwas Wein im Kelch in die Gottheit selbst verwandelte, lenkte den Blick auf das Paradox, dass sich in den begrenzten Elementen Gott *materialisierte*. Die konsekrierte Hostie wurde essbarer Leib Gottes. Gerade deshalb rückte ihre wundersame Materialität, die Verfertigung der Hostien, ihre Konsekration, ihre Aufbewahrung, das Essen, Kauen, Schlucken, Verdauen und Ausscheiden durch Menschen oder Tiere, ins Zentrum. Die körperliche Aneignung der Gottheit wurde Gegenstand frommer Legenden, theologischer Spekulation und künstlerischer Darstellungen.

Klerus und Laien

Im fränkischen Reich wurde unter Karl dem Großen die römische Messe auf Lateinisch verpflichtend. Das führte dazu, dass der größte Teil der Gläubigen von der Liturgie sprachlich ausgeschlossen wurde. Es war sozusagen «eine Verhüllung des Heiligen nun nicht mehr vor den Heiden, die es nicht mehr gab, sondern vor dem christlichen Volke»[1]. Aber auch die fränkischen Theologen standen vielen Traditionen des römischen Messritus zunächst verständnislos gegenüber und sahen sich gezwungen, ihnen neue und zum Teil ganz eigene Deutungen zu verleihen.[2] Amalar von Metz deutete jede Einzelheit des Textes, jede Handlung des Priesters als symbolische Vergegenwärtigung der Passion Christi. Die Messe wurde als liturgische Dramatisierung der Heilsgeschichte gedeutet. Der Altar, die Eucharistie, der Priester selbst waren nichts Geringeres als die Repräsentation Christi. Die Liturgie wurde zu einem Opferritus, den der Priester, wie Christus vor dem Allerheiligsten stehend, im Namen der Gläubigen vollzog. Alkuin, der theologische Hauptberater Karls des Großen, veränderte sogar den Text des Messordo. Nicht mehr die Gläubigen opfern, sondern «wir», die Priester, «opfern Dir für sie».[3] Die karolingischen Theologen beschworen so die unendliche Distanz zwischen dem in seinen Repräsentationen gegenwärtigen, allmächtigen Gott und dem einzelnen sündenbeladenen Gläubigen.[4] Das schlichte römische Hochgebet wurde um ehrfurchtsvolle Formeln vermehrt, die nur noch leise gesprochen wurden, damit die allerheiligsten Worte nicht der Verunehrung durch die Ohren der Gläubigen ausgesetzt wurden.

Das alles bedeutete, dass auch das materielle Substrat, das Christus zur Verkörperung angeboten werden sollte, so rein und vollkommen wie möglich sein musste und höchste Sorgfalt bei der Herstellung und Behandlung erforderte.[5] Es begann damit, dass das selbstgebackene Brot der Gläubigen zunehmend als Problem empfunden wurde, wohl weniger wegen der mangelnden Qualität des Brotes als wegen der mangelnden Qualität der Gläubigen. Es war ungeeignet, *weil* es von den Gläubigen gemacht worden war. Die unendliche Distanz zwischen dem Alltag der Christen und der erhabenen Heiligkeit der Gottheit war in Gefahr eingeebnet zu werden. Der Theologe Paulus Diaconus, der am Hof Karls des Großen wirkte, brachte das Problem in seiner Vita des heiligen Gregor auf den Punkt.[6] Als Papst Gregor die Messe mit den frommen Gaben der Gläubigen feiert und gerade das Brot austeilt, lacht die vor ihm stehende Frau «übermütig» auf. Als er sie zur Rede stellt, verteidigt sie sich: «Es war doch die Opfergabe, die ich selbst gemacht und dir gerade gegeben habe! Du hast sie ‹Leib des Herrn› genannt. Da musste ich lachen!»[7] Gregor ist entsetzt: Auf sein wundertätiges Gebet hin offenbart das Brot, was es in Wirklichkeit ist, und verwandelt sich in einen Finger Christi.[8] In diesem Fall erlaubte die Fürbitte des Heiligen, die kognitive Dissonanz von Alltäglichem und Übernatürlichem zu überbrücken und die Wahrheit des Wunders zu zeigen. Aber das Modell der von den Gläubigen selbst verfertigten Opfergaben war problematisch geworden.

Die Lösung war, die Geistlichen die Opfergaben selbst zubereiten zu lassen. Um 810 gebot Bischof Theodulf von Orléans, ebenfalls ein Berater Karls des Großen, den Priestern in seiner Diözese, dass «die Brote […] von Euch selbst oder in Eurer Anwesenheit von Euren Schülern weiß und ordentlich zubereitet werden müssen. Achtet genauestens darauf, dass Brot und Wein und Wasser […] säuberlich und ordentlich behandelt werden und dass in ihnen nichts Unwürdiges oder Ungeeignetes erfunden wird.»[9] Diese Vorschrift wurde in viele Kapitulariensammlungen der fränkischen Kirche übernommen. Auch wenn wir nicht sicher wissen, inwieweit sie befolgt wurde, war die Regel ab jetzt, dass die Priester die Gaben selbst fertigten, während die Gaben der Gläubigen nur noch «hinter dem Altar» niedergelegt und gesegnet wurden.[10]

Auch solche Gaben der Gläubigen, die in der Messe nur gesegnet wurden, wurden den Gemeindemitgliedern nun nicht mehr zum Verzehr nach Hause mitgegeben, sondern in der Kirche vom Priester als «Speisewein» und «Weihbrot» gespendet.[11] Im Frühmittelalter

Die Klerikalisierung der Materie

Auf der ältesten erhaltenen Darstellung der Gregorsmesse zelebriert der Heilige mit einer liturgisch korrekten Hostie. Der ungläubigen Frau ist das Lachen längst vergangen.

gab es Gaben für diese Spendung allerdings immer weniger: Die theologische Überhöhung der Messe zum priesterlichen Opferritus führte dazu, dass die Laien kaum noch an der Kommunion teilnahmen (meist nur ein- bis zweimal im Jahr). Da die Regel galt, dass nur diejenigen Gaben spenden sollten, die auch selbst an der Kommunion teilzunehmen gedachten, standen bald kaum noch Gaben zur Verfügung.[12] Um 900 jammerte Regino von Prüm, man sei inzwischen sogar gezwungen, Wein- und Brotspenden von Frauen anzunehmen![13] Auf verschiedenen Synoden und Konzilen des elften Jahrhunderts wurde deshalb die Regel erlassen, dass *alle* Besucher der Messe, nicht nur die Kommunikanten, Gaben bringen müssten.[14] Trotzdem nahmen im Laufe des Hochmittelalters die Gläubigen immer weniger an der geheimnisumwitterten Eucharistie und zunehmend mehr an der Austeilung von «Speisewein» und «Weihbrot» teil. Seit dem Hoch- und Spätmittelalter ist deshalb wieder vermehrt von Wein- und Brotoblationen zu hören. Fromme Christen vermachten der Kirche Weinberge, Getreide oder Wein, die eigens für Weihbrot oder Speisewein gestiftet wurden.[15]

Materie und Form

Mit der Klerikalisierung der Abendmahlselemente wurden die Ansprüche an ihre Qualität und Makellosigkeit erhöht. Im Westen setzte sich der Brauch durch, nur noch ungesäuertes Brot zu verwenden.[16] Alkuin behauptete 798 als erster, das eucharistische Brot müsse ungesäuert sein. Dem Brot Salz und Hefe beizufügen, sei weder in der ganzen Kirche verbreitet noch durch die römische Autorität gestützt.[17] Wein und Brot müssten absolut rein *(mundissimum)* sein, denn «nur drei geben Zeugnis: Geist, Wasser und Blut».[18] Im Kelch verbinden sich die Gläubigen, das Wasser, mit dem Blut Christi, dem Wein; im Brot verbinden sich die Gläubigen, das Wasser, mit dem aus den vielen Körnern gewonnenen Mehl, der Kirche.[19] Alkuins Schüler Hrabanus Maurus (gest. 856), Erzbischof von Mainz, begründete den Gebrauch ungesäuerten Brotes nicht mehr allegorisch, sondern mit dem alttestamentlichen Verbot, Gesäuertes zu opfern, und Radbertus, der Abt von Corbie, setzte in seinem Abendmahlstraktat von 850 ungesäuertes Brot schon ganz selbstverständlich voraus.[20]

Den theologischen Überlegungen folgten praktische Konsequenzen. Um die Mitte des neunten Jahrhunderts wurden erstmals genauere Bestimmungen über die Machart der eucharistischen Elemente erlassen. Die Gärung des Brotes durch Hefen verstand man als Verunreinigung, die zu vermeiden sei. Dass auch die Gärung des Weines durch Hefen bewirkt wurde, war noch unbekannt.[21]

Als schwieriger erwies sich, dass es im Frankenreich gar nicht überall Wein gab: Vielsagend sind die Bestimmungen der sogenannten *Pseudoisidorischen Dekretalen* (847/852), einer Fälschung, die sich als geltendes Kirchenrecht ausgab und dafür auf frühe Päpste berief: Die Unsitte, ein Leintuch in Wein zu tauchen, über Jahre aufzubewahren und das Waschwasser später als Abendmahlswein zu reichen, sei nicht zu tolerieren.[22] Wo kein Wein zu haben sei, dürfe man im Notfall Trauben im Kelch zerdrücken und mit Wasser mischen, wofür die *Dekretalen* ein angebliches Dekret von Papst Julius I. (337–352) zitieren.[23] Dieses Verbot von Instantwein zeigt, dass die *Dekretalen* in einer Epoche entstanden, in der Wein anders als in der Antike eben nicht mehr zu den Grundnahrungsmitteln gehörte. Innerhalb kürzester Zeit verbreiteten sich diese gefälschten Kanones und wurden über das *Decretum Gratiani* seit 1140 sogar Teil des Kirchenrechtes.[24] Wenig später beschäftigte sich ein ostfränkisches Konzil in Tribur bei Mainz 895 erstmals mit der Mischung von Wein und Wasser, die offenbar ebenfalls nicht mehr allgemein üblich war: Unter Berufung auf ebenfalls fingierte Briefe Papst Alexanders I. (gest. 119) wird festgehalten, dass der Wein mit Wasser gemischt sein muss, «doch zwei Teile Wein, weil die Würde des Blutes Christi größer ist als die Gebrechlichkeit des Volkes: der dritte Teil soll Wasser sein, unter dem wir die Schwäche der menschlichen Natur verstehen».[25] Auch hier waren die antiken Ernährungstraditionen in Vergessenheit geraten. Im Mittelalter nahm man das Blut Christi in deutlich stärkerer Form zu sich als in der Antike.[26]

Im ersten Drittel des neunten Jahrhunderts verbreiteten sich die Hostieneisen, die es erlaubten, aus fast flüssigem Teig mehr oder weniger dünne, waffelartige Hostien zu fertigen, die zwischen den beiden Seiten des erhitzten Eisens eher getrocknet als gebacken wurden.[27] Diese technische Neuerung wurde mit den Weihen ehrwürdiger Tradition umgeben oder als göttlicher Befehl ausgegeben. Eine um 830 entstandene Vita führte das Hostieneisen auf den um 668 gestorbenen heiligen Wandrillus zurück. Als er im Winter Oblaten für die Weihnachtsmesse backte und sich aus asketischen Gründen nicht dem wärmenden Feuer nähern wollte, habe er sich einer Art Zange aus Eisen bedient.[28] In einer auf 845 datierten, höchst merkwürdigen «Offenbarung» eröffnet der Herr einem ansonsten unbekannten spanischen Bischof Ildefons genau Größe, Form, Gewicht, Zusammensetzung, Machart und Bildschmuck der Hostien.[29] Die eucharistischen Brote mit einem Stempel zu weihen oder zu verzieren war in der Ostkirche seit Jahrhunderten Brauch gewesen. Nun nahm auch im Westen der Bildschmuck der neuen Hostien immer mehr zu: Waren es zu Beginn vor allem schlichte Zeichen wie Kreuze oder Buchstaben wie Alpha und Omega gewesen, entwickelten sich im Laufe des Hochmittelalters vor allem für die größeren Priesterhostien immer ausgefeiltere, künstlerisch anspruchsvolle Bildprogramme, die das Lamm, Christus am Kreuz oder umgeben von seinen Jüngern zeigten. Sie alle hatten ein Ziel: zu zeigen, dass sich unter der schlichten Gestalt einer Scheibe aus Weizenmehl und Wasser in Wahrheit nichts Geringeres als der Sohn Gottes selbst verbarg.

Die kultische Aufwertung der Hostien lässt sich an der um 995 entstandenen Legende des heiligen Wenzel von Böhmen (gest. 935) ablesen: Dieser sei schon als Knabe so fromm gewesen, «dass er täglich ein mit eigenen Händen verfertigtes Opfer dem Herrn darbrachte. Zur Erntezeit eilte er um Mitternacht mit seinem besten Freund aufs Feld [...], mähte Weizen, trug ihn auf seinen eigenen Schultern nach Hause und fertigte – Fürst und Müller zugleich – eigenhändig die Mühle drehend das Mehl; schöpfte, den Namen des Vaters und des Sohnes und des heiligen Geistes anrufend, in der Nacht Wasser und mischte es nach Hause zurückgekehrt mit dem Mehl, um Hos-

Hostieneisen erhielten im Laufe des Hochmittelalters immer aufwändigere Bildprogramme, die zeigen sollten, dass sich unter der schlichten Hostie in Wirklichkeit Gottes Sohn verbarg.

tien zu fertigen. Er eilte in den Weinberg, schnitt Trauben, die er mit eigenen Händen presste und in Krüge füllte, und bewahrte sie für den Dienst in der heiligen Messe.«[30]

Vor allem der Reformorden von Cluny tat sich in der neuen Wertschätzung der Abendmahlselemente hervor: Die Cluniazenser, deren Ziel die geistliche Erneuerung des Mönchtums aus dem Geist der Liturgie war, unterwarfen die Verfertigung der Hostien einem geradezu sakramentalen Zeremoniell.[31] Das Getreide musste Korn für Korn ausgelesen, gewaschen und nachts in einem eigens dafür genähten Sack zur Mühle getragen werden. In der mit Tüchern verhängten Mühle mahlten drei weitere Brüder, angetan mit liturgischen Gewändern, die Körner zu Mehl. Vor dem Backen sollten die Brüder sich waschen, die Laudes singen und in priesterliche Gewänder gekleidet «soll einer das Mehl mit Wasser besprengen und eifrig kneten – auf einem ganz sauberen Tisch, der einen etwas erhöhten Rand hat, damit das Wasser nicht herabfließen kann. Sie sollen es [das Mehl] mit kaltem Wasser besprengen, damit die Hostien weißer werden. Von zwei anderen werden die Hostien geformt. Das Wasser soll in keinem anderen Kännchen gebracht werden, als dem, das man in der Messe zu benutzen pflegt. Ein Laienbruder, die Hände mit Handschuhen, hält das Hostieneisen mit Prägestempel, in dem die Hostien gebacken werden. [....] Sie sollen die übrigen Psalmen singen und wenn sie wollen die Horen der Heiligen Maria. Ansonsten aber sollen sie Schweigen bewahren und peinlichst darauf achten, dass nicht irgendwie Speichel oder der Hauch ihres Atems an die Hostien gelangt.»[32] Der den cluniazensischen Reformen nahestehende Kardinal Humbert von Silva Candida beteuerte 1059 während des Streits mit der Ostkirche um den Einsatz von ungesäuertem Brot, bei «uns» würden die «zarten» Hostien «von den Diakonen und Subdiakonen oder sogar von Priestern, angetan mit heiligen Gewändern, und unter Psalmengesang im Hostieneisen gefertigt».[33] Durch die kirchliche Reformbewegung im elften und zwölften Jahrhundert wurden die cluniazensischen Bräuche schließlich allgemein bekannt. Lanfranc von Bec, der Erzbischof von Canterbury, war ein energischer Verfechter: 1079 verbot ein Konzil im englischen Winchester unter seiner Leitung nicht nur, das Abendmahl mit Bier zu feiern, er bemühte sich auch, die Tradition des Hostienbackens in England einzuführen.[34]

Zunächst scheinen die Hostien so groß wie herkömmliche Brote gewesen zu sein. Noch im zehnten Jahrhundert konnte man sie wie eine Hostienschale über den Kelch legen oder gar vierzig (!) Tage lang von ihnen das Abendmahl reichen.[35] Doch diese Hostien, die

Die Klerikalisierung der Materie

Ring und Kelch. Noch im 11. Jahrhundert feierten Priester mit jenen *coronae*, die schon im altrömischen Tempelkult Opfermaterie gewesen waren.

für die Laien gebrochen wurden, kamen außer Gebrauch, um keine Partikel des Leibes Christi in Form von Krümeln zu schaffen, die leicht verloren gehen konnten. Die Brechung des Brotes wurde zunehmend nur noch an der Priesterhostie vollzogen.[36] Bei Ildefons waren die Hostien bereits von handlicher Größe gewesen. Wenn von einigen bemängelt wurde, dass die neuen Hostien wie Münzen aussähen, wurde dies positiv gewendet: «Wenn die gültige Währung eines irdischen Königs überall umläuft, warum dann nicht umso mehr die noch gültigere des himmlischen Königs?»[37] Für Honorius Augustodunensis (gest. um 1150) war dies freilich geradezu der Sinn der neuen Hostien: «Das Brot wird in Form eines Denars gemacht, denn Christus, das Brot des Lebens, wurde für eine Reihe von Denaren verkauft.»[38] Die neuen Hostien waren das himmlische Geld, mit dem die Gegenwart Gottes gekauft werden konnte. Das neue Hostiengeld stieß jedoch auch auf Ablehnung: Der Leiter der St. Galler Klosterschule, Ekkehart (gest. um 1060), bestand darauf, die Eucharistie weiterhin mit gesäuertem Brot zu feiern,[39] dessen Vielfalt er in einem eigenen Versgedicht preist.[40] Und noch 1558 zitierte der flämische Theologe Georg Cassander zustimmend einen alten Messkommentar, wonach die Oblation des Priesters «aus einer Handvoll Weizenmehl als geschlungenes Brot in Form einer Krone gemacht sein muss.»[41] Aber 1075 waren die Münzhostien weit verbreitet und um 1200 waren sie wohl schon die Norm.[42]

Rom und Konstantinopel

Die neuen ungesäuerten Hostien wurden bald zu einem Streitpunkt zwischen der lateinischen und der byzantinischen Kirche.[43] Hintergrund waren langfristige Entfremdungsprozesse. Anlass war ein offener Streit um Oberitalien, das rechtlich zum Byzantinischen Reich gehörte, kirchlich von Rom beansprucht wurde und in Wirklichkeit von Normannen, Arabern oder deutschen Königen besetzt war.

Der Kampf begann 1050 mit propagandistischen Maßnahmen des byzantinischen Patriarchen Michael I. Kerullarios gegen die lateinische Kirche. Mit Hinweis auf den unerhörten neuen Brauch des ungesäuerten Brotes wurden lateinische Kirchen in Byzanz geschlossen. Im Frühjahr 1053 dehnte sich der Machtstreit auf Süditalien aus: Erzbischof Leon von Achrida, engster Mitarbeiter des Patriarchen, verfasste ein Schreiben, in dem er der «fränkischen» Kirche vorwarf, jüdische Irrlehren, allen voran das ungesäuerte Brot und das Fasten am Sabbat, übernommen zu haben. Der Antwortbrief Leos IX. an den Patriarchen führte zur Eskalation:[44] Der Papst verurteilte jeden Widerspruch gegen Lehren und Gebräuche der römischen Kirche und forderte unter Verweis auf die Schenkung, mit der Kaiser Konstantin im vierten Jahrhundert Papst Silvester und allen seinen Nachfolgern angeblich die Oberhoheit über das Reich und alle anderen Kirchen der Christenheit überantwortet haben sollte, Gehorsam gegenüber der Herrschaft des Papstes.[45] Während der Mission des Kardinals Humbert von Silva Candida, der diesen Brief nach Konstantinopel brachte, kam es nach einer Disputation über die Azymenfrage zum Eklat. Die lateinische Delegation reiste ab, nicht ohne vorher die Bannbulle gegen den Patriarchen auf dem Hauptaltar der Hagia Sophia hinterlegt zu haben. Der Patriarch warf den Delegierten seinerseits den Bann hinterher. Obwohl er an sich nur die beteiligten Personen betraf, wurde er in der Folgezeit als Schisma der beiden Kirchen insgesamt angesehen.

Das Hauptproblem des Azymenstreites bestand in einer unterschiedlichen theologischen Hermeneutik. Während für die lateinischen Theologen liturgische Unterschiede anders als dogmatische nicht sehr ins Gewicht fielen, wurde im Osten jede Abweichung in Fragen des Ritus als häretisch empfunden. Bereits die *Apostolischen Konstitutionen*, die Konzile von Laodicäa 362 und Konstantinopel 691 hatten jeden Christen exkommuniziert, der von den Azymen, den ungesäuerten Broten, der Juden aß.[46] Da die Evangelien beim Abendmahl nur von Brot, aber nirgends von *azyma* sprachen, konnte es den griechischen Theologen so erscheinen, als ob die lateinische Kirche frevlerisch zu jüdischen Mazzen übergegangen sei. Der Vorwurf, die römische Kirche sei zum Judentum übergegangen, scheint von einigen griechischen Theologen durchaus ernst gemeint gewesen zu sein.

Demgegenüber hielten sie fest, Jesus habe das letzte Abendmahl nicht als jüdisches Pessach gefeiert. Schon aus Opposition zum Judentum müsse mit «gesäuertem» Brot gefeiert werden: Es stelle den Neuen Bund dar und müsse wie dieser auch «beseelt» sein.[47] Die Lateiner konsekrierten dagegen nur «trockenen Schlamm».[48] Diese hielten entgegen: Brot eine Seele zuzuschreiben sei an sich schon häretisch. Nur die ungesäuerte Oblate stelle die wahre Natur Christi dar: Das Korn, aus der jungfräulichen Erde gekommen, sei wie der Leib Christi, der ohne Zutun eines Mannes geschaffen ist, das klare Wasser die Vernunftseele Christi. Beides werde durch das Feuer des göttlichen Wortes miteinander vereint. Die lateinische Kirche ahme nicht die Juden nach, sondern den Herrn, der Azymen auch seinerseits nicht benutzt habe, um die Juden nachzuahmen, sondern um das Gesetz zu erfüllen.[49] Und überhaupt: Woher hätte Jesus während des Pessachfestes ungesäuertes Brot nehmen sollen?[50] Kein Wunder, dass der Kardinal Humbert von Silva Candida sich für die Hostien in der cluniazensischen Form stark machte.

Die Frage der ungesäuerten Brote war weder der Grund noch der Anlass für den Bruch zwischen Ost- und Westkirche. Sie war nur ein Gradmesser der Entfremdung. Der eigentliche Bruch der beiden Kirchen erfolgte erst mit der Besetzung und Plünderung Konstantinopels durch lateinische Kreuzritter 1204. Versuche, die Einheit wiederherzustellen scheiterten. Wiedervereinigungen, die 1274 und 1439 proklamiert wurden und mit denen die griechische Kirche in der Hoffnung auf militärische Hilfe gegen die Türken die römische Trinitätslehre, den Primat des Bischofs von Rom und die römische Sakramentenlehre anerkannte, konnten sich weder in der griechischen noch in der lateinischen Kirche durchsetzen.[51] 1439 wurde in einem Kompromiss festgehalten, «dass der Leib Christi mit ungesäuertem wie mit gesäuertem Weizenbrot wahrhaft zustande gebracht wird, und dass die Priester den Leib selbst in dem einen oder anderen Brote zustande bringen müssen, nämlich jeder nach der

Gewohnheit seiner Kirche, sei es der westlichen oder der östlichen».[52] Doch auch dieser Formel war kein Erfolg beschieden. Der Kaiser in Byzanz konnte die Union unter den misstrauischen Augen des Sultans nicht durchsetzen, der Metropolit von Moskau und andere östliche Patriarchate lehnten sie ab, und schließlich widerriefen einundzwanzig von neunundzwanzig griechischen Konzilsteilnehmern ihre Unterschrift.

Auch weitere Unionsdekrete des Konzils mit Kirchen des christlichen Ostens verpufften. Die Vereinbarung des Patriarchen von Konstantinopel mit dem armenischen Katholikat von Sis stellte den Gebrauch von ungesäuertem Brot frei, schärfte aber ein, um der Zwei-Naturen-Lehre willen den Wein mit Wasser zu mischen.[53] Ein Unionsdekret Roms mit der miaphysitischen Kirche Ägyptens kam 1442 zustande.[54] Es verwarf neben dem Miaphysitismus – dem Glauben, dass Jesus Christus nur eine einzige, göttliche Natur habe – das in Ägypten von alters her beachtete Gebot, dass nur frisches Weizenbrot vom gleichen Tag verwendet werden dürfe.[55] Doch es scheiterte wie alle anderen Unionsdekrete schon bald in der Praxis.

Die russische Kirche

Der entschiedene Widerstand der bislang kaum bekannten Metropolie Moskau gegen eine Union mit Rom zeigte mit einem Schlag, dass sich die geografischen und kulturellen Schwerpunkte der byzantinischen Kirche nach Norden verschoben hatten. Gegen Ende des siebten Jahrhunderts hatten die Muslime große Teile des oströmischen Reiches besetzt und dem Einfluss Konstantinopels entzogen. Dafür war seit dem neunten Jahrhundert das mittlere Osteuropa durch gezielte Mission sowohl von Byzanz im Osten als auch von Rom im Westen für das Christentum gewonnen worden. Die Missionare brachten den Brauch des Abendmahls mit Weizenbrot und Traubenwein in eine Welt, die beide Nahrungsmittel bisher kaum kannte. Missverständnisse blieben nicht aus: Im Grab eines namenlosen slawischen Fürsten in Kolin aus dem neunten Jahrhundert wurde ein wertvoller Abendmahlskelch gefunden, der in der Hofwerkstatt Karls des Großen gefertigt worden war. Der Fürst, mit den christlichen Bräuchen offenbar nicht ausreichend vertraut, verwendete das Geschenk (ähnlich wie der Franke Chlodwig) als besonders wertvolles Trinkgeschirr.[56]

Auch hinter der Konversion des Kiewer Fürsten Wladimir und seines Reichs, das sich vom Schwarzen Meer bis nach Finnland erstreckte, im Jahr 988 stand weniger Überzeugung als politisches Kalkül. Seine Bekehrung zum byzantinischen Christentum diente dazu, die Prinzessin heiraten zu können, die ihm vom byzantinischen Kaiser für militärische Hilfe versprochen worden war. In der um 1115 entstandenen Nestorchronik wird die Geschichte freilich etwas anders dargestellt:[57] Der Großfürst, ein heidnischer Wollüstling, habe, unzufrieden mit den alten Göttern, Gesandte ausgeschickt, um die beste Religion zu finden. Islam und Judentum schieden gleich aus: Auch wenn jedem Muslim im Paradies siebzig schöne Frauen gegeben würden, dürfe man doch keinen Wein trinken und müsse sich beschneiden lassen. Die Juden würden sogar von ihrem eigenen Gott gehasst, der sie ins Exil zerstreut habe. Das lateinische Christentum fordere unentwegt Fasten und Askese, und «sie halten den Gottesdienst mit ungesäuertem Brot».[58] Der griechische Patriarch in Konstantinopel dagegen habe den Gesandten «die Schönheit der Kirche, die Gesänge, den hohepriesterlichen Dienst» gezeigt, so dass sie gar nicht mehr gewusst hätten, ob sie «im Himmel gewesen oder auf der Erde».[59] Daraufhin, so die Legende, habe der Fürst sich taufen lassen und sein Reich der byzantinischen Kirche unterstellt. Auch wenn dies nur eine schöne Legende ist, die schon auf den Bruch mit der Westkirche zurückblickt, so ist doch richtig daran, dass wie in Byzanz so auch im Reich der Rus' die rechte Feier der Liturgie das Zentrum der neuen Religion wurde.

Obwohl oder gerade weil die neue Religion sich nur langsam durchsetzte, achteten schon die frühen russischen Theologen auf die peinlich genaue Beachtung der rituellen Reinheit. Frühe Rechtssammlungen, wie die des Nowgoroder Theologen Kirik um 1140, werfen ein Licht auf die schwierigen Anfänge des Christentums in einer Bevölkerung, die noch lange dem sogenannten «Doppelglauben» anhing. Neben der Frage, ob Priester im Winter Unterwäsche aus Bärenfell tragen dürften, trieb den Theologen vor allem das Problem um, ob und wie alle möglichen Formen von Sex mit Männern, Frauen, Mädchen oder Tieren Priester oder Laien von der Kommunion ausschließe.[60] Die wichtigste Frage in Bezug auf die Eucharistie schien, ob menstruierende Frauen das Abendmahlsbrot anfassen, essen oder gar backen dürfen. Was geschicht, wenn es auf den Boden fällt? Wenn es erbrochen wird?[61] Schwierig war es, den Gläubigen zu vermitteln, warum das Backen der Weizenbrote für den christlichen Gott gut, das Backen von Weizenkuchen für die alten heidnischen Gottheiten Rod und Rožanica aber ab sofort zu unterlassen sei.[62] Zumindest anfangs scheinen die Brote für das Abendmahl, die *prosphora*, noch beim Bäcker auf dem Markt besorgt worden zu sein, wo man auch den exotischen Traubenwein «in einem Napf» kaufte.[63] Wein war in Russland über Jahrhunderte ein teures Luxusgut, das mit viel Mühe von der Hanse aus dem Westen über die Ostsee oder von Flusshändlern aus Byzanz im Süden importiert werden musste.[64] Dass die Versorgung mit Weizen und Wein in einer Gesellschaft, die als Grundnahrungsmittel Buchweizen, Roggen und Met kannte, schwierig war, sieht man an den wiederkehrenden Fragen, ob man den Wein nicht weglassen und mit nur *einer* Prosphora feiern könne.[65]

Seit dem vierzehnten Jahrhundert verschoben sich die Gewichte innerhalb der byzantinischen Kirche erneut: Kiew, über Jahrhunderte Zentrum der russischen Kirche, fiel 1321 an das noch heidnische Litauen. 1453 wurde Konstantinopel von den Türken erobert. Nun wurde Moskau, die Hauptstadt eines aufstrebenden kleinen Fürstentums im Norden, zum Zentrum der orthodoxen Kirche. Von hier aus war bereits 1439 Widerstand gegen die Union

Brot und Wein der Kirche

mit der lateinischen Kirche laut geworden. 1495 stieg Moskau zum fünften Patriarchat der östlichen Kirche auf. Nach Rom und Konstantinopel war die Stadt nun, wie man glaubte, das «dritte» und letzte Rom der rechtgläubigen Christenheit. Ein Kompromiss mit den Schismatikern im Westen kam nicht mehr in Frage.

2.
Eine eucharistische Kultur

– 1050 – 1525 –

Bei den Schismatikern im Westen kam es Anfang des dreizehnten Jahrhunderts zu einem nie dagewesenen Aufschwung eucharistischer Theologie und eucharistischer Frömmigkeit. Konsekrierte Oblate und Kelch wurden über Jahrhunderte zum religiösen und kulturellen Epizentrum der abendländischen Christenheit. In der gewandelten Materie wurde auf übernatürliche Weise die Einheit von Gott und Mensch sichtbar, erlebbar, tastbar, essbar. Dass das Heilige in Form krümeliger und flüssiger Substanzen zu haben war, rückte die Materialität der Abendmahlselemente auf eine Weise in den Vordergrund, wie es in der Christentumsgeschichte bislang noch nie der Fall gewesen war. Doch die Gottheit gab sich nicht nur der Fragilität der äußeren Materien, sondern auch der Niedrigkeit menschlicher Körperlichkeit preis. Dass der Wein geschluckt, die Hostie gekaut, verdaut, ausgeschieden, ausgehustet oder erbrochen werden konnte, wurde zu einem beunruhigenden Problem. Deshalb mussten Aufbewahrung, Berührung, Spendung, Einnahme und sogar die Vernichtung der konsekrierten Elemente peinlichst genau geregelt werden.

Die Wandlung der Materie

Um 1150 entstand in Südfrankreich und Norditalien die Bewegung der Katharer, der «Reinen», wie sie sich selbst nannten. Noch während sie zu Beginn des dreizehnten Jahrhunderts in einem brutalen

Kreuzzug vernichtet wurde, hielt das im November 1215 tagende Laterankonzil unter Papst Innozenz III. gegen die Katharer fest, dass nur die römische Kirche die wahre Kirche sei: Denn nur in ihr sei Christus gegenwärtig, wenn «das Brot und der Wein wesenhaft in Leib und Blut verwandelt wird».[1] In einem Nebensatz hatte das Konzil den Begriff und die Lehre der Transsubstantiation, der Substanzwandlung, eingeführt, die zum Zentrum mittelalterlicher Frömmigkeit werden sollte.

Die Vorstellung, dass sich die Elemente auf irgendeine Weise in Leib und Blut Christi verwandelten, war freilich schon viel älter. Schon 831 hatte Radbertus, der Abt des westfränkischen Klosters Corbie, auf Bitten des Tochterklosters Corvey dargelegt, was man über «Leib und Blut Christi» wissen musste.[2]

Er war sich zwar nicht sicher, ob Brot und Wein in Fleisch und Blut verwandelt *(commutatur)* oder Fleisch und Blut neu geschaffen *(creatur)* würden. Aber er hielt fest, dass der so oder so hervorgebrachte Leib Christi genau derselbe sei, der einst aus dem Leib Mariens hervorgegangen war. Nur die Art und Weise seiner *Gegenwart* vollziehe sich in der Hostie anders als beim historischen Jesus, da das Sakrament Christus nur als «Abprägung» der Wirklichkeit vergegenwärtige.[3] Wenige Jahre später präzisierte der ebenfalls in Corbie lebende Mönch Ratramnus, er glaube zwar, dass Brot und Wein gewandelt würden, diese Umwandlung sei aber nur eine «geistliche».[4] Dennoch sei Christus «in unsichtbarer Substanz»[5] tatsächlich anwesend.

Das leuchtete dem Theologen Berengar von Tours (gest. 1088) nicht ein: Wenn Christus zur Rechten des Vaters sitze, können Brot und Wein nicht Teil seines Leibes sein (oder allenfalls symbolisch). Berengar leugnete konsequenterweise jede reale Gegenwart Christi in den Elementen.[6] Im Kampf gegen Berengar, der auf verschiedenen Synoden verurteilt wurde, taten sich als seine wichtigsten Gegner Humbert von Silva Candida und Lanfranc von Bec hervor, die sich auch für den cluniazensischen Hostienkult stark machten. Lanfranc und sein Schüler Guitmund von Aversa entwickelten auch die ersten Ansätze einer Lehre von der substantiellen Wesensverwandlung. Lanfranc vermied die Alternative, dass Christus entweder nur im «Zeichen» oder in «Wahrheit» anwesend sein könne. Er unterschied stattdessen zwischen Substanz und äußerer Form: Die irdischen Substanzen, so Lanfranc, würden umgewandelt, während die äußere Gestalt *(species)* erhalten bleibe.[7] Sein Schüler Guitmund von Aversa unterschied dann erstmals zwischen Substanz und Akzidenz. Durch die Wandlung «werde das Wesen der Dinge gewandelt [...], aber der frühere Geschmack, Farbe und die übrigen sinnenfälligen Akzidenzien bleiben».[8] Christus sei in den Sakramenten dem Wesen nach, aber nicht der Form nach anwesend.

Als Berengar 1079 ein letztes Mal verurteilt wurde, musste er bereits unterschreiben, dass «Brot und Wein substantiell verwandelt werden in Fleisch und Blut Jesu Christi» und «nach der Konsekration der wahre Leib Jesu Christi»[9] sind. Die Lehre wurde in den folgenden Jahrzehnten von Theologen wie Petrus Lombardus, Hugo von St. Victor und Rolando Bandinelli weiter entwickelt und lag schon lange fertig vor, als sie 1215 auf dem vierten Laterankonzil erstmals Eingang in ein lehramtliches Dokument fand.[10]

Aber schon bald zeigten sich die Probleme der neuen Lehre. Der Leib des Herrn mochte der Substanz nach eine Speise der Seele sein, die nicht den Problemen der geschöpflichen Materialität unterworfen war. Aber die Akzidenzien von Wein und Brot, an die er gebunden war, blieben es. Wie also war das Verhältnis von himmlischer Substanz und irdischem Akzidenz zu denken? Einige nahmen an, Substanz und Akzidenz verhielten sich wie Innen und Außen und Christus stecke in der Hostie wie eine Hand im Handschuh.[11] Bonaventura dachte sich Christus von den Akzidenzien zugedeckt, wie das in Asche gebackene Brot des Elia (1. Kön. 19,6).[12] Doch wo blieb die Brotsubstanz? Wurde sie vernichtet? Ersetzt? Und wie existierten die Akzidenzien des Brotes ohne ihre Substanz?[13] Und noch wichtiger: Widerfährt das, was mit den Akzidenzien passiert, auch der Substanz des Leibes Christi? Was geschieht mit dem Leib Christi, wenn Wein und Brot in den Körper eines Menschen (oder gar eines Tieres) geraten? Wird er tatsächlich gekaut, geschluckt, verdaut, ausgeschieden?

1079 hatte Berengar unterschreiben müssen, der Leib Christi werde in der Eucharistie mit Händen angefasst und wie Speise mit den Zähnen zerkaut. Das legte die Frage nahe, ob der Leib Christi auch einen Nährwert habe. Wenn heilige Einsiedler, so Guitmund von Aversa empört, allein vom Sakrament lebten, dann doch nicht wegen eines Nährwerts der Hostie, sondern aufgrund eines besonderen Wunders Gottes.[14] Rolando Bandinelli berichtet von einem Experiment, das diese Frage klären sollte: Ein Priester konsekrierte «täglich ein großes Brot und aß nichts Anderes, täglich hatte er Verdauung. Und es schien, als ob der Leib Christi verdaut würde. Und doch: Weder lebte er vom Leib noch verdaute er ihn, sondern er lebte von seinen eigenen Säften, und aus ihnen bestand die Verdauung. Weshalb er vierzehn Tage so lebte, am fünfzehnten Tag aber, wegen seiner Sünden gegen die Menschlichkeit von Gott geschlagen, alle seine Innereien verdaut hatte und starb.»[15] Der Versuch schien zu beweisen, dass ein Mensch nicht vom Sakrament leben kann, weil es eben nicht mehr die Substanz von Getreide und Wein ist. Der erhöhte Leib und das verherrlichte Blut Christi sind nach dem berühmten Wort des Ambrosius keine Speise des Körpers, sondern der Seele.

Andere Versuche schienen allerdings das Gegenteil zu beweisen: Cäsarius von Heisterbach berichtet um 1240 von einer Frau, die nichts mehr aß, sondern sich nur von der Eucharistie zu ernähren schien. Sie konnte «ohne körperliches Hungergefühl bis zum nächsten Sonntag ausharren.»[16] Der Bischof bezweifelte dies und wies den Priester an, der Frau am nächsten Sonntag eine unkonsekrierte Hostie zu reichen: Sie «bekam zu Hause einen solchen Hunger, dass sie glaubte, sterben zu müssen, wenn sie nicht baldigst etwas zu essen bekäme».[17] Damit war erwiesen, dass die Hostie die Frau nicht satt gemacht hatte – wohl aber die Substanz des Leibes Christi.

Aber wurde der Leib des Herrn auch verdaut?[18] Diese Frage lag umso näher, als man die substantielle Wandlung ohnehin mit dem Metabolismus der Verdauung erklärte. «Denn», sagte Guitmund, «wie du selbst [...] zugibst: Täglich wird die Natur des Brotes, das wir essen, und des Weines, den wir trinken, auf natürliche Weise in unser Fleisch und unser Blut verwandelt.»[19] Wenn schon der Magen eines Menschen oder eines Tieres das vermöge, um wieviel mehr müsste es die göttliche Majestät können? Guitmund räumte ein, dass die Sakramente der Verdauung unterworfen seien, ließ aber vorsichtig offen, ob dies nur die Akzidenzien oder auch die Substanz des Leibes Christi betraf.[20] Die Frage, wie lange der Leib Christi im Körper des Menschen dann erhalten bleibe, ließ sich nicht unterdrücken: Gelehrte Diskussionen des dreizehnten Jahrhunderts begrenzten die Gegenwart Christi im Körper des Menschen auf die Zeit, in der die äußere Gestalt der Elemente noch zu erkennen sei – also auf die wenigen Augenblicke, in denen sich die Hostie noch nicht im Mund des Menschen aufgelöst hat. So musste man sich nicht vorstellen, was aus Christus im weiteren Verdauungsvorgang würde. Solche frivolen Ideen zu hegen unterstellte man gerne der ebenso blasphemischen wie imaginären Sekte der Stercoranisten, deren Name von lateinisch *stercus*, Kot, abgeleitet war.[21] Andererseits stellte sich dann erst recht die Frage, worin die Wirkung des Leibes Christi eigentlich bestehen konnte.

Und was bedeutete das alles für Christus selbst? Wird Christi Leib quantitativ vermehrt, wenn Brot und Wein konsekriert werden? Oder wird Christus weniger, wenn er von den Gläubigen verzehrt wird? Schon die Anhänger des Berengar hatten behauptet, «wenn Leib und Blut Christi schon so oft in Brot und Wein verwandelt worden seien, wären sie doch längst aufgegessen!» Bauern in Südfrankreich wandten ein, Christi Leib müsse dann ja größer sein als die Berge von Montauban.[22] Die Theologen verwahrten sich gegen solche Einwände. Anselm von Canterbury behauptete, dass Christi Leib auch in den Elementen unversehrt bleibe. Der erhöhte Christus wird nicht selbst gebrochen, geopfert, aufgegessen oder ausgetrunken, sondern nur die in seinen Leib verwandelten Elemente. Wie genau das zu denken war, ließ er offen.

86 Wenn Christus unversehrt blieb, dann wurde sein Leib auch nicht in Brot und Wein aufgespalten, sondern war in beiden Elementen vollständig enthalten. Anselm folgerte daraus, Fleisch und Blut seien nicht getrennt, sondern jeweils ineinander «sakramental» enthalten. Wer die Hostie nimmt, empfängt auch das Blut, so wie auch im Kelch der Leib ganz enthalten ist.[23] Nach der Lehre von der gegenseitigen «Mitbegleitung» der Substanzen *(concomitantia)* reichte es also aus, die Eucharistie nur in einer Gestalt zu empfangen. Mit der Konkomitanzlehre wurde die Abschaffung des Laienkelchs begründet, die sich seit dem zwölften Jahrhundert immer mehr durchsetzte. Sinnbild der Konkomitanzlehre wurde die Tatsache, dass die Hostien seit dem dreizehnten Jahrhundert aus einem Kelch gespendet wurden. Und nur die Vorstellung, dass in der Hostie auch das Blut enthalten sei, erklärte, warum Hostien bluteten, wenn sie von besonders frommen Gläubigen verehrt oder umgekehrt von besonders bösen Hexen, Zauberern oder Juden misshandelt wurden.[24]

Die Materie der Wandlung

Aus der Lehre von der Wandlung ergab sich die naheliegende Frage, welches Substrat man Christus für seine Inkarnation anbieten sollte. Aufgrund von Johannes 12,24 – «Wenn das Weizenkorn nicht in die Erde fällt und stirbt, bleibt es allein; wenn es aber stirbt, bringt es viel Frucht» – wurde allgemein vorausgesetzt, dass die ungesäuerte Hostie aus Weizen gemacht sein sollte.[25] Problematisch war allerdings, dass das Johannesevangelium nur von «frumentum» (gr. *sitos*) spricht, was «Weizen», aber auch bloß «Getreide» heißen kann. Im Zweifelsfall blieb also Interpretationsspielraum.[26] Auch die wichtigste theologische Autorität des Mittelalters, Petrus Lombardus (gest. 1152), hat in seinem Sentenzenkommentar diese Unklarheit nicht beseitigt, sondern fordert nur, dass der Wein aus Trauben und das Brot aus «frumentum» sein müsse.[27] Erst Petrus Comestor entschied um 1170, das Brot müsse definitiv aus «Weizen und nicht aus Gerste gemacht sein, denn Gerste ist die Speise der Zugtiere und des Alten Testaments, der Weizen dagegen ist süß und die Labung der neuen Gnade.»[28]

Der Kirchenlehrer Albertus Magnus, der auch Botaniker war, ging die Sache systematisch an.[29] *Frumentum* sei eine Gattungsbezeichnung, die Weizen *(triticum)* und Dinkel umfasse. Deshalb kann das eucharistische Brot auch aus Dinkel bereitet werden.[30] Gerste aber ist ausgeschlossen: Wie allgemein bekannt, sei sie «feucht und kalt» und nicht als Zeichen der «geistlichen Erquickung» geeignet.[31] Priester dürften ihre Hostien aber auch aus altem Brot fabrizieren, solange es noch nicht jeden Geschmack, Geruch, Farbe und Konsistenz verloren habe.[32] Ebenso muss der Wein aus Trauben gemacht sein, darf aber nicht bereits zu Essig geworden sein. Dem aus England stammenden Alexander von Hales (gest. 1245) war selbst gekippter Wein noch gut genug für die Eucharistie, was möglicherweise etwas über die Qualität englischen Weins aussagt.[33]

Von so laxen Ansichten setzte sich Thomas von Aquin wenige Jahre später deutlich ab. Die Gültigkeit des Sakraments, so schärft Thomas ein, hängt vom Einhalten der kirchlichen Gesetze und vom korrekten Vollzug ab, und das heißt hier: von der richtigen *Substanz*. Auch wenn Weizen und Dinkel äußerlich nicht zu unterscheiden seien, wachse aus einem Speltkorn doch niemals ein Weizenhalm, weshalb es sich um verschiedene Gattungen handele, Dinkel also nicht verwendet werden dürfe.[34] Das eucharistische Brot muss aus unverdorbenem Weizenmehl und der unverdorbene Wein aus Trauben bestehen.[35] Dass Gott nicht überall auf der Welt Trauben hat wachsen lassen, lässt Thomas nicht als Argument gelten: Kein Land sei so fern, dass man nicht Wein in ausreichender Menge dorthin bringen könne. Die Entdeckung Amerikas und die Schwierigkeiten, Messwein dorthin oder nach Indien zu verschiffen, waren ihm noch unbekannt.[36]

Aber auch Thomas weiß, dass die Wirklichkeit komplizierter ist: Priester kaufen ihr eucharistisches Brot auf dem Markt oder machen es vor Ort aus dem, was verfügbar ist, einige aus altem Brot, andere aus Dinkel.[37] Aus altem Brot dürften Hostien aber nur gemacht werden, wenn allenfalls eine «dispositio ad corruptionem», ein erster Ansatz zum Verdorbensein, zu erkennen ist.[38] Beim Wein ist es egal, ob er rot oder weiß ist, lediglich wenn er gekippt ist, ist er substantiell verändert und bleibt ausgeschlossen (dass schon der Alkohol im Wein das Produkt eines Verderbens der Ausgangsmaterie ist, scheint Thomas nicht bewusst gewesen zu sein).[39] Solche Substanzontologie findet ihre Grenze erst im Kirchenrecht: Unvergorener Most ist «substantiell» zwar (noch) kein Wein, aber da sein Gebrauch durch die Pseudo-Dekretale Julius' I. ausdrücklich genehmigt wurde, ist er auch für Thomas zulässig.[40]

Merkwürdig ist Thomas' ausführliche Behandlung der Frage, ob die Sakramente mit «Rosenwasser» zubereitet werden dürfen! Er verneint dies für die Taufe, verbietet es für das Mehl und hält es beim Wein für zweifelhaft.[41] Diese Debatten dürften weniger auf einen uns nirgends überlieferten Brauch zurückzugehen, Wein mit Rosenwasser zu würzen oder Hostien mit Rosenduft zu backen, sondern sollen wahrscheinlich nur die von Thomas von Aquin entwickelte Frage illustrieren, ob ausschließlich natürliches Wasser oder auch durch Destillierung bereitete «künstliche Wässer» wie Rosenwasser oder *aquae alchimicae* verwendet werden dürfen.[42] Das Problem ergab sich, weil nach Aristoteles Regenwasser zwar durch Destillation entstand, nach dem Zeugnis der Kirchenväter aber als geeignet galt, weil es natürlich war.

Es ist merkwürdig, dass um die rechte Materie der Eucharistie überhaupt so viel Aufhebens gemacht wurde, da sie durch die Transsubstantiation ja ohnehin aufgehoben wurde. Es entsteht der Eindruck, dass es am Ende doch weniger die sich wandelnde Substanz, als die bleibenden Eigenschaften waren, die eine Materie als geeignet oder ungeeignet erscheinen ließen: Albertus Magnus ging davon aus, die ungesunde Wirkung der Gerste als Eigenschaft bleibe in der Hostie auch nach ihrer substantiellen Wandlung in den Leib Christi erhalten. Das heißt, nicht ihre Natur, sondern ihre *Eigenschaft*, «kalt und feucht» zu sein, machen sie als Ausgangsprodukt ungeeignet.

Es war offenbar weniger eine Frage der Substanz, als eine Frage der kultischen Bedeutung, die bei der Wahl der eucharistischen Materie eine Rolle spielte. Daher kann es nicht erstaunen, dass im Spätmittelalter in dieser Frage auch weitherzigere Entwürfe aufkamen. Der Theologe Gabriel Biel (gest. 1495) hielt in seiner Messerklärung fest, dass sowohl die Bibel als auch die Tradition oder die Lehre der Kirche nirgends explizit von Weizen sprechen. Da (nach Isidor) die Ähre das Getreide definiere, könne Brot im Prinzip aus *jedem Getreide mit Ähren* gemacht werden – sonst müsse man ja auch entweder Weiß- oder Rotwein vorschreiben.[43] Was den Wein betrifft, zeigt sich Biel, der in Rheinhessen aufgewachsen war, als Kenner: Obwohl sich die verschiedenen Rebsorten in Farbe, Form, Konsistenz, Geschmack und Blattwuchs so stark unterscheiden, als wären sie verschiedene Früchte, sind sie alle erlaubt; dann müsse im Analogieschluss auch jedes Getreide für das Brot erlaubt sein.[44] Künstlicher Wein oder Fruchtwein kann dagegen nicht zugelassen werden. Als «richtige Weine» *(vina proprie dicta)* nennt Biel italienischen Vernaccia sowie griechischen und kretischen Wein (bezeichnenderweise ist weder deutscher noch französischer Wein dabei)! Gekippter Wein kann noch zugelassen werden, wenn er nicht gänzlich zu Essig geworden ist.[45] Was den frisch gepressten, stürmischen Most betrifft, der aufgrund der *Pseudo-isidorischen Dekretalen* seit dem achten Jahrhundert zugelassen war, will der Weinkenner Biel zumindest sichergestellt wissen, dass er geklärt ist, «denn die im Wein gelösten Hefen können nicht in Blut gewandelt werden».[46] Biels kenntnisreiche Unterscheidung konnte sich gegen die Autorität eines Thomas von Aquin allerdings nicht durchsetzen. Nur der Dominikaner Thomas Cajetan, Luthers berühmter theologischer Gegenspieler, folgte ihm, was ihm später übel angekreidet wurde.[47]

Gefährdete Reinheit

Die Synodalstatuten, die viele Bischöfe seit Beginn des dreizehnten Jahrhunderts erließen, bemühten sich, die neue eucharistische Frömmigkeit bei Priestern und Gläubigen zu verankern. Hier geht es vor allem um die kultische Reinheit der Substanzen. Alles, was mit Leib und Blut Christi in Berührung kommt – Altar, Altartuch, Kelch, Patene, Kännchen, der Priester selbst und seine Kleidung –, musste von höchster Reinheit, ja Heiligkeit sein.[48]

Die frühen Synodalstatuten enthalten durchgehend die Vorschrift, die Hostien sollten unversehrt und kreisrund sein, «so schön, so frisch und so ehrwürdig, wie man sie nur finden kann».[49] Altbackenes, das theoretisch noch anging, hatte in der kirchlichen Praxis nichts mehr zu suchen. Die Synode von Nîmes 1252 verbot ausdrücklich, Hostien aus anderem Material zu backen als aus «sorgfältig ausgewählten Weizenkörnern».[50] In Worcester schrieb man 1229 vor, das Hostieneisen mit Wachs, nicht mit Fett oder Öl einzupinseln, damit die Hostien gebacken und nicht gebraten werden.[51]

Die Reinheit des Weines war in jeder Hinsicht ein Problem. Seit dem zwölften Jahrhundert sagte man jüdischen Weinhändlern nach, sie urinierten in den für Christen bestimmten Messwein.[52] Innozenz III. verbot 1208, Messwein von jüdischen Weinhändlern zu kaufen: Zwar pressten sie die Trauben sogar mit leinenen Schuhen an den Füßen. Den guten Wein behielten sie aber für sich und verkauften den Christen nur ausgepressten Trester. Aber auch wenn man christlichen Wein gekauft hatte, war die Reinheit noch nicht garantiert: Bis ins späte Mittelalter blieb das liturgische Sieb, das colum vinarium, in Gebrauch, weil einfacher Wein meist ungefiltert und ungeschönt war und sich im Kelch Traubenschalen, Kerne, Stielreste und ähnliches fanden, die nicht mitkonsekriert werden durften.[53] In den besonders weit verbreiteten Synodalstatuten von Paris wird 1210 festgelegt, dass in der Eucharistie nicht Weiß-, sondern Rotwein benutzt werden solle, da Weißwein in dunklen Kirchen zu leicht mit Wasser verwechselt werden könne.[54] Aus demselben Grund verlangte die Synode von Köln, das Weinkännchen solle deutlich gekennzeichnet sein und der Wein alle drei Tage ersetzt werden.[55] Andere Synoden, wie die von Clermont 1268 und die von Cahors 1289, verlangten Rotwein, «weil roter Wein dem Blut mehr gleiche als weißer.»[56] Fast alle Synoden schreiben vor, der

Wein solle geprüft werden, um sicherzustellen, dass nicht Essig konsekriert werde.[57] Auf solche Sicherheitsmaßnahmen – weniger auf Feinschmeckerei oder gar Angst vor Giftanschlägen – scheint auch der alte Ritus des «experimentum vini» zurückzugehen, die Verkostung des Weines im Rahmen der Messe, «ob er gut und geeignet sei», die in den Pontifikalmessen und dem Messritus von Lyon noch bis ins achtzehnte Jahrhundert zu beobachten war.[58]

Wenn die rechten Materien bereitgestellt waren, konnten sie in der Messe konsekriert und gespendet werden. Der Kelch, aus dem nur der Priester trank, musste mit Wein gereinigt und dieser Ablutionswein ebenfalls getrunken werden. Überzählige konsekrierte Hostien wurden jetzt nicht mehr den Priestern zum Verzehr überlassen, sondern mussten in eigenen Gefäßen oder Tabernacula würdig und sicher verwahrt werden, um bei der nächsten Messe an die Gläubigen ausgeteilt zu werden.[59]

Für konsekrierte Materie, die – weshalb auch immer – nicht mehr gegessen werden konnte, wurden die strengen Regeln der monastischen Tradition verbindlich gemacht. Ist das Blut des Herrn auf Messgewänder oder Paramente getropft, müssen die Flecken herausgeschnitten, verbrannt und beigesetzt werden. Der Wein muss vom Boden aufgeleckt, der Boden selbst abgeschabt, das abgeschabte Material verbrannt und die Asche in der Sakristei aufbewahrt werden.[60] Nämliches gilt für Fliegen, Spinnen oder anderes Getier im Wein. Wenn man sie «nicht ohne Brechreiz oder Gefahr für Leib und Leben»[61] mittrinken kann, sollen sie mit unkonsekriertem Wein abgewaschen werden, der dann seinerseits getrunken werden muss, weil er noch geringste Reste des Blutes Christi enthalten könnte. Die Tiere selbst werden schließlich verbrannt und beigesetzt. Die Kölner Statuten von 1280 ersparten den Klerikern das Trinken des Waschweins,[62] dafür verlangten sie, dass auch Teile einer Hostie, die ein Gläubiger ausgehustet oder erbrochen hat, vom Priester verzehrt werden mussten: Der «Rest des Erbrochenen» solle verbrannt und beigesetzt werden.[63] Andere Theologen differenzierten zwischen dem, was Menschen und was Tiere in der Eucharistie aßen: Nach Cäsarius von Heisterbach fressen Mäuse nicht etwa den Leib Christi, sondern nur «das äußere Zeichen», unter dem sich der unsterbliche und unzerstörbare, weil verklärte «wahre Leib» verbirgt.[64]

An Traubenwein war seit dem Hochmittelalter in der Regel kein Mangel mehr. Er war, wie Albertus Magnus richtig bemerkte, in weiten Teilen Europas zum Grundnahrungsmittel geworden.[65] Weinherstellung und Weinhandel waren im gesamten Hochmittelalter der wichtigste Erwerbszweig überhaupt. Die Weinsteuer bildete in den meisten Städten die Haupteinnahmequelle, und eine Fülle von handwerklichen Berufen bildete sich um die Herstellung und den Handel von Wein. Wenn die kirchlichen Regeln die Verwendung von reinem Wein einforderten, so muss dies zunächst wörtlich verstanden werden. Der liturgische Seiher war nicht nur notwendig, um Schalen, Kerne oder Stiele zu entfernen, sondern auch die Gewürze, Kräuter und Zusätze, mit denen mittelalterlicher Wein normalerweise versetzt war. Die Weine in Deutschland und England und den nördlicheren Anbaugebieten Frankreichs waren normalerweise durchgegoren und dürften meist ziemlich sauer gewesen. Das verbesserte zwar ihre Haltbarkeit, war aber keine Absicht: Man hatte schlicht keine Möglichkeit, die alkoholische Gärung zu regulieren. Es gab nur die Technik, die Fässer während der Gärung kurz zu erhitzen, um die Hefen abzutöten und ein vollständiges Durchgären zu verhindern, was den süßen «Feuerwein» zu einer teuren Rarität machte. Wo dies nicht möglich war, versuchte man, den Wein mit Zusätzen von Honig, Fruchtsaft, Gewürzen, Kräutern, aber auch Alaun, Bleiweiß und anderen Stoffen zu süßen und zu würzen. Dies aber machte den Wein für den sakramentalen Gebrauch ungeeignet: Wie Gabriel Biel bemerkte, hätte eine Wandlung der Gewürze unausdenkbare theologische Folgen gehabt. Dennoch dürfte es in Mitteleuropa im Prinzip kein Problem gewesen sein, Wein zu bekommen, mit dem die Eucharistie gültig zelebriert werden konnte.

Die Versorgung mit eucharistisch zugelassenem Getreide war

Die ganze Heilsgeschichte auf einem Kelch: oben die alttestamentlichen Hohepriester Melchisedek und Aaron, in der Mitte die Symbole der Evangelisten, am Fuße Repräsentationen der christlichen Kirche. Niedersächsisch, um 1250

weniger selbstverständlich. Auch wenn Werner Rolevinck in seinem Bauernspiegel um 1480 den Bauernstand damit adelte, er sei es, der mit Wein und Weizen die Materie schaffe, die der Heiland erwählt habe, um sich zu inkarnieren, so war in Nordeuropa doch keineswegs Weizen, sondern Gerste und seit 1300 Roggen das übliche Getreide.[66] Nicht ohne Grund fragten die deutschen Dominikaner bereits kurz nach ihrer Ausdehnung nach Deutschland in Rom an, ob nicht auch Dinkel konsekriert werden könne.[67] Der Abt von Heisterbach lehnte es ab, in einer kleinen Dorfkirche «ganz dunkle Hostien» zu konsekrieren, die der Glöckner aus Hafer gebacken hatte.[68]

94 Noch schwieriger war der Anspruch zu erfüllen, dass das eucharistische Brot die Form einer runden, weißen, makellosen Münze haben sollte, wie Raimund von Penaforte sie um 1240 in seiner *Summula* besang: «weiß, aus Weizen, zart, nicht groß, rund, aus auserlesenem Getreide».[69] Zunächst scheinen die Hostien in den Gemeinden gebacken worden zu sein: Handbücher für Priester enthielten nicht selten auch Rezepte für das Backen von Hostien, und in manchen mittelalterlichen Ortskirchen waren dafür Nischen mit Rauchabzug vorgesehen.[70] Cäsarius von Heisterbach beschwert sich um 1240, die Hostien würden für gewöhnlich von den Frauen der Glöckner «nachlässig gemahlen, geformt und gebacken». Da konnte es auch passieren, dass in Hostien Fremdkörper eingebacken waren, wie in Buschbell bei Köln, wo dem Priester eine Hostie wundersamerweise immer wieder von der Patene sprang. Als man sie untersuchte, stellte sich heraus, dass eine Wanze in die Oblate eingebacken war, die deswegen «von den heiligen Engeln zurückgeworfen»[71] wurde. Vielleicht um das zu verhindern, schrieben schon seit dem dreizehnten Jahrhundert Synodalstatuten vor, dass Priester ihre Hostien aus den Bäckereien der Klöster und Stifte beziehen sollten.[72] Seit dem vierzehnten Jahrhundert entwickelte sich die Hostienbäckerei auch zu einem eigenen Berufszweig in den Städten. Aus Ulm etwa berichtet Felix Fabri, dass die Stadt neben Spielkarten für Oblaten berühmt sei.[73] Über das Handwerk dieser Oblatenbäcker sind wir allerdings kaum informiert. Das liegt vor allem daran, dass die Oblatenbäckerei so leicht erlernt werden konnte, dass sie keinem Zunftzwang unterlag.[74] Die meisten Oblaten scheinen ohnehin nicht für kirchliche Zwecke, sondern als essbare Hülle für Arzneimittel und als Siegeloblaten bestimmt gewesen zu sein.[75] Nicht selten scheint der weltliche Oblatenbäcker als Konkurrenz zu der ursprünglich klösterlichen Tätigkeit empfunden worden zu sein, wie immer wiederkehrende Klagen über Hostien bezeugen, die von Laien oder gar von Frauen gemacht seien.[76]

An den Rändern der Welt

Von solchen Problemen konnte man an den nördlichen Rändern Europas nur träumen.[77] In Skandinavien hatte es noch nie Weinbau gegeben. In Schottland war, wie der humanistische Kardinal Enea Silvio Piccolomini entsetzt bemerkte, Weizen unbekannt, und weiter nördlich – auf den Färöerinseln, auf Island und Grönland – konnte gar kein Getreide angebaut werden.[78] Sogar Gerste für Bier musste über Norwegen herangeschafft werden. Unter solchen Umständen war es praktisch unmöglich, die vorgeschriebenen eucharistischen Materien in ausreichender Menge oder Qualität zu besorgen.

1220 musste Papst Honorius III. dem schwedischen Erzbischof Olaf von Uppsala einschärfen, dass im Kelch mehr Wein als Wasser zu sein habe.[79] Der natürliche Weinmangel wurde noch durch die Tatsache verschärft, dass der norwegische König Sverre Sigurdsson 1186 ein Importverbot für Alkohol erlassen hatte, das es bis in die Mitte des dreizehnten Jahrhunderts unmöglich machte, die Messe zu feiern.[80] Möglicherweise war gerade dies das Ziel, denn seit 1184 befand sich Sverre im offenen Kampf mit dem Episkopat. 1200 ordnete er an, in Norwegen sowie auf Island und Grönland Wein aus Krähenbeeren *(empetrum nigrum)* herzustellen, um den Priestern und Bischöfen, die ihm treu waren, die Spendung der Sakramente zu ermöglichen. Das königliche Rezept für den Krähenbeerenwein brachte Bischof Jón Smyrill höchstpersönlich nach Island und Grönland.[81] War auch Krähenbeerenwein nicht zu haben, behalf man sich weiterhin mit Bier.[82]

Da Weizen in Island, Grönland und Norwegen kaum verfügbar war, verwendete man in den nördlichen Bistümern Oblaten, die «aus irgendwas»[83] gemacht waren. Der Erzbischof von Trondheim, Sigurd Eindridesson Tafse, wollte sich diesen aus der Not geborenen Brauch genehmigen lassen, wurde aber 1237 von Papst Gregor IX. abschlägig beschieden. Das hielt ihn nicht davon ab, nachzufragen, ob man wegen Mangels an Wasser die Taufe mit Bier vollziehen könne.[84] Warum in Skandinavien Wassermangel bestan-

Brot und Wein der Kirche

Bischöfe am nördlichen Rand des christlichen Europa mussten aus hartem Holz geschnitzt sein: Dieser kleine Bischof eines norwegischen Schachspiels, das auf den schottischen Hebriden gefunden wurde, ist aus dem Stoßzahn eines grönländischen Walrosses gefertigt. Zwölftes Jahrhundert

den haben sollte, ist unklar, aber tatsächlich berichten um 1440 englische Kauffahrer, dass dem Bischof Gottsvin auf Island nicht nur Brot und Wein, sondern auch Milch und Wasser fehlten, das eigens importiert werden müsse.[85] Auf Island konnten Priester Weizen und

Wein nur beim Bischof beziehen und mussten ihm dafür drei Ellen selbstgesponnenen Garns, die isländische Währung, im Jahr zahlen.[86] Die seltene Eucharistie war für die normalen Christen in nordischen Ländern also auch mit einem für sie höchst ungewöhnlichen Geschmackserlebnis verbunden!

Seit 1300 begann man, getrocknete Weintrauben nach Island und Grönland auszuführen, um aus ihnen Traubensaft anzusetzen, der vom römischen Stuhl in Ausnahmefällen genehmigt wurde.[87] Doch durch die große Pest 1348/49 kam der Schiffsverkehr zwischen Norwegen und Island sowie Grönland völlig zum Erliegen.[88] Die Feier der Messe musste für Jahre völlig ausgesetzt werden, und der Versorgungsmangel führte zu einem Massensterben der Bevölkerung. 1364 war Grönland praktisch menschenleer.[89] Zu Beginn des fünfzehnten Jahrhunderts gaben die Wikinger Grönland endgültig auf, und es geriet in Vergessenheit, dass es hier einstmals so etwas wie kirchliches Leben gegeben hatte.

Noch exotischer war, was man aus den fernen Steppen Asiens hörte. 1253 hatte der französische König den jungen Franziskanermönch Wilhelm von Rubruk auf eine diplomatische Mission an den Hof des mongolischen Großkhans Möngke gesandt.[90] In der Hauptstadt Karakorum, inmitten der mongolischen Steppe, fand Rubruk neben tibetischen Lamas und Korangelehrten zu seinem Erstaunen auch einige nestorianische (d. h. syrische) Mönche und Priester vor. Sie betreuten Christen, die als Kriegsgefangene aus aller Herren Länder an den Hof gekommen waren und hier eine Art Exilgemeinde bildeten. Sie luden auch den französischen Franziskaner ein, zu Ostern 1254 mit ihnen das Abendmahl zu feiern. An Wein war am Hofe des Großkhans kein Mangel, doch erstaunt stellte Rubruk fest, dass die Nestorianer für ihr Abendmahlsbrot Mehl mit Öl mischten, das noch vom Salböl der Heiligen Maria Magdalena stammen sollte – «aber auch Fett, Butter und Schmalz von einem Hammelschwanz». Auch behaupteten sie, noch von dem Mehl zu besitzen, aus dem das Brot war, das der Herr Jesus selbst gesegnet hatte: «Was sie davon verbrauchten, ergänzen sie immer wieder mit der gleichen Menge.» In ihrer kleinen Kirche im islamischen Viertel Karakorums befand sich ein kleiner Ofen, in dem sie das Abendmahlsbrot backten, doch Rubruk verzichtete dankend auf eine Teilnahme. Er fand am Hof des Großkhans Meister Wilhelm, einen französischen Kunstschmied, der ihm ein Hostieneisen anfertigte, und so feierte Rubruk mitten in der Mongolei, nahe der chinesischen Grenze, eine fast reguläre Eucharistie – in Priestergewändern aus mongolischer Kriegsbeute und in der Taufkapelle der syrischen Nestorianer.

Not kennt kein Gebot

Auch in Mitteleuropa kam es, vor allem im Krieg, immer wieder zu Notsituationen, in denen Oblaten und Wein für eine Eucharistie nicht zur Verfügung standen, etwa bei Feldgottesdiensten unmittelbar vor oder nach der Schlacht, wenn nicht mehr alle Krieger mit einem Sterbesakrament versehen werden konnten. Seit dem zwölften Jahrhundert bildete sich unter Rittern und Soldaten der Brauch aus, vor der Schlacht oder in der Todesstunde auf dem Feld einen oder mehrere Grashalme als Sterbesakrament zu sich zu nehmen. Man weihte sie, aß sie unter Anrufung der Trinität und starb im Glauben, mit einem Sterbesakrament versehen zu sein.[91] Soldaten nahmen auch Erde in den Mund und glaubten sich damit gerüstet, vor ihren Schöpfer zu treten. Vor der berühmten «Sporenschlacht» von Courtrai, bei der 1302 innerhalb weniger Stunden fast die gesamte französische Ritterschaft vernichtet wurde, «zeigte ihnen der Priester das Sakrament, und da sie es nicht empfangen konnten, nahm jeder von ihnen ehrfürchtig ein Stück Erde in den Mund.»[92] Vor der nicht weniger bekannten Schlacht von Azincourt 1415 (an Shakespeares berühmtem St.-Crispins-Tag) knieten die in der Minderzahl angetretenen, ausgehungerten und eingeschlossenen englischen Soldaten auf dem aufgeweichten Acker und «berührten mit dem Grashalm oder einem Stückchen Erde ihren Mund.»[93] Die Gründe für diesen in ganz Europa verbreiteten Brauch sind unbekannt. Möglicherweise wurden Erde und Gras metonymisch als Ersatz für das Getreide verstanden, das aus der Erde gewachsen war. Dass die scholastischen Theologen Gras oder Erde nicht für ein vollgültiges Sakrament hielten, versteht sich von selbst, auch wenn sie die gläubige Haltung, die dahinter stand, für verdienstvoll hielten.[94]

Gott als Gebrauchsgegenstand

Das zentrale Motiv der eucharistischen Frömmigkeit in all ihren Spielarten war der offensichtliche Widerspruch zwischen der religiösen Bedeutung des Sakraments und der simplen Materialität seiner Elemente. Gott selbst hatte sich in die brüchige Fragilität der alltäglichsten Materie hinabbegeben und damit der Anbetung, aber auch der Willkür der Menschen ausgeliefert. Die Hostie war beides: Gott und Gebrauchsgegenstand. Die Theologie unterschied peinlich genau zwischen den wechselnden Substanzen und ihren bleibenden Eigenschaften. Die Volksfrömmigkeit übertrug unbekümmert die Göttlichkeit Christi auf die fragile Materie und umgekehrt die Eigenschaften der Materie auf Christus: Außen war Brot, innen war Gott. Das Brot selbst handelte, war allmächtig, allwissend, allgegenwärtig und gerecht, es rettete, richtete, liebte, heilte oder verzieh, es konnte fliegen, leuchten oder Wunder tun. Und umgekehrt war Christus selbst nun in das Gehäuse brüchiger, krümeliger oder flüssiger Materie gesperrt und konnte fortgetragen, verkauft, getauscht, verloren, bespuckt, verfüttert, missbraucht, zerschnitten oder verbrannt werden. Die Hostie umspannte auf paradoxe Weise Himmel und Erde. Legendensammlungen wie die *Legenda Aurea* und die Wunderbücher des Cäsarius von Heisterbach füllten aberhunderte von Seiten mit spektakulären oder unscheinbaren Wundergeschichten, in denen die Materialität der Gottheit und die Göttlichkeit der Materie immer mehr eins werden, so dass selbst ein frommer Priester am Ende verwirrt ist, ob er eine Hostie oder ein Kind gegessen hat![95]

100 Die besondere Überzeugungskraft der neuen Lehre erwies sich in ihrer nahezu unerschöpflichen narrativen Kraft. Die eucharistische Wundererzählung lebte von dem immer gleichen und immer neuen Plot, in dem sich ein missbrauchtes Stück Brot wider alle Erwartung und Augenschein schließlich doch als allmächtiger Gott erweist. Wie der göttliche Richter gab die Hostie jedem das Seine: Den Heiligen, den Verzweifelten und Unschuldigen erschien sie als Retter, als das göttliche Kind oder der barmherzige Gott. Den Bösen, den Ketzern, Ungläubigen oder Juden offenbarte sie sich als allmächtiger Gott, der seine Wahrheit gegen ihren verkehrten Willen durchsetzt, ihre Verbrechen aufdeckt und Lügner überführt.

Die Polyvalenz der Hostie, die stets die *verborgene Wahrheit* (ihre eigene und die der Menschen) an den Tag bringt, wird im Gebetbuch des Johann Siebenhirter von 1469 anschaulich. Hier haben wir sozusagen eine Versuchsanordnung vor uns: Dem Gläubigen, der links kniet, erscheint in der Hostie Christus selbst; der Zweifler kann in der Hostie nichts anderes sehen als ein Brot, und dem Ungläubigen erscheint in der Hostie als Symbol seiner Verworfenheit eine satanische Kröte. Dass die Hostie sich auch über die Grenzen menschlichen Verstehens hinaus als Gottheit offenbart, zeigen die vielen Geschichten, in denen fromme Tiere Christus in der Hostie erkennen: Bienen bauen in Cäsarius von Heisterbachs Geschichte um eine Hostie herum einen Bienenstock, um sie zu schützen. Ein Esel beugt in der Legende des Antonius von Padua die Knie vor der Hostie und beschämt damit weniger fromme Menschen.

Die abgründigste Adaption erfuhr die neue Lehre in der Legende von der jüdischen Hostienschändung.[96] Seit der Spätantike unterstellte man Juden, Christusbilder zu schänden. Diese Tradition übertrug sich nun auf die Hostien, in denen Christus ja sogar leibhaftig gegenwärtig war. Jetzt waren die Juden so verstockt, dass sie selbst durch eine direkte Offenbarung Christi nicht mehr zu bekehren waren. Seit etwa 1290 unterstellte man ihnen, konsekrierte Hostien zu stehlen, zu kaufen oder durch Zauber in ihre Gewalt zu bringen, um sich frevelnd an ihnen zu vergehen, sie mit Messern und Häm-

Eine eucharistische Kultur

Eine eucharistische Versuchsanordnung: Im Gebetbuch des Johann Siebenhirter (um 1470) bekommt der gläubige Christ links in der Hostie Christus gereicht; der Ungläubige kann in ihr nichts anderes sehen als Brot, und der Ketzer erkennt in ihr das Zeichen seines Herrn – die Kröte war ein Symbol Satans.

mern zu martern und zu zerschneiden oder sie im Ofen zu verbrennen. Solche Geschichten verbreiteten sich mit den Bettelorden im vierzehnten Jahrhundert in ganz Europa. Die Absicht, die die Juden dabei angeblich verfolgten, spielte in den Erzählungen keine Rolle: Mal glauben sie, dass Christus unter der Hostie verborgen sei, und stechen deshalb mit dem Messer auf ihn ein, mal wollen sie umgekehrt beweisen, dass Christus gar nicht in der Hostie sein könne, und töten ihn deshalb unwissentlich mit ihren Messerstichen. Immer aber setzt sich in diesen Geschichten am Ende die Wahrheit der christlichen Lehre durch. Die gemarterte Hostie beginnt zu bluten oder geht umgekehrt aus allen Gewalttaten wunderbar unverletzt hervor. Aus der bösen Legende wurde bald blutige Realität: Der Vorwurf des Hostienfrevels führte im vierzehnten und fünfzehnten Jahrhundert europaweit zu Hostienfrevelprozessen oder Pogromen, die mit der Vernichtung ganzer Gemeinden endeten.

Während der jüdische Hostienfrevel reine Fiktion war, war auf Seiten der Christen der Missbrauch von Hostien tatsächlich verbreitet: Wo Christus in der Hostie verdinglicht war, war die Versuchung groß, sich die übernatürliche Macht der Gottheit botmäßig zu machen und sie zu magischen Zwecken zu verwenden.[97] Ohnehin wurde die Hostie weithin als Medizin gedeutet, die alle Krankheiten und Gebrechen heilen konnte, und deshalb immer wieder als Heilmittel eingenommen. Entwendete Hostien wurden als Schutz vor Verletzungen, Feuer oder Hunger in Kleidung eingenäht und in Häuser eingebaut, als Talisman, der Reichtum bringen soll, am Körper getragen oder als Schadens- oder Liebeszauber in Tränken und Gerichten verkocht. Da die Gegenwart der Gottheit auch auf Tiere und Natur wirkte, wurden Hostien teilweise verfüttert, als Segen über den Stall genagelt oder auf dem Acker verstreut, um die Gesundheit des Viehs und eine sichere Ernte zu garantieren.

Sehen statt essen

Selbst im Rahmen der erlaubten Frömmigkeitsformen haftete der konsekrierten Hostie etwas Magisches an. Im Laufe des elften Jahrhunderts bürgerte sich der Brauch ein, sie während der Konsekration mit beiden Händen bis zur Brusthöhe emporzuheben.[98] Da der Priester die Konsekrationsworte aber leise sprach und mit dem Rücken zu den Gläubigen stand, bekam die Gemeinde das Ereignis nicht mit. Anfang des dreizehnten Jahrhunderts wurde deshalb in einigen Bistümern die Vorschrift eingeführt, der Priester solle die konsekrierte

Hostie über seinen Kopf emporhalten, damit die Gläubigen den Herrn im Brot gläubig verehren könnten.[99] Dieser Moment wurde liturgisch zunehmend aufgeladen: Die Elevation wurde durch ein mehrstimmiges *Sanctus* vorbereitet, Hostie und Kelch wurden mit Weihrauch inzensiert. Im eigentlichen Moment der Konsekration hatten die Gläubigen zu knien und sich zum Zeichen ihrer Sündhaftigkeit an die Brust zu schlagen. Die Kirchenglocken läuteten, damit auch die, die nicht am Gottesdienst teilnehmen konnten, die Gegenwart der Gottheit ehrten, indem sie auf die Knie sanken, wo immer sie gerade waren. Seit dem dreizehnten Jahrhundert wurden die Gläubigen aufgefordert, die Hostie direkt anzuschauen, um der Heilswirkung der Gegenwart Christi teilhaftig zu werden. Dazu wurde die Hostie vom Priester nach allen Seiten gedreht. Vor dem Altar wurden manchmal weitere Kerzen aufgestellt oder schwarze Tücher aufgespannt, damit die Hostie besser gesehen werden konnte.

Die Bemühungen um eine intensivere Verehrung der Eucharistie waren langfristig jedoch kontraproduktiv. Schon im Frühmittelalter waren die Gläubigen kaum noch zur Kommunion gegangen. Die Lehre von der direkten Gegenwart der Gottheit führte dazu, dass auch die Frömmsten begannen, das Abendmahl zu meiden. Ersatzhandlungen,[100] die dem Gläubigen die Teilnahme am Heil boten, ohne den Sünder direkt dem gefährlichen Kontakt mit der heiligen Gottheit auszusetzen, bürgerten sich ein.

Statt des Kelches, der ohnehin dem Priester vorbehalten blieb, wurde den Laien zunehmend der «Ablutionswein» ausgeteilt, mit dem der Priester nach der Eucharistie im Ritus der Ablution («Waschung») Finger und Kelch gereinigt hatte und der auch «Spülwein» oder «Speiswein» genannt wurde.[101] Weil die mittelalterlichen Prediger den Gläubigen immer wieder den Unterschied zwischen Eucharistiewein und Ablutionswein vor Augen führen, scheinen diese den Ablutionswein offenbar als «verdünnte», ungefährlichere Variante der eigentlichen Kommunion angesehen zu haben.[102] Nachdem das Konzil von Konstanz 1415 den Laienkelch endgültig verboten hatte, wurde diese Form von Kommunionsersatz zunehmend üblich

Brot und Wein der Kirche

104 und Wein in immer größeren Mengen erforderlich: In der Nürnberger Stadtkirche St. Sebald wurden Ende des fünfzehnten Jahrhunderts am Gründonnerstag 37 Maß Wein (ca. 40 Liter), an Karfreitag 55 Maß (ca. 60 Liter) und zu Ostern 33 Maß (ca. 35 Liter) für die Ablutionskelche benötigt. In St. Lorenz wurden am Palmsonntag 29 Maß (ca. 32 Liter), am Gründonnerstag 22 Maß (ca. 25 Liter), am Karfreitag 58 Maß (ca. 62 Liter) und zu Ostern 61 Maß (ca. 65 Liter) Ablutionswein ausgeteilt.[103] Vor allem aus dem Hoch- und Spätmittelalter ist wieder eine Fülle von erzwungenen oder freiwilligen Weinoblationen überliefert, aus denen die enormen Mengen Wein bestritten wurden, die für diesen Kommunionsersatz benötigt wurden. Wenn die Hussiten und später mit ihnen die Reformatoren energisch den Laienkelch verlangten, so forderten sie streng genommen gar nicht den Kelch, sondern nur den «richtigen» Kelch zurück.[104]

Auch das «Weihbrot», das den Menschen nach der Messe gereicht wurde, wurde bis ins Hochmittelalter von vielen als Kommunionsersatz angesehen. Ursprünglich war es das von Gläubigen für das Messopfer gestiftete Brot gewesen. Der Brauch war, das überzählige, gesegnete Brot nach der Messe auszuteilen. Normalerweise war dies einfaches, alltägliches Brot, doch es sind auch Fälle bekannt, in denen unkonsekrierte Hostien an die Gläubigen ausgeteilt wurden.[105] Zusammen mit dem Ablutionswein wurde das Weihbrot zu einer Laienvariante der eigentlichen Eucharistie.

Aber schon das bloße Ansehen der Hostie wurde als gefahrloser Kommunionsersatz verstanden. Wer die Hostie gesehen hatte, konnte an diesem Tag nicht krank werden, erblinden oder sterben. Falscheide und leichtfertige Worte, so hoffte man, würden verziehen.[106] Im Spätmittelalter gingen, wie viele Prediger klagen, die Gläubigen nur noch in die Messe, um die Elevation zu sehen. War diese vollzogen, verließen sie sofort die Kirche – nicht selten, um sogleich in eine andere Kirche zu eilen, um dort eine weitere Elevation zu sehen.[107]

Auch das 1264 eingeführte Fronleichnamsfest, das bekannteste, beliebteste und volkstümlichste aller Feste der mittelalterlichen Kirche, beruhte ganz darauf, dass der konsekrierte Leib Christi in einem kostbar verzierten liturgischen Schaugerät, der Monstranz, unter einem Baldachin durch die Stadt getragen wurde und von allen *angesehen* werden konnte. Was in der Elevation nur wenige Augenblicke möglich war, wurde hier in verschwenderischer Fülle gewährt: der heilbringende Blick auf die leibhaftige Gottheit, den Schöpfer des Himmels und der Erden, den Erlöser und Richter aller Menschen – gegenwärtig in einem Stück Teig aus Weizenmehl und Wasser. Die Wandlung des Brotes in den Leib Christi war das außergewöhnlichste, unfassbare und paradoxe Wunder, das sich an jedem Tag und an jedem Ort der Christenheit stets vom Neuem wiederholte.

Bilder des Abendmahls

Nicht nur das Anschauen der konsekrierten Hostie konnte heilswirksam sein, es genügte auch schon, ihr bloßes Abbild zu sehen, um den Frommen zu erlösen und den Bösen zu vernichten. In den Heiligenlegenden war die paradoxe Verbindung von Materie und Gottheit der narrative Plot, der das Unmögliche möglich werden ließ. Aber Bilder konnten die Identität und die Differenz von Gottheit und Materie gleichzeitig sichtbar werden lassen. Dazu entwickelten die mittelalterlichen Künstler schon bald eine eigene Bildsprache.

Eine relativ naive Form war die eucharistische Versuchsanordnung im Gebetbuch des Johann Siebenhirter, wo durch Symbole dargestellt war, was die Hostie in ihrem Inneren in Wirklichkeit war. Eine bekanntere Variante des eucharistischen Andachtsbilds wurde im Spätmittelalter das Motiv der «Gregorsmesse».[108] In der älteren Fassung hatte der heilige Gregor eine Frau, die nicht glauben wollte, dass in dem von ihr gebackenen Brot Christus sein könne, vom Gegenteil überzeugt, indem er ihr auf der Patene einen echten Finger Christi hatte erscheinen lassen. In der spätmittelalterlichen Variante wurde Gregor selbst zum Empfänger der Erscheinung Christi. Dieses Erscheinungsbild wurde mit einer Ikone

Brot und Wein der Kirche

Dieser Wein ist Blut: Wie aus Trauben in der Kelter wird aus Christus das Blut gepresst, das in der Eucharistie heilswirksam wird. Radierung von Hieronymus Wierix, vor 1619

identifiziert, die seit 1385 in der römischen Kirche St. Croce in Gerusalemme aufbewahrt wurde und bald als «vera icon» des Gottessohnes galt.[109] Wer diese Ikone ansah, erblickte, ebenso wie der heilige Gregor, Christus selbst. Ja, bereits ein Holzschnitt, der diese

Eine eucharistische Kultur

Das Wort ward Brot: In der eucharistischen Mühle schütten Evangelisten ihr Korn in den Trichter. Elf Apostel machen es zu den kirchlichen Hostien, in denen Papst, Kardinal und Bischöfe Christus empfangen. Meister des Ulmer Hostienmühlenretabels, um 1470

vera icon nur abbildete, konnte Christus sichtbar werden lassen und Objekt frommer Verehrung werden. Darstellungen der Gregorsmesse machten für jedermann sichtbar, was in Hostienwunderlegenden schon immer behauptet worden war: dass dem Gläubigen erscheint, was unter der Form der Hostie verborgen ist. Nur dass Christus hier nun nicht *in* der Hostie, sondern *statt* der Hostie erscheint – was durch die Patene auf dem Altar des Heiligen Gregor deutlich wird, die stets ostentativ leer dargestellt wird.

Theologisch komplexer waren die hochartifiziellen Allegoresen, mit denen spätmittelalterliche Künstler die Verbindung von Gottheit und Materie illustrierten. In Motiven wie «Christus in der Kelter» und in der «Eucharistischen Mühle» wurden die Eigenschaften der eucharistischen Materien Trauben und Getreide bildlich auf Christus selbst übertragen. Schon in den Evangelien hatte sich Christus selbst mit dem Weizenkorn, das sterben muss (Joh. 12,1), und mit dem Weinstock (Joh. 15,5), aus dem die Reben hervorgehen, verglichen. Um zu zeigen, dass im Wein Christi Blut und in der Oblate sein Leib sei, wurde in diesen Bildern Christus selbst in der Weinpresse zu Traubensaft ausgepresst und in der Mühle wie Getreide zermahlen.[110]

In dem Bildmotiv «Christus in der Kelter» trug Christus als Kreuz den Kelterbaum, der das heilspendende Blut aus ihm herauspresste. Sein Inneres, so zeigte sich, war aus jenem Stoff, aus dem die eucharistischen Materien waren. Seit dem vierzehnten Jahrhundert fand auch das Brot seine allegorische Deutung. Die Allegorie der «Eucharistischen Mühle» ist noch abstrakter als die von der Kelter: Zwischen die Mahlsteine der mystischen Mühle wird von den Evangelisten (oder den Bischöfen, Heiligen, Engeln) ein Spruchband gefüllt, das als fertige Hostie oder als kleines Jesuskind von Priestern (Bischöfen, Heiligen, Engeln) aufgefangen wird, um dann den Gläubigen gespendet zu werden. Diese Allegorie ist insofern komplizierter, als sie Christus nicht direkt mit dem Korn gleichsetzt, sondern voraussetzt, was im Mittelalter freilich jeder Christ wusste: dass Christus das «Wort Gottes» (Joh. 1,1) ist. Christus wird als *Wort* wie Korn gemahlen. Die Mühle gerät hier zum Sinnbild der Kirche, in der aus Christus vom Priester das Sakrament *gemacht* wird.

Quer zu dieser ikonografischen Apotheose von Hostie und Kelch stehen allerdings Darstellungen des letzten Abendmahls Jesu, die die westliche Kunst hervorgebracht hat. Von der Antike bis in die Frühe Neuzeit findet sich eine Fülle von Abendmahlsdarstellungen, auf denen vor Jesus auf dem Tisch eine ganze Palette unterschiedlicher Gebäcksorten- und formen liegt: vom Hörnchen über Monde und Ringe bis zur Brezel. Der Brotforscher Max Währen hat diese

Formen gesammelt und in eine typologische Ordnung gebracht. Bis ins Hochmittelalter dominiert das runde Brot. Im fünften bis siebten Jahrhundert tauchen auf den Bildern kurvige oder halbmondförmige Brote auf, und seit dem zehnten Jahrhundert mehren sich geschlungene, auch brezelförmige Gebilde, die sich im Laufe des Hoch- und Spätmittelalters zu immer phantastischeren Formen auswachsen. Seit dem sechzehnten Jahrhundert sind vor allem in der italienischen Kunst fast ausschließlich wieder Rundbrote oder Hostien auf dem Tisch zu sehen, während sich in Nordeuropa die Brezel bis weit in die Frühe Neuzeit hält.

Diese Tatsache hat immer wieder zu der Vermutung Anlass gegeben, dass solche vielfältigen Brotformen bis ins späte Mittelalter tatsächlich konsekriert worden seien.[111] Dafür aber fehlt uns jeder bildliche und schriftliche Beleg. Das verwundert nicht, denn diese These beruht auf einem Denkfehler: Darstellungen des letzten Abendmahls Christi sind keine Darstellungen einer katholischen Messfeier. Zwar wurde bis ins elfte Jahrhundert die Eucharistie tatsächlich mit verschiedenen Brotformen gefeiert, und für diesen Brauch hat sich sogar ein prominentes bildliches Zeugnis erhalten: Auf einem lothringischen Elfenbeinrelief aus ottonischer Zeit konsekriert ein Bischof drei Brotringe mit übereinandergelegten Enden[112] (vgl. Abb. Seite 73). Allerdings gibt es seit der allgemeinen Einführung der Hostie keine Darstellung mehr, auf der ein Priester etwas anderes konsekriert als eine Hostie (oder ein rundes Brot, wobei der Unterschied oft kaum auszumachen ist).

Die Bilder vielfältiger unterschiedlicher Brotformen bezogen sich also gar nicht auf die kirchliche Messfeier, sondern nur auf Darstellungen des letzten Abendmahls Jesu. Aber warum wurde die historische Einsetzung des Sakraments so anders dargestellt als sein kirchlicher Vollzug? Fast macht es den Eindruck, als ob der faktische Gebrauch eucharistischer Hostien in der Messe und die bildlichen Darstellungen des letzten Abendmahls geradezu gegenläufig gewesen seien: In dem Maße, wie die eucharistischen Elemente immer weiter reglementiert wurden und schließlich nur noch aus

Brot und Wein der Kirche

Die Hand beißen, die einen füttert: Christus reicht Judas den Bissen, der ihn als Verräter kennzeichnet. Die geschlungenen Brote auf dem Tisch sind Teil der ikonografischen Überlieferung. Deutsches Lektionar um 1050

kleinen Oblaten und Wein im Kelch bestanden, wären die Darstellungen des Abendmahls immer opulenter – und damit unkirchlicher – geworden. Musste die Differenz nicht auch eine Defizienz entweder des historischen Abendmahles oder aber des kirchlichen Sakraments insinuieren?[113]

Bei genauerem Hinsehen fällt auf, dass Jesus selbst niemals etwas anderes in der Hand hält oder segnet als ein rundes Brot oder eine Hostie. Die Künstler unterschieden sehr genau zwischen dem Brot, das er zur *Einsetzung des Abendmahls* verwendet, und den Speisen, die als Teil des *Abendessens* auf dem Tisch liegen. Die eigentliche Stiftung des Abendmahls geschieht stets mit einem Brot, das eine

Hostie ist oder wie eine aussieht, so dass kein ikonografischer Konflikt zwischen den Materien des Abendmahls und dem kirchlichen Sakrament entsteht. Auf dem Tisch des letzten Abendessens können dann alle möglichen anderen Speisen und eben auch die geschlungenen Brote und Brezeln liegen: sie sind nur Teil des Abendessens und nicht des Abendmahls. Aber warum werden sie überhaupt gezeigt?

Hier fällt ins Auge, dass bis in die Neuzeit neben Brot als häufigste Speise Fisch und nur ganz selten das literarisch korrekte Pessachlamm dargestellt ist.[114] In der Forschung hat man das bislang oft damit begründet, die Eucharistie sei schon in der Antike eine Arkandisziplin gewesen, die nicht dargestellt werden durfte: Deshalb habe man sich mit Fisch und Brot als Anspielungen auf die biblischen Speisewunder begnügt. Mit Blick auf den Charakter der frühchristlichen Mahlfeiern und die Vielfalt der dabei verwendeten Speisen ist das jedoch kaum überzeugend. Naheliegender ist die Vermutung, dass das letzte Abendessen Jesu, das nach allgemeiner Annahme am Gründonnerstag stattfand, als *Fastenmahl* verstanden wurde. Darum wurden Brot und Fisch im Hochmittelalter zunehmend andere Fastenspeisen wie Kirschen, Krebse oder Mandeln zugesellt.[115] So dürfte sich schließlich auch die Brezel erklären, die im Mittelalter als Fastenspeise galt.[116] Tatsächlich findet sich kein Bild vom Abendessen Jesu, auf dem eine Brezel zusammen mit Fleisch dargestellt wäre. Die Brezel auf dem Tisch Jesu sollte offenbar nicht den Unterschied zwischen dem historischen Abendmahl Jesu und der eucharistischen Messfeier bewusst machen, sondern zeigen, dass auch Jesus gefastet hat. Durch die Fastenbrezel bekam der Gläubige Teil am Tisch des Herrn. Durch die Eucharistie bekam er Teil an ihm selbst.

Die ikonografische Unterscheidung von *Messopfer*, letztem *Abendmahl* und *Abendessen* setzte sich auch in der Kunst der Frühen Neuzeit fort. Nachdem der alleinige Gebrauch von Hostien in der Liturgiereform des Konzils von Trient Mitte des sechzehnten Jahrhunderts

Akkomodation in Westfalen: In der Soester Wiesenkirche isst der Jude Jesus mit seinen Jüngern zu Pessach Schweinskopf und Schinken. Detail aus der Abendmahlsdarstellung der Soester Wiesenkirche um 1500

nochmals ausdrücklich eingeschärft worden war,[117] achteten die Künstler noch genauer darauf, wann und in welchem Kontext sie Christus welches Brot in die Hand gaben.[118] Auf Darstellungen des letzten *Abendmahls* werden seit dem sechzehnten Jahrhundert viel realistischere Brote und Brötchen abgebildet als früher – doch all diese Brote werden Jesus gerade nicht in die Hand gegeben.[119] Wo Christus Brot austeilt, da ist es stets die liturgisch korrekte Hostie.[120]

Die ikonographische Konkurrenz beider Traditionen wird von Tizian in seinem Abendmahlsgemälde in Urbino sogar thematisiert: Hier legt Christus seine Linke auf ein Brot, hebt mit seiner Rechten aber eine Hostie empor.[121] Eine andere Möglichkeit ist die um 1670 von Carlo Dolci gewählte Variante, die Jesus zwar mit Kelch und einem normalen Brot zeigt, aber jeden Hinweis auf das letzte Abendmahl eliminiert, indem Jesus als Einzelfigur vor einem neu-

Eine eucharistische Kultur

Christus als treuer Sohn der Kirche: Auf Luca Signorellis Apostelkommunion teilt Jesus liturgisch korrekte Hostien aus. Um 1512

tralen Hintergrund gezeigt wird.[122] Auch hier wird möglicherweise auf die Einsetzung des Sakraments angespielt, aber die liturgische Differenz zwischen beidem bleibt ikonografisch gewahrt. Die Vorstellung, im Mittelalter oder in der Frühen Neuzeit sei in Kirchen etwas anderes konsekriert worden als die kanonisch vorgeschriebenen Hostien, lässt sich weder durch schriftliche noch durch bildliche Zeugnisse bestätigen.

Dritter Teil
Brot und Wein des Glaubens

1.
Streit um den Leib Gottes

– 1525 – 1830 –

Substanz, Präsenz oder Symbol?

1492 entdeckte Christoph Kolumbus auf der Suche nach Indien durch Zufall die Inseln Mittelamerikas. Schon 1494 teilte der Papst die neu entdeckte Welt in eine spanische und eine portugiesische Hemisphäre, und bereits wenige Jahrzehnte später waren die gigantischen Kolonialreiche Spaniens und Portugals entstanden. Das europäische Christentum in Gestalt der katholischen Kirche wurde über einen großen Teil der damals bekannten Welt verbreitet.

In Europa selbst zerfiel die Kirche in verschiedene Konfessionen – als ob die weltweite Ausbreitung sie überdehnt habe. Doch die Reformation war keine Reaktion auf die Entdeckung der Neuen Welt. Sie war eine Antwort auf den Machtanspruch des mittelalterlichen Papsttums, das sich nicht nur zum Regenten der Welt aufgeworfen, sondern sich auch zum Herrn der seligmachenden Kirche erklärt hatte. Demgegenüber forderte der Mönch Martin Luther, die Kirche wieder Gott zu unterstellen und die Welt den von Gott eingesetzten Obrigkeiten. In ihrem Kern war die Reformation also ein Streit um die Frage, wer oder was die höchste Autorität in der christlichen Kirche habe: Gott in seinem Wort als Grundlage der Kirche oder der Papst als ihre letzte Lehrinstanz?

Im Streit über die Frage, *wie* das in der Bibel überlieferte Wort Gottes zu verstehen sei, zerfiel die reformatorische Bewegung schon

Brot und Wein des Glaubens

bald in eine Vielzahl unterschiedlicher Gruppen. Dabei war vor allem das rechte Verständnis von «Abendmahl» zutiefst umstritten. Eine Einigung wurde auch auf dem berühmten Marburger Religionsgespräch 1529 zwischen Luther und Zwingli nicht erreicht. Die Frage war, ob Christus im Abendmahl tatsächlich anwesend war, wenn ja, wie, und was das für den Glaubenden bedeutete. Die Katholiken hielten an der Lehre von der Wandlung der Substanzen Brot und Wein fest, die der Priester stellvertretend für die Gemeinde als Opfer darbringt. Luther lehnte die Vorstellung vom Abendmahl als Opfer ab. Christus selbst sei das einzige und endgültige Opfer gewesen. Dennoch sei er in Brot und Wein wirklich gegenwärtig, da er gesagt hatte: «Dies ist mein Leib». An einem wörtlichen Verständnis der Bibel ließ Luther nicht rütteln. Er begründete die Realpräsenz aber nicht mehr durch eine wunderbare Transsubstantiation, sondern dadurch, dass – nach altkirchlicher Lehre – die göttlichen Eigenschaften Christi auch seiner menschlichen Natur mitgeteilt worden waren: Christus könne in den Sakramenten gegenwärtig sein, weil sein verklärter Leib nach der Auferstehung die göttliche Fähigkeit der Allgegenwart besitze.

Die Reformierten lehnten diese Lehre als unbiblisch ab und versteiften sich darauf, Christus habe Brot und Wein nur in übertragenem Sinn als Leib und Blut bezeichnet. Brot und Wein seien nur Symbole. Während der Genfer Reformator Johannes Calvin immerhin noch davon ausging, die *Seele* des Gläubigen werde mit Empfang der Symbole geistlich durch das erquickt, was sie bezeichneten, also Leib und Blut Christi, besaß das Abendmahl für den Zürcher Reformator Huldrych Zwingli keinerlei Heilsbedeutung: Es war ein schlichter Bekenntnisakt der Gemeinde. Hier wurde nicht mehr Gott mit Händen angefasst und mit den Zähnen gekaut, sondern Brot gegessen und Wein getrunken, um an Gott zu *denken*.

Für die liturgische Gestaltung des Gottesdienstes und des Abendmahls ergaben sich aus diesen Auffassungen weitreichende Unterschiede. Luther hielt als Verfechter der Realpräsenz Christi im Abendmahl zur großen Irritation der Reformierten an Form und Zeremoniell der altgläubigen Messe fest, inklusive Messgewand, Wandlungsglöckchen, Elevation, lateinischen Responsorien und Orgel. Da Christus, so Luther, das wahre Opfer bereits gebracht habe, könnten äußere Dinge das Heil nicht gefährden, umgekehrt aber sollten alle Mittel genutzt werden, den Gläubigen die wahre Lehre näherzubringen – und wenn es die traditionellen Formen und Zeremonien des Gottesdienstes seien.[1] Die Reformierten dagegen schafften alles ab, was im Neuen Testament nicht ausdrücklich erlaubt war: die Messe, die Orgel und jede Form von Kirchenmusik gingen dahin, nur Psalmengesang war noch erlaubt. Eine Mischform entwickelte die anglikanische Kirche: Sie behielt die Liturgie der altgläubigen Kirche in weiten Teilen bei, unterzog aber Texte und Zeremoniell zunehmend calvinistischeren Revisionen.

All das ist gut erforscht. Die Abendmahlspraxis der verschiedenen Kirchen ist dagegen kaum in den Blick genommen worden.[2] Ein Grund dafür mag sein, dass sich die Kirchen in der Praxis des Abendmahls weit weniger deutlich unterschieden, als sie es der Theorie nach hätten tun müssen. Doch wie stand es mit den Abendmahlselementen selbst? Der wichtigste Unterschied zwischen der katholischen Kirche und den Kirchen der Reformation war die Tatsache, dass letztere den Kommunionskelch für die Laien wieder einführten. Da aber bislang der Speiswein weitgehend als Kommunion verstanden worden war, kann auch der Kelchentzug für die Laien des Spätmittelalters nicht gar so bedrückend gewesen sein, wie es die Reformatoren gerne glauben machen wollten.[3] Der Schriftsteller Jörg Wickram erzählt 1555 in einer Satire den Witz vom katholischen Pfarrer, der sich auf die fette Pfründe in einem evangelischen Dorf bewirbt. Man ist sich schon handelseinig, als der Dorfschulze den Pfarrer beiseite nimmt und ihm klarmacht, worauf er sich da einlässt: «Wir sind hier gut evangelisch. Ihr müsst uns hier das Sakrament in beiderlei Gestalt geben, als Brot und Wein.» Der Pfarrer, bemüht einen guten Eindruck zu machen, kontert: «Ich gebe Euch das Sakrament auch gerne in dreierlei Gestalt, Brot und Wein und meinetwegen auch Käse.»[4] Doch wie sah die Wirklichkeit aus?

Luthers Kniebank

Seit 1519 forderte Luther die Kommunion unter beiderlei Gestalt. Zugleich begann er, die Transsubstantiationslehre als unbiblisch und voller Ungereimtheiten abzulehnen und seine Lehre von der willentlichen Allgegenwart Christi zu entwickeln. Diesen radikalen Gedanken gegenüber nahmen sich seine praktischen Konsequenzen erstaunlich zögerlich aus. Im Großen und Ganzen hielt er an der mittelalterlichen Messtradition, der herkömmlichen Sakramentenfrömmigkeit und an der Verwendung von Hostien und Wein fest. Normales Brot zu verwenden, weil Jesus dies getan habe, lehnte Luther ironisch als neuen Zwang ab: «Weil wir nicht wissen und es der Bibeltext nicht genau sagt, ob es roter oder weißer Wein, Weizensemmeln oder Gerstenbrot waren, müssen wir, bis wir es genau wissen, im Zweifel das Abendmahl ganz sein lassen – damit wir ja nichts um ein Haar anders machen als Christus es vorgemacht hat. Ja, wir sollten vielleicht gleich auf jüdische Art und Weise ein Osterlamm essen.»[5]

Auch etwas anderes zu konsekrieren als Wein, kam für Luther nicht in Frage: «Man soll nichts anders nemen quam vinum! Sed si vino uti non potest, so soll mans lassen bleiben, damit man nicht neuerung mache oder einfure.»[6] Allerdings sprach sich Luther 1523 dafür aus, den Wein nicht mehr mit Wasser zu mischen.[7] Dass der Wein zur Zeit Christi gemischt getrunken wurde, scheint ihm unbekannt oder egal gewesen zu sein. Er führt die *mixtio* darauf zurück, dass aus Jesu Seite Wasser und Blut geflossen seien (Joh. 19,34): «Aber weil Christus solches nicht befolhen vnnd im Nachtmal mehr nicht stehet, denn das Christus den Kelch genommen vnd jn den Juengern geben hab, Jst es vnnot, das man so ein noetiges gebot darauß mache.»[8] Reiner Wein dagegen «bedeut die lautter reynig-

Streit um den Leib Gottes

Rebenblut: Wie Johannes Hus forderte auch Luther, den Abendmahlskelch für Laien wieder einzuführen. Der Tischspringbrunnen auf dem Altar soll weniger die Verschwendungssucht des sächsischen Fürstenhauses geißeln als vielmehr die Lehre von der Realpräsenz illustrieren. Holzschnitt von Lucas Cranach dem Jüngeren, um 1550

keit Evangelischer leer».[9] Dass er sich damit in eine Reihe mit der armenischen Kirche stellte, «die alß Ketzer drueber verdammet worden»,[10] war ihm bewusst und sicher nicht unrecht. In der Frage, *wie* das Abendmahl gereicht werden solle, blieb Luther vorsichtig: Die Kommunion auf Deutsch, unter beiderlei Gestalt und mit den eigenen Händen genommen, die Karlstadt im Winter 1521 in Wittenberg eingeführt und unter tumultuarischen Umständen zur Regel gemacht hatte, lehnte er ab, um die Ordnung wiederherzustellen und die einfachen Gläubigen nicht abzuschrecken.[11] Erst Ende

1523 führte er sie ein, abgesichert durch die mittelalterliche Messtradition:[12] Die Kommunikanten, die gefastet, gebeichtet und sich angemeldet haben mussten, empfingen in den Seitenschiffen, Männer und Frauen getrennt, kniend Hostie und Kelch, die nach der Konsekration jeweils eleviert worden waren und die sie nicht mit den eigenen Händen berührten.[13]

Luther betonte stets, Christus sei nur «in usu» – also nur während der Abendmahlsfeier – in den Sakramenten anwesend. 1543 wurde allerdings bekannt, dass ein Diakon in Eisleben nach dem Gottesdienst konsekrierten Wein zum Essen getrunken hatte. Das führte zu einer erbitterten Debatte über die Frage, wie lange Christus in den Elementen gegenwärtig sei.[14] Ursprünglich hatte Luther vermutet, Christus sei nur eine, vielleicht auch zwei Stunden nach dem Gottesdienst noch in den Elementen anwesend, damit man die Hostie zu Kranken oder Sterbenden über die Straße tragen könne.[15]

Jetzt sah er sich gezwungen, die Gegenwart Christi genauer zu bestimmen: Sie beginne und ende nicht in einem einzelnen, mathematisch bestimmbaren Augenblick, sondern bezeichne eine Dauer. Sie nehme ihren Anfang «mit dem Beginn des Vaterunsers und dauert, bis alle kommuniziert, den Kelch ausgetrunken, die Hostien gegessen haben, das Volk entlassen und man vom Altar weggegangen ist».[16]

Eine Anbetung der konsekrierten Hostie *außerhalb* des Gottesdienstes kam deshalb nicht mehr in Frage, doch auch Luther bekannte, er knie «propter reverentiam», aus Verehrung, nieder, wenn die Hostie vorbeigetragen werde, und selbstverständlich durften konsekrierte Hostien nicht weggeworfen, sondern mussten vom Priester gegessen werden.[17] Verschütteter Wein war mit einem Tüchlein sorgfältig abzuwischen.[18] 1530 fragte Gabriel Zwilling Luther um Rat, was er mit einer Hostie tun solle, die einem Sterbenden «auf der zungen jnn offenen maul»[19] liegen geblieben sei. Obwohl die Hostie damit im Grunde nichts anderes mehr war als eine Weizenoblate, gab Luther ihm den mittelalterlich klingenden Rat, sie zu verbrennen.[20] Als ein Pfarrer im Januar 1546 bei Magdeburg eine verloren geglaubte konsekrierte Hostie wiederfand, sie dann aber nicht mehr von den unkonsekrierten unterscheiden konnte, riet Luther, «propter scandalum», damit kein Anstoß erregt wird, alle zu verbrennen.[21] Der extremste Fall von Sakramentenverehrung betrifft freilich Luther selbst.[22] Bei einem Gottesdienst in Wittenberg im Jahr 1544 verschüttete eine Frau beim Niederknien etwas vom Abendmahlswein auf ihre Pelzjacke und auf die Kniebank. Luther stürzte, so ein Augenzeuge, mit Tränen in den Augen herbei und half, das Blut «mit aller reverenz / von des Weibes mantel sc. so rein als sie gekündten / [...] ab vnd aufflecken».[23] Nach dem Gottesdienst ließ er die Weinflecken aus der Jacke schneiden, die Kniebank abhobeln und Fell und Späne, wie die Tradition es vorsah, verbrennen.[24] Gerade in diesem reflexhaften Umgang mit dem Sakrament zeigt sich die Verwurzelung von Luthers Frömmigkeit in den mittelalterlichen Traditionen, die so selbstverständlich waren, dass sie auch von der neu entdeckten Freiheit eines Christenmenschen nicht in Frage gestellt werden konnten.

Unter diesen Umständen musste die lutherischen Theologen die Frage beschäftigen, was mit den *abstemii* geschehen sollte, den Abstinenzlern, die keinen Wein trinken konnten oder wollten. Luther war in dieser Frage kompromisslos: Der Herr habe das Sakrament in Brot und Wein eingesetzt. Wer den Kelch nicht nehmen könne, solle gar nicht zum Abendmahl gehen.[25] Seine Anhänger und Nachfolger waren liberaler. Johannes Brenz riet, den Wein so mit Wasser zu mischen, dass der Wein noch «praevaliere». Für Veit Dietrich und Hoe von Hoenegg genügten ein oder zwei Tropfen Wein in einem Glas mit Wasser.[26] Sie waren sich einig, dass die Verheißung Christi auch für den gelte, dessen Natur zu schwach war, um Alkohol zu sich zu nehmen. Erst spätere Lutheraner kehrten zur rigiden Haltung Luthers zurück. 1666 wurde in Jena eine ganze Dissertation verteidigt, die jede Form freiwilliger und unfreiwilliger Abstinenz verbot! Wer das Sakrament nicht so nehme, wie der Herr es eingesetzt habe, sei vom ewigen Heil ausgeschlossen. Wein war Christenpflicht![27]

Brot und Wein des Glaubens

Im Luthertum gilt allein das Wort der Bibel: Jesus isst mit seinen Jüngern auf dem Reformationsaltar der Wittenberger Pfarrkirche das biblisch korrekte Pessachlamm. Lukas Cranach der Ältere und Lukas Cranach der Jüngere, 1547

Ausgerechnet vom stets vorsichtigen Philipp Melanchthon ist die radikalste Äußerung eines Wittenbergers zu diesem Thema überliefert. Im Rahmen des Regensburger Religionsgesprächs 1541 forderte er die Kommunion unter beiderlei Gestalt.[28] Auf den Einwand, Wein sei nicht überall zu haben und könne und müsse deshalb auch nicht allen gespendet werden, entgegnete er, die Schrift spreche streng genommen ja gar nicht von «Wein», sondern nur vom «Kelch», weshalb einige Völkerstämme bei den Ukrainern, wie man höre, auch Saft konsekrierten.[29] Melanchthon schien zu erlauben, das Abendmahl auch mit anderen Substanzen zu feiern. Im Streit zwischen Katholiken und Lutheranern, aber auch innerhalb des Luthertums wurde ihm dies bis ins neunzehnte Jahrhundert bitter angekreidet.[30] Dass ausgerechnet der bei den

Lutheranern besonders verhasste Johannes Calvin diese Meinung tatsächlich vertrat, machte die Sache nicht besser.

Die Quadratur der Hostie

Dass die schweizerischen «Sakramentierer» statt des goldenen Kelches nur Becher aus Holz und statt der Hostien nur gewöhnliches Brot für das Abendmahl verwendet hätten, gehört zur klassischen Polemik lutherischer Theologen. Dabei wurde der Gebrauch gesäuerten Brotes bei den Reformierten erst seit dem siebzehnten Jahrhundert üblich. Vermutlich verdankt sich der Vorwurf den Äußerungen Luthers, die Sakramentierer tränken «eytel wein»[31] und äßen «gewöhnliches Brot».[32] Da die Sakramentierer die Anwesenheit Christi im Abendmahl leugneten, nahmen sie, nach Luthers Überzeugung, eben nur normales Brot und Wein zu sich, aber nicht den Leib Christi. Der Vorwurf bezog sich also wohl nicht auf die *Materie*, sondern nur auf ihre theologische *Deutung*.

Die Frage, welches Brot zu verwenden war, kam erstmals 1523 in der zweiten Zürcher Disputation auf. Radikale Mitstreiter Zwinglis forderten, in Fragen der Religion nur noch das gelten zu lassen, was das Evangelium positiv gebietet.[33] Ihr Wortführer war der Zürcher Patriziersohn Konrad Grebel,[34] der keine Freunde kannte, wenn es darum ging, einmal als richtig Erkanntes auch durchzusetzen. Und so forderte er das sofortige Verbot der Messe, der altgläubigen Sakramente und der Heiligenbilder. Noch stärker als Grebels Biblizismus war freilich sein Hass auf das Papsttum: Unter die «Missbräuche» der Messe zählte er auch, dass die Papisten «ungeheblet», ungesäuertes Brot benutzt hätten. Christus habe, so Grebel, sicher normales, also gesäuertes Brot genommen.[35] Zwingli war sich unsicher, «welcherley brot es gewesen were» und ob es «sinwel», rund, gewesen sei.[36] Er gab zu Bedenken, Jesus habe am «Fest der ungesäuerten Brote» sicher auch ungesäuertes Brot verwendet.[37] Einig waren sich Grebel und Zwingli nur darin, dass im Abendmahl reiner Wein genommen werden müsse: Dass «man in das bluot Christi wasser schüttet», sei «on grund und anzug aller götlicher gschrifft» und deshalb verboten.[38]

Als Zwingli 1525 seine «Ordnung der christlichen Kirche zu Zürich» erließ, war die Messe abgeschafft und das Abendmahl wurde nur noch viermal im Jahr gefeiert. Die schmucklose Form («damit der bracht [die Pracht] nit wider kömme»)[39] reduzierte das Abendmahl auf seinen bloßen Zeichencharakter. Ungesäuertes Brot und Wein wurden in hölzernen Schalen und Kelchen herumgereicht, von denen sich die Kommunikanten, in ihren Bänken sitzend, selbst nahmen.[40] Allerdings war die Hostie nun merkwürdigerweise viereckig und trug ein Christusbild.[41] Während die viereckige Form wohl den Unterschied zur mittelalterlichen Hostie markieren sollte, knüpfte das Bild an die mittelalterliche Tradition an, mit dem Hostieneisen fromme Zeichen und Bilder in die Hostien zu prägen – und das ausgerechnet in Zürich, wo man 1523/24 kompromisslos jedes religiöse Bild aus den Kirchen entfernt hatte!

Auszug aus dem Sündenbabel

Zwinglis Unentschlossenheit in der Abendmahlsfrage war Grebel und seinen Gefolgsleuten ein Dorn im Auge. Der Streit eskalierte schließlich an der Frage der Kindertaufe, die Zwingli beibehielt, obwohl sie biblisch nicht begründbar war. Im Januar 1525 tauften sich die Gefährten Grebels gegenseitig und wurden damit zu Begründern der Täuferbewegung. Die seit der Antike mit der Todesstrafe bewehrte «zweite Taufe» wurde das entscheidende Kennzeichen einer Bewegung, die trotz raschen Verbots schon bald in Süd- und Mitteldeutschland viele Anhänger fand.

Das Täufertum blieb eine Untergrundbewegung, und das spiegelte sich auch in ihren Riten wider.[42] Das Abendmahl, zu dem nur die Eingeweihten und Getauften zugelassen waren, feierten die Täufer mit normalem Brot und Wein, weil sie den Opferkult der teuflischen Papstkirche als «Götzenbrot» ablehnten. Voller Hohn spotteten sie über den Gott, der zum Mund hinein und zum Bauch wieder herausgehe.⁴³ Aber etwas anderes als normales Brot stand ihnen bei ihren meist nächtlichen und ganz einfachen Gottesdiensten auch kaum zur Verfügung. Wenn der Wein fehlte, begnügte man sich mit Brot,⁴⁴ von dem sich jeder ein Stück abschnitt oder abbrach. In Augsburg feierten die Täufer in der Osternacht des Jahres 1528 das anbrechende Weltende ganz prosaisch mit zwölf Semmeln und zwei Kannen Wein.⁴⁵

Insgesamt feierten die Täufer das Abendmahl nicht oft. Da es letztlich nur dazu diente, an das Sterben Christi zu erinnern, dem man in seinem eigenen Leben nacheifern sollte, hatte es letztlich keine sakramentale, für das Heil entscheidende Bedeutung. Schon Zwingli feierte das Abendmahl nur viermal im Jahr. Bei den frühen Täufern war es noch seltener, und einige Täufer beteuerten, überhaupt nur ein einziges Mal an einem Abendmahl teilgenommen zu haben.

Selbst in den seltenen Fällen, wo sich täuferische Gemeinden etablieren konnten, in Waldshut, in Mähren oder im Täuferreich von Münster, blieb das Abendmahl eine Ausnahme. Die Hutterer in Mähren feierten es nur einmal im Jahr, am Ostersonntag oder an Pfingsten.⁴⁶ Auf den Tischen standen ganz schlicht Teller mit Brotschreiben und Kannen mit Wein; man sang Abendmahlslieder aus den Anfängen der radikalen Reformation, brach ein Stück Brot ab und trank aus dem Kelch.

Spektakulärer waren die Abendmahlsfeiern, die im Täuferreich von Münster abgehalten wurden.⁴⁷ Bernhard Rothmann, der «worthalter» des Täuferreichs, hatte von seinen altgläubigen Gegnern schon 1533 den Spottnamen «Stuten-Bernd» verpasst bekommen, weil er das Abendmahl stets mit normalem Weißbrot feierte.⁴⁸ Im Oktober 1534 nun kündigte der «König» Jan van Leiden an, die Täufer würden aus der belagerten Stadt ausziehen, wie weiland das Volk Israel aus Ägypten. Und so wie die Israeliten in der Nacht vor ihrem Aufbruch in aller Hast und stehend das Pessachmahl zu sich genommen hatten, feierten die Münsteraner Täufer am Vormittag im Stehen ein öffentliches Abendmahl auf dem Domplatz.⁴⁹ Zum ersten Mal in der Geschichte wurde das christliche Abendmahl wieder als Pessachmahl (oder was man dafür hielt) gefeiert. Die göttliche Posaune, die zum Auszug blasen sollte, blieb allerdings aus. Der Exodus aus Münster fand nicht statt. Kurz vor der Eroberung der Stadt, als die Vorräte schon fast zu Neige gegangen waren, setzte der König deshalb zu Ostern 1535 ein letztes Abendmahl an: Er ließ Tische und Bänke auf dem Domplatz aufstellen und – da Wein längst zur Neige gegangen war – Brot und Bier auftischen: «Liebe Brüder und Schwestern, so müsst ihr es mit Gott aushalten mit Brot und Bier, bis dass Gott es bessert, wenn unsere Erlösung kommt.»[50] Doch auch diese Hoffnung trog. Die Eroberung von Münster am 25. Juni 1535 und die Vernichtung der Täufer ließ dieses Abendmahl nachträglich weniger als Pessach- denn als Henkersmahlzeit erscheinen.

Die calvinistische Antarktis

In Genf hielt Johannes Calvin es mit Brot und Wein ähnlich wie Zwingli: In den irdischen Elementen sei der himmlische Christus nicht enthalten. Aber sie verweisen als körperliche Nahrung auf die geistliche Speisung der Seele, die sich während des Abendmahles vollziehe. Solange sie diese Speisung ausreichend deutlich bezeichneten, sei es, so Calvin, letztlich egal, wie die Zeichen selbst beschaffen seien. Von der ersten bis zur letzten Auflage seines Hauptwerks *Unterricht in der christlichen Religion* betonte er, es sei «nicht entscheidend, ob die Gläubigen das Brot mit der Hand empfangen oder nicht, ob sie es unter sich teilen oder essen, was sie empfangen haben, ob sie den Kelch dem Diakon zurück- oder dem Nächsten weitergeben, ob das Brot gesäuert oder ungesäuert, der Wein rot oder weiß ist. Diese Gleichgültigkeiten sind ins Belieben der Kirche gestellt.»[51] Gerade weil Zeichen und Bezeichnetes klar geschieden sind, konnte Calvin, der ansonsten von eiskalter Kompromisslosigkeit war, was die *Zeichen* betraf, recht großzügig sein.

In Genf wollte Guillaume Farel, seit 1533 der dortige Reformator, weiterhin Hostien verwenden,⁵² doch die Gemeinde bestand auf «normalem» Brot. Einige Augenzeugen berichten sogar von Käse beim ersten evangelischen Abendmahl in Genf. Als Calvin 1536 nach Genf kam, wurde Brot vom Rat bereits als evangelisches Merkmal angesehen, und Calvin behielt es bei. 1538 verlangte das mit der Stadt verbündete Bern allerdings, dass Genf die Berner Riten übernehmen müsse, wozu auch gehörte, dass das Abendmahl mit ungesäuertem Brot vollzogen werden und die Hostie groß genug sein müsse, um für alle gebrochen zu werden.⁵³ Dem Genfer Rat schien dies eine günstige Gelegenheit, seinen Dauerkonflikt mit Calvin eskalieren zu lassen. Er beschloss, dem Berner Ansinnen zu folgen, und verlangte von Calvin und Farel die sofortige Umsetzung.⁵⁴ Diese Einmischung des Rates in die inneren Angelegenheiten der Kirchen wollten Calvin und Farel nicht hinnehmen. Nach einem letzten (wie befohlen mit Hostien gefeierten) Ostergottesdienst verließen sie Genf. Als Calvin 1541 zurückkehrte, waren die Hostien fest etabliert, und er behielt sie bei, «um Frieden und Eintracht zu wahren».⁵⁵ Auch andernorts setzte sich in der Eidgenossenschaft das ungesäuerte Brot durch: Die Confessio Rhaetica von 1552 forderte es (wo dies möglich war), weil dies Christi Brauch besser entspreche.⁵⁶ Man verwendete in Genf sowohl weißen als auch roten Wein.⁵⁷ Das Hôpital Général übernahm die Versorgung der Kirchen mit Hostien und Wein, und die Stadt bewirtschaftete eigene Weinberge in Peney, Satigny und Bossey, um Abendmahlswein zur Verfügung zu stellen. Diese Einmischung des Rates in die Angelegenheiten der Kirche ließ sich Calvin gefallen.⁵⁸

Calvins Toleranz in Fragen der Materie ging so weit, dass für ihn schließlich auch andere Speisen als Abendmahlselemente denkbar wurden. Als der französische Admiral Gaspard de Coligny 1556/57 das Projekt einer hugenottischen Kolonie in Brasilien («France antarctique») betrieb, wurde im April 1557 von dem mitgereisten Missionar Jean de Léry an Calvin die Frage gerichtet, ob man in Amerika das Abendmahl auch mit Wasser feiern dürfe, da es (wie die Missionare überrascht bemerkten) in Brasilien weder Wein noch

Getreide gebe. Die Einheimischen ernährten sich vielmehr von Regenwasser, Früchten und in Asche gebackenen Wurzeln, die erstaunlich gut schmeckten.[59] In seinem Gutachten hielt Calvin fest, Ziel des Abendmahls sei die *geistliche* Speisung: Wenn Christus nicht in Judäa gelebt hätte, wo es üblich war, Wein zu trinken, hätte er sicher ein anderes Getränk verwendet: «Wer nicht aus Verachtung oder Zögerlichkeit, sondern der Not gehorchend statt Wein ein anderes in der Gegend übliches Getränk verwendet, dürfte dem Willen und der Absicht Christi gemäß handeln.»[60]

Diese tolerante Haltung machten sich auch die calvinistischen Theologen der zweiten Generation zu eigen. 1565 antwortete Calvins Nachfolger Theodor Beza dem zum Calvinismus übergetretenen Krakauer Gelehrten Andreas Dudith, der keinen Wein vertrug, im Sinne seines Lehrers.[61] Und dem niederländischen Theologen Thomas Tilius versicherte er 1571: «Es wird das Abendmahl recht gefeiert, wenn das, was man statt Brot und Wein verwendet, allgemein üblich oder aufgrund der Umstände nötig ist.»[62]

Wassermessen und Vinarier

Calvins Haltung bedeutete allerdings auch, dass in Zeiten der Not von einem Christen erwartet werden konnte, das Abendmahl lieber mit anderen Elementen als gar nicht zu feiern. Wer sich dazu nicht bereitfand, erschien als ewiggestriger Papist. Paradoxerweise wurde die Frage, ob man die Elemente des Abendmahls für wichtig hielt, im kalten Krieg der Konfessionen zur erbittert umkämpften Bekenntnisfrage.

Seit 1562 befand sich Schweden im Krieg mit Russland und Dänemark um die Herrschaft über das Baltikum und wurde bald Opfer einer vollständigen Seeblockade: Als der Wein, der in Schweden nicht angebaut werden kann, knapp wurde,[63] ließ König Erik XIV. 1562 auf einem Reichstag die Frage verhandeln, ob das Abendmahl auch mit anderen Getränken gefeiert werden könne, was zunächst verneint wurde.[64] Als 1563 in Schweden die Abendmahlsfeiern aber ganz eingestellt werden mussten, wurde die Frage zum Streitpunkt zwischen der reformierten Partei um den Stockholmer Pfarrer Johann Nicolai Ofeegh und der lutherischen Richtung um den Bischof Laurentius Petri.[65] Die Debatte drehte sich bald wieder wie einst um Substanzen und Akzidenzien. Die reformiert Gesinnten propagierten im Sinne Calvins, «Wassermessen» zu feiern, statt «aus Weinmangel die Sakramente gar nicht mehr zu spenden». Wein zur Pflicht zu erklären mache aus Christen «Vinarier».[66] Einige Pfarrer gingen dazu über, beim Abendmahl Wasser, Honigmet oder Bier zu konsekrieren, wie es im Mittelalter in Skandinavien schon einmal üblich gewesen war.[67] Als sie sich dafür schließlich aber auf die altkirchlichen Aquarier beriefen, war es für Bischof Laurentius Petri ein Leichtes, sie als Ketzer zu verdammen. Unter dem Eindruck des Krieges rückte auch der König schließlich von seiner liberalen Haltung ab. Die Theologen mussten sich 1565 verpflichten, nur noch Wein und Brot zu konsekrieren oder das Abendmahl gar nicht mehr zu feiern.[68] Im liquoristischen Streit bewahrheitete sich das Axiom, wonach es im Bekenntnisfall keine Adiaphora, keine freien Mitteldinge, mehr gebe.[69]

Das Schaumbrot des Antichristen

Dieselbe Fronstellung wiederholte sich wenige Jahre später im Reich. Ende des sechzehnten Jahrhundert entbrannte zwischen dem reformierten Fürstentum Anhalt und dem streng lutherischen Kurfürstentum Sachsen ein Streit um das rechte Abendmahlsbrot. Schon in den 1550er-Jahren hatte sich Melanchthon zunehmend von der Abendmahlslehre Luthers abgewandt und den Wittenberger «Brotkult» ebenso kritisiert wie den abergläubischen Umgang mit den konsekrierten Resten des Abendmahls.[70] Melanchthon starb 1560, aber seine Nachfolger, die für eine Annäherung an die calvinistische Abendmahlslehre eintraten, mussten 1573 als «Cryptocalvinisten» ihre Lehrstühle räumen. In verschiedenen Territorien, die sich dem Calvinismus zuwandten, fanden sie neue Betätigungsfelder. Der ehemalige Wittenberger Christoph Pezel begann in Nassau-Dillenburg radikal mit allen «papistischen Überresten» aufzuräumen:[71] Hostien seien vom Papst erdacht und weckten im gemeinen Mann den Aberglauben, «als dürfften sie das gehiligte Brot nit essen / sondern müstens allein auff der Zungen zerschmelzen lassen»,[72] weshalb ab sofort «an derselben stat ein rein bequemes Brodt / vnd dabey / der alte vnd Christliche Ritus fractionis», der Ritus des Brotbrechens, wieder eingeführt werden sollten.[73]

Zum Problem wurden diese Neuerungen, als 1597 auch das bislang lutherische Fürstentum Anhalt-Zerbst, das direkt neben dem lutherischen Kursachsen lag, calvinistisch wurde. Für den anhaltischen Hoftheologen Wolfgang Amling war die Hostie der antichristliche Götze der Baalspriester aus Rom.[74] Ihr Festhalten an der Hostie beweise, dass der «gantze abergläubische hauffen» der Lutheraner noch immer «dem baalitischen Antichrist heimlich anhengt vnnd heuchelt».[75] Als erstes sei die Brechung des Brotes einzuführen und dann das «Bapstische Schaumbrot» abzuschaffen.[76]

Der nun ausbrechende Streit zog sich über viele Jahre hin. Einziges Ergebnis war abgrundtiefe Erbitterung auf allen Seiten. Die theologische Fakultät von Wittenberg zog sich auf den Standpunkt zurück, es gelte dem Allmächtigen gleich, was für Brot es sei, «wann man nur recht natürlich Brot nimmt».[77] Dem stimmten die Anhalter zu: aber leider seien Hostien eben kein natürliches Brot,[78] deshalb ein Verstoß gegen Gottes Willen und also Sünde! In der Folge versuchten die Theologen beider Seiten, «natürliches Brot» zu definieren.[79] Man befragte Bauern, Bäcker, die Bibel und landwirtschaftliche Traktate der Antike. Die Wittenberger beriefen sich auf die verwendeten Substanzen Wasser und Mehl, die Anhalter nahmen die Eigenschaften unter die Lupe: Hostien würden nicht hergestellt, sie nährten, röchen und schmeckten nicht wie normales Brot.[80] Die Frage, welches Brot Christus seinen Jüngern gegeben habe, wurde ergebnislos diskutiert. Die Debatte, wann die Hostie eingeführt worden sei, verlor sich in historischen Details. Die Calvinisten gruben schließlich das alte Argument wieder aus, ungesäuertes Brot sei jüdisch, die Lutheraner würden also «judentzen».[81] Außerdem sei echtes Speisebrot die bessere Analogie zur Speisung der Seele. Das konterten die Lutheraner mit dem Argument, das Abendmahl sei nicht dazu da, den Leib zu nähren! Bei den Calvinisten komme es wohl zu «rechten Kirchen-Banquetten» oder «Bawrenzechen» mit Zutrinken und Schmausen![82] Als die Anhalter schließlich versuchten, das Kruzifix, das den lutherischen Hostien eingeprägt war, zu einem Verstoß gegen das Bilderverbot zu erklären, kam peinlicherweise ans Tageslicht, dass die Abendmahlsbrote in Anhalt gar mit dem Wappen des regierenden Fürsten geschmückt waren.[83]

Der lange Streit endete mit der Erkenntnis, dass die deutschen Calvinisten die Frage der rechten Zeremonien zum wichtigsten konfessionellen Marker erklärt hatten und damit dem von ihnen erbittert bekämpften «baalistischen Antichrist» erstaunlich ähnlich geworden waren.

Reinigung der Riten

Anders als der liberal gesinnte Calvin drängte die calvinistische Theologie seit Beginn des siebzehnten Jahrhunderts darauf, die Reinigung der Riten international durchzusetzen. Wo der Calvinismus neu Fuß fasste, kam es zu Bilderstürmen und zur Einführung des «normalen» Brotes. Ihren größten Erfolg hatten die anhaltischen Theologen in Brandenburg. Im Juli 1613 wurde der Zerbster Superintendent Martin Füssel Hofprediger in Berlin. Unter seinem Einfluss trat Kurfürst Johann Sigismund im Dezember 1613 zum Calvinismus über. Damit verschob sich das gesamte konfessionelle Gleichgewicht im Reich. Als wichtigstes Argument für seinen aufsehenerregenden Schritt nannte der Kurfürst, der bisherige Gebrauch des Abendmahls stimme nicht mit dem Zeugnis Christi überein, «[d]aher wir mit anrufung der heil. dreifaltigkeit nach exempel gottseliger frommer könige, churfürsten, fürsten und herren [...] fractionem panis [...] wieder einführen und anstadt der ostien recht gebacken brodt außtheilen lassen wollen».[84] Das rechte Brot war nur der erste Schritt im Kampf um die rechten Zeremonien. Füssel erreichte, dass die Berliner Hofkirche von allen Bildnissen und Altären «gereinigt» wurde. Als er 1615 dazu aufrief, auch alle anderen Kirchen im Lande von «Götzenbildern» zu befreien, kam es zu schweren Unruhen unter der mehrheitlich lutherischen Bevölkerung.[85]

Die reformieren Theologen der Kurpfalz feierten ihren größten Triumph, als ihr Kurfürst Friedrich V. 1619 König von Böhmen wurde und seinen Hofprediger Abraham Scultetus mit der calvinistischen Reformation des gesamten Landes beauftragte. Eine Verordnung schrieb nun vor, dass im ganzen Lande die Altäre zerstört und die «papistischen Hostien» beseitigt werden sollten. Stattdessen «soll man Brot vnd Semel / vnd braite Kuechen machen / welche in lange Riemen geschnitten / in eine Schüssel gelegt / also den Leuten in die Hand gegeben».[86] Am 21. Dezember 1619 ließ der neue Domprediger den Prager Veitsdom von allen vermeintlichen Götzenbildern «reinigen».[87] Altäre und Kruzifixe, Standbilder, Figuren und Geräte wurden von den Wänden gerissen und verbrannt. Dann «hat man in Chor ein Tisch gestellt / darneben 12 Sesseln zum Calvinischen Abentmal / auch der Credentztisch zugericht. Am heiligen Christtag hat erstlich der König ihm selbst den Kollatschen [Hefeteilchen mit Mohn- oder Pflaumenmusfüllung] / den andern hat mans in schnitten auff einer schalen geraicht / daruon jeder ein schnittl genommen / gessen / vnd ein Trunck darauf than.»[88] Hier wurde süßes Hefegebäck genommen, um den Unterschied zur Hostie überdeutlich zu machen. Angeblich entsetzten sich Hunderte von Zuschauern, «daß sie von solchem Abendmal ihr Leben lang nit gehört / vnd daß es sie zum höchsten rewe / daß sie solchen liederlichen König für ihr Haupt genommen».[89] Die «liederliche» Herrschaft Friedrichs dauerte nur einen Winter: Bereits im Oktober 1620 wurde er von habsburgischen Truppen vernichtend geschlagen und floh als «Winterkönig» ins holländische Exil. Eine brachiale Rekatholisierung Böhmens begann.

Im selben Jahr drängte auch die französische reformierte Kirche auf strengere Abendmahlsbräuche. Auf ihrer Nationalsynode im provenzalischen Alès beschloss sie im November 1620, die Vorschrift zu streichen, wonach Brot und Wein gereicht werden sollten, «wo es möglich» sei. In ganz Frankreich sollte in den reformierten Gemeinden nur noch gewöhnliches Brot beim Abendmahl benutzt werden, selbst von den Genfern, die zur schweizerischen Eidgenossenschaft gehörten, verlangte man das Versprechen, keine Neuerungen in der Liturgie einzuführen.[90] Die Genfer hörten die Botschaft, waren froh, den ungeliebten Berner Ritus ad acta legen zu können, und versprachen, «um der Freundschaft und Einheit willen» ab sofort nur noch «pain commun» im Abendmahl zu reichen.[91]

«To bee eaten at the Table wyth other meates»

In England hatten die Reformen Heinrichs VIII. seit 1538 den Abendmahlsritus zunächst unangetastet gelassen. Im ‹romfreien Staatskatholizismus› der anglikanischen Kirche wurden Hostien und Wein nach Art der mittelalterlichen Kirche verwendet.[92] Nach Heinrichs Tod 1547 wurden unter Edward VI. die ersten liturgischen Reformen in Angriff genommen. Das *Book of Common Prayer* von 1549 war ein Kompromiss zwischen den Traditionalisten und den Reformgesinnten. Es hielt noch an der Hostie fest, «as it was afore, but without all manners of printe, and somethyng more larger and thicker, than it was, so that it may be aptly deuided in diuers pieces».[93]

Nachdem das *Book of Common Prayer* wegen seiner unklaren Haltung auf scharfe Kritik gestoßen war, wurde 1552 eine zweite Auflage herausgegeben, die den Reformierten eher entgegenkam. Um jedem papistischen Aberglauben zu wehren wurden Brot und Wein nun wie normale Nahrungsmittel behandelt: «it shall suffice that the bread be such, as is usual to bee eaten at the Table wyth other meates, but the best and purest wheate bread, that conveniently can be gotten.»[94] Wie schwer es selbst Reformierten fiel, sich von der althergebrachten Vorstellung zu trennen, das Brot sei Fleisch Christi, zeigt die merkwürdige Bemerkung, es solle wie mit «anderen» Fleischsorten gegessen werden. Offiziell aber setzte das *Second Book of Common Prayer* nun ein calvinistisches Abendmahlsverständnis voraus. Deshalb konnte der Pfarrer nach Ende des Gottesdienstes Brot und Wein auch mit nach Hause nehmen: «And yf any of the bread or wine remayne, the Curate shal haue it to his own use.»[95]

Da Edward bereits im selben Jahr starb, trat das *Second Book of Common Prayer* erst mit der Thronbesteigung Elisabeths I. 1559 in Kraft. Zur allgemeinen Verwirrung erließ die Königin noch im selben Jahr jedoch eine Ausführungsbestimmung, die die calvinistische Neuausrichtung rückgängig machte. Als Zeichen der Verehrung für die «holy mysteries» sollte das Abendmahlsbrot sich wieder der Hostie annähern. Es sollte «be made and formed plain, without any figure thereupon, of the same fineness and fashion, round, though somewhat bigger in compass and thickness».[96] In den folgenden Jahren entbrannte ein Kampf um die Form des Abendmahlsbrotes, wobei sich alle Kontrahenten auf widersprüchliche Mandate der Königin berufen konnten. Einig war man sich nur beim Wein, dessen Gebrauch unstrittig war: 1567 wurde ein Pfarrer aus dem Dienst entlassen, weil er «indede did minister the communion with beare», der also Bier austeilte, «but it was onelie for necessitie and want of wine».[97]

Die Tatsache, dass auch die Bischöfe in der Brotfrage uneins waren und sogar am englischen Hof unterschiedliche Monarchen unterschiedliche Bräuche pflegten, machte die Sache nicht übersichtlicher: Am Hof Elisabeths I. wurde normales Brot verwendet.[98] Dieser Brauch wurde unter Jakob I. 1604 zur Regel erhoben, was seinen Sohn Charles I. nicht davon abhielt, in seiner Privatkapelle Einzelhostien zu verwenden.[99] In der Frage des eucharistischen Brotes zeigten sich früh die Bruchlinien, die die englische Kirche durchzogen und schließlich auf einen Konflikt zwischen reformiert gesinnten Puritanern und konservativer Staatskirche hinausliefen. 1614 weigerte sich das inzwischen puritanisch geprägte Parlament, dem Eröffnungsgottesdienst in der anglikanischen Westminster Abbey beizuwohnen, «for fear of copes and wafer cakes», aus Angst vor Kelchen und Hostien.[100] Umgekehrt weigerte sich der Dean von Westminster Abbey 1621, dem Parlament das Abendmahl «with ordinary bread» auszuteilen. Daraufhin ging das Parlament geschlossen in die Temple Church.[101]

Die puritanische Revolution war seit 1641 fest entschlossen, die anglikanische Staatskirche durch eine reformierte Kirche nach schottischem Muster zu ersetzen. Die 1647 verabschiedete Westminsterkonfession, die die Vereinigung der schottischen und der englischen Kirche vorbereiten sollte, macht keine Aussagen zur äußeren Form von Brot und Wein, doch ihre energische Ablehnung von «popish sacrifice» und «manifold superstitions yea of gross Idolatries» zeigt deutlich, was man vom anglikanischen Abendmahlsritus hielt.[102] Die Savoy-Conference von 1661, die nach der Restauration einen Ausgleich zwischen der wieder errichteten anglikanischen Kirche und den Reformierten schaffen sollte, diskutierte lange, ob «wafer» und «bread» nebeneinander bestehen sollten, entschloss sich aber schließlich, die Regelung des *Second Book of Common Prayer* verbindlich zu machen, die formal anglikanisch und inhaltlich calvinistisch war: Normales Brot wurde Pflicht. Als einzige Reverenz an die sechshundertjährige englische Tradition der Hostien, die mit Lanfranc von Bec begonnen hatte, strich man die merkwürdige Bestimmung, der Leib Christi solle wie «at the Table wyth other meates» gegessen werden.

Riten einer Weltkirche

Die katholische Kirche sah sich um die Mitte des sechzehnten Jahrhunderts vor zwei Herausforderungen gestellt: *theologisch* durch die Reformation, *verwaltungstechnisch* durch die Entwicklung der Kirche zu einer wahren Weltkirche innerhalb von nur zwei Generationen.

Diesen Herausforderungen versuchte das Trienter Konzil zu begegnen, das 1545 von Paul III. eröffnet wurde. Es stellte in jahrelangen Verhandlungen die wichtigsten Lehren der katholischen Kirche auf eine klare dogmatische Grundlage und versuchte, eine zentralisierte Weltkirche zu schaffen, die von Rom aus und im Geiste Roms regiert werden sollte. Trotz aller Unregelmäßigkeiten wird man sagen dürfen, dass Trient dieses Ziel im Großen und Ganzen erreichte: Um 1600 war die Kirche weitgehend zu einer machtvollen, zentral gesteuerten und expansiven Organisation geworden, die als weltweit einzige Institution tatsächlich global operierte. Der Preis dafür war, dass jede weitere Änderung an Lehre und Organisation der Kirche abgelehnt wurde und die katholische Kirche von den rasanten Entwicklungen in der Frühen Neuzeit schon bald überholt wurde.

In einem 1551 erlassenen Dekret über die Eucharistie fasste das Konzil die bisherige Lehre und Praxis systematisch zusammen. Was bisher nur Tradition gewesen war, wurde nun zur Vorschrift, von der abzuweichen Todsünde bedeutete.[103] Die Eucharistie wurde zum vornehmsten Sakrament der Kirche. Anbetung, Verehrung und Aufbewahrung der Hostie in einem Tabernakel wurden ebenso zur Pflicht wie Beichte und Fasten vor Empfang der Kommunion. Transsubstantiations- und Konkomitanzlehre wurden dogmatisiert, jede anderslautende Deutung als Häresie verurteilt.[104] Doch selbst der berühmteste Theologe der katholischen Kirche, Kardinal Robert Bellarmin, konnte dem einfachen Gläubigen kaum verständlich machen, wie solche Transsubstantiation von Weizen und Wein vor sich gehen sollte: Angeblich verwandelten sie sich in Leib und Blut wie seinerzeit Lots Frau in eine Salzsäule verwandelt worden war: «Wolan, wer diese Säul gesehen, der hat die Gestalt der Haußfrauen Loths gesehen, und doch ist dieselbe nit mehr sein Haußfau, sondern ein Salz unter der Gestalt eines Weibes gewesen.»[105] Über die Materie des Sakramentes ließ sich die Konstitution nicht aus: Dass es aus Weizenmehl und Traubenwein bestehen sollte, war seit dem Konzil von Florenz festgelegt und selbst von den Reformatoren nicht bestritten worden.

Erst im 1570 eingeführten *Missale Romanum* wurden weitergehende Bestimmungen getroffen. Dem *Ordo Missae* wurden in der

Rubrik *De defectibus in celebratione missarum occurentibus* («Über Fehler, die bei der Feier der Messe auftreten können») die Regeln für die gültige, erlaubte und würdige Feier der Eucharistie vorangestellt. Die meisten Bestimmungen befassten sich mit dem Fall, dass der Priester vor oder nach der Konsekration einen Fehler in der Materie der Hostie, seiner Person oder seiner Intention feststellt oder die Hostie nach der Konsekration «durch einen Zufall, einen Windstoß, ein Wunder oder eine Maus»[106] verschwindet: Musste dann die Konsekration wiederholt werden und wenn ja, wie und ab welcher Phrase? Die Rubrik griff zur Klärung dieser kniffligen Fagen auf die Bestimmungen der mittelalterlichen Synodalordnungen zurück. In der Frage der Materien wird die Meinung des Thomas von Aquin bestätigt: Die Gültigkeit der Sakramente wird durch die rechte Materie von Weizen und Trauben sichergestellt. Wo Brot und Wein Ansätze zum Verderben zeigen oder Zusätze (wie Hefe oder Rosenwasser) enthalten, ist zwar *gültige* Materie noch gegeben, aber nicht *erlaubte*: Wer solches konsekriert, versündigt sich gegen die Gesetze der Kirche!

Zum Inbegriff eines Bischofs, der sein Erzbistum im Geiste der Tridentinischen Beschlüsse reformierte und lenkte, wurde der bald heiliggesprochene Carlo Borromeo, der Neffe Papst Pius' IV., Erzbischof von Mailand und Verfasser des *Catechismus Romanus*. Er berief nach dem Konzil Provinzialsynoden in seinem Bistum ein, deren Beschlüsse bis weit ins zwanzigste Jahrhundert zum Handbuch für *good governance* katholischer Bistümer wurden. Er förderte die vom Konzil geforderte Sakramentenfrömmigkeit und führte einige praktische Neuerungen im Umgang mit den Sakramenten ein, die bald Schule machten. Das IV. Provinzialkonzil von Mailand legte unter seiner Leitung 1576 fest, dass nur noch Weißwein in der Eucharistie gebraucht werden solle. Der Grund war ein rein praktischer. Das *Missale Romanum* forderte erstmals, den Kelch nach der Ablution mit einem eigenen Tüchlein, dem Purificatorium, zu trocknen – was bislang nur in Italien und einigen Orden der Brauch gewesen war.[107] Um unschöne Flecken auf dem weißen Tuch zu vermeiden, verwendete man lieber Weißwein, und dieser Brauch wurde vom Mailänder Konzil zur verbindlichen Regel erhoben. Zugleich wurde beschlossen, Hostien nicht mehr von Laien, sondern nur noch von Klosterbäckereien backen zu lassen. Es durften außerdem keine Hostien mehr konsekriert werden, die älter als vierzig Tage waren.[108] Beide Vorschriften wurden von der römischen Ritenkongregation gutgeheißen und verbreiteten sich durch die Vorbildwirkung der Mailänder Beschlüsse schon bald in der Kirche.

Diese Normierung der Messe orientierte sich zwar an der Tradition, stellte die Kirche in einer veränderten Welt aber vor schier unlösbare Herausforderungen: Denn Weizen und Traubenwein gab es außerhalb von Europa kaum. Das *Missale Romanum* schien schon zu ahnen, dass es hier schwierig werden würde, und bestimmte, die Hostie müsse «zumindest mehrheitlich aus Weizen» sein. In diesem kleinen Zugeständnis an die Welt jenseits von Europa offenbart sich das gesamte Dilemma der römischen Weltkirche. Die unbekannte, neue Welt mit ihren fremden Kulturen und Substanzen war bereits bis ins Innerste des Allerheiligsten vorgedrungen. Gerade deshalb musste man umso fester darauf beharren, dass in der Mischung die *europäische Substanz* zumindest überwog.

Die ersten Europäer, die in die «Neue Welt» jenseits des Atlantiks reisten, waren entweder Eroberer, Händler oder Missionare oder alles drei zusammen. Alle brauchten Wein und Weizen, wenn auch aus unterschiedlichen Gründen. Schon der lange Aufenthalt der Besatzungen auf offener See brachte bislang unbekannte Probleme mit sich: Wie konnte man die Versorgung der Seefahrer mit den kirchlichen Sakramenten sicherstellen? Das war weniger eine Frage der Verfügbarkeit von Wein und Brot auf hoher See. Vielmehr war es seit dem Mittelalter hoch umstritten, ob auf einem Schiff überhaupt die Eucharistie gefeiert werden durfte. Das *Sacerdotale Romanum* verbot die Messfeier an «schwimmendem Ort, sei es auf dem Meer oder einem Fluss»,[109] und das Trienter Konzil bestätigte diese Regel. Auf einem Schiff konnten Leib und Blut Christi verschüttet oder von seekranken Passagieren erbrochen werden, mitsamt dem Schiff untergehen und dann von den Fischen gefressen werden.[110] Die mittelalterlichen Bräuche, die die letzte Wegzehrung, das Viaticum, mit Gras oder Erde improvisierten, waren schon im Spätmittelalter kritisch gesehen und durch die Messreformen endgültig ausgeschlossen worden. Angesichts der Gefahren, die auf die Seeleute, Konquistadoren und Kolonisten warteten, war die Aussicht, ohne Viaticum sterben zu müssen, beunruhigend. Am sichersten schien es, vor der Abfahrt zu beichten, die Kommunion zu nehmen und zu versuchen, sich hinfort jeder Todsünde zu enthalten – in der Neuen Welt keine leichte Sache.

Ein nur unzureichender Ersatz war die *missa nautica*, eine «trockene Messe», bei der keine Eucharistie gefeiert wurde. Auf portugiesischen Schiffen fuhr zu diesem Zweck regelmäßig ein Priester mit. Die Spanier überließen es ihren Kapitänen zu entscheiden, ob Priester an Bord solche Messen feiern durften.[111] Schon im Mittelalter umstritten, entbrannte mit Blick auf die weiten Wege im spanischen und portugiesischen Kolonialreich die Debatte um die *missa nautica* erneut. Obwohl seit der Messreform Pius' V. praktisch verboten, erhielt Portugal 1604 unter Clemens VIII. noch einmal das Privileg, auf den Seefahrten nach Ostindien nautische Messen zu feiern. Die einzige reguläre Möglichkeit, unterwegs das Sakrament zu empfangen, blieb also weiterhin, irgendwo an Land zu gehen und dort die Messe zu feiern. Aber das war in der Fremde unter Umständen noch gefährlicher.[112] In der Anfangszeit lebten und starben die spanischen und portugiesischen Seefahrer wohl meist ohne Sakramentenempfang.

Asien – nur Huhn, Fisch und Reis

Die Probleme unterwegs wurden von denen in den fremden Ländern noch übertroffen. Besonders schwierig war die Situation im portugiesischen Ostindien, in das seit etwa 1500 Missionare entsandt wurden und wo man auf Kulturen traf, die der eigenen mindestens ebenbürtig waren. Dennoch kam schon bald die Frage auf, ob man den Neubekehrten in Indien und China die Eucharistie spenden dürfe. Der Jesuit Nicolo Lancilotto sprach sich in den 1540er-Jahren energisch dagegen aus, weil die Inder das Sakrament nicht verstehen könnten.[113] Francisco Xavier, der «Apostel Asiens», scheint an der Fischerküste von Ceylon die Kommunion nicht gespendet zu haben, weil es unmöglich sei, in der Tamilsprache die erhabenen Geheimnisse der Eucharistie zu erklären.[114] Und noch Mitte des siebzehnten Jahrhunderts bezweifelten die Theatinerbrüder in Indien, ob die «Eingeborenen» überhaupt die Eucharistie empfangen sollten.[115] Abgesehen vom offensichtlichen Rassismus vieler Europäer könnte diese Ablehnung auch damit zusammenhängen, dass die eucharistische Materie schon für die europäischen Christen kaum ausreichte. Wein und Weizenmehl waren in Südostasien unbekannt und konnten, anders als später in Mittel- und Südamerika, auch nicht angebaut werden. Francisco Xavier verlangte 1545 in einem Brief an den Jesuitengeneral Ignatius von Loyola, Missionare für Indien müssten jung, stark und gesund sein, denn in Asien gebe es nur Reis, Fisch und Huhn zu essen und nirgends Brot und Wein.[116]

Die nestorianischen Thomaschristen, die schon seit der Spätantike im Südwesten Indiens lebten, dem armenischen Patriarchen unterstanden und der syrischen Liturgie folgten, hatten über Jahrhunderte gelernt, sich anderweitig zu behelfen:[117] Die Diakone backten unter Psalmengesang gesäuertes Brot aus Reismehl mit Öl und Salz. Das Brot wurde den Gläubigen nicht auf einer Patene, sondern auf einem frischen Lotusblatt gereicht. Wein wurde hergestellt, indem man Rosinen, die aus Mekka, Hormuz oder China eingeführt wurden, in Wasser einweichte und auspresste. Wo dies nicht möglich war, scheinen die Thomaschristen, wie westliche Beobachter entgeistert berichten, Palmwein aus Kokosmilch für die Eucharistie verwendet zu haben.[118]

Schon bald begannen die Portugiesen, die Thomaschristen der römisch-katholischen Kirche zu unterstellen. 1533 gründeten sie die

Diözese Goa, die sich vom Kap der Guten Hoffnung über ganz Indien bis nach China erstreckte. Seitdem konnte die Verwendung von einheimischen Materien ernste Folgen haben: Die Priesterweihen, die der Bischof der Thomaschristen Mar Abraham in den 1580er-Jahren vorgenommen hatte, wurden von dem katholischen Erzbischof von Goa annulliert, weil in den Kelchen, die er den Neuordinierten überreicht hatte, kein echter Wein gewesen war.[119] Die von diesen Priestern gespendeten Sakramente wurden nachträglich für ungültig erklärt. Durch die Beschlüsse der Provinzialsynode von Diamper 1599 wurde den Thomaschristen vom Erzbischof von Goa der tridentinische Ritus aufgezwungen, so dass die einheimischen Mahlbräuche nach und nach ganz verschwanden.

Die portugiesische Mission Ostasiens war für die Feier der Eucharistie jedoch vollständig auf Importe aus Portugal angewiesen. Eine Schiffsreise um Afrika herum und über den Indischen Ozean nach Goa, der Hauptstadt von Portugiesisch-Ostindien, dauerte im besten Fall ein Jahr. Dennoch wurden der Bischof von Goa und die seit 1501 in Indien ansässigen Franziskaner auf Kosten der Krone regelmäßig mit Messwein aus Portugal beliefert. 1549 bat der Jesuit Francisco Xavier in einem Brief aus Cochin an der indischen Südwestküste seinen Ordensbruder Simon Rodriguez in Lissabon, «zum Gebrauch für die Messen acht oder zehn Fässer Wein»[120] zu besorgen: Die Gefährten in den Missionsstationen in Malakka, Cormorin, Cocotora und Maluco hätten «keinen Wein außer dem, welcher aus Indien geliefert» werde.[121] Langfristig solle man sich dafür einsetzen, dass auch das Jesuitenkolleg in Goa Wein auf öffentliche Kosten geliefert bekomme, der dann an die anderen Missionare weitergereicht werde.[122] Tatsächlich erhielt das Kolleg seit 1554 jedes Jahr zwei Fässer Wein für den liturgischen Gebrauch aus Portugal.[123] Dass dieser Wein nach der langen Reise um Afrika herum noch genießbar war und den Ansprüchen der römischen Ritenkongregation entsprach, darf allerdings bezweifelt werden.

Die noch entfernter liegenden Außenposten der Mission erhielten gar keine eucharistischen Materien mehr. In Japan musste in den

Brot und Wein des Glaubens

Zu den Absonderlichkeiten der «Barbaren aus dem Süden» gehörten ihre merkwürdigen Riten. Auf Kano Naizens um 1600 entstandenem Wandschirm zelebriert ein missmutiger portugiesischer Priester in Japan mit einer riesigen Hostie, die wer weiß woher kommt.

1550er-Jahren die kanonisch vorgeschriebene Salbung der Täuflinge, ja sogar die letzte Ölung jahrelang ausfallen, bis endlich einige Franziskaner etwas Wein, Weizen und Salböl aus Manila mitbringen konnten.[124] Der Jesuit Gaspar Vilela, der seit 1557 in Japan missionierte, konnte selbst in der Hauptstadt Kyoto über ein Jahr lang keine Messe feiern, weil er keine Utensilien und Materien besaß.[125] Erstaunt und fasziniert hielt der japanische Maler Kano Naizen um 1600 die merkwürdigen Gebräuche der «Barbaren aus dem Süden» auf einer berühmten Reihe von Wandschirmen fest. Auf einem feiert ein Priester im Messgewand die Eucharistie mit einer überdimensionierten Hostie, die beinahe so groß ist wie ein Brot. Das dürfte weniger der Realität entsprechen als der Verwunderung des japanischen Betrachters über die abstrusen Zeremonien der Fremden, die ihrem Gott fremdartige Nahrungsmittel opferten.

Anders verhielten sich die Dinge in China. Weizen, der für Nudelteig verwendet wurde, war in Nordchina nicht unbekannt, aber erst seit dem sechsten Jahrhundert kam gebackenes Weizenbrot nach China, wo es zunächst als kulinarisches Exotikum von zentralasiatischen Köchen in den großen Städten verbreitet wurde.[126] Die Weinrebe war sogar schon im Jahre 128 vor Christus durch den General Zhang Quian nach China eingeführt worden, der auf eine jahrelange militärisch-diplomatische Expedition geschickt worden war, um die westlich gelegenen Völkerschaften zu erkunden. Eine ihrer zivilisatorischen Errungenschaften schien ihm der Weinbau zu sein.[127] Zhang schickte Samen und Setzlinge von Persien nach China, doch der Weinbau breitete sich in China nur ganz vereinzelt aus. Getrocknete Weintrauben wurden von China aus sogar nach Indien exportiert, doch Traubenwein blieb bis weit in die Frühe Neuzeit ein Kuriosum, das mit der Exotik fremder Völker assoziiert wurde, die gelegentlich ihren Tribut an den Kaiserhof in Wein zahlten.

Die Elemente für eine christliche Eucharistie waren in China also vorhanden. Dafür haperte es bei der Mission.[128] Über Jahrzehnte scheiterten Missionsversuche an den fest gefügten Traditionen der Chinesen, die sich allen ausländischen Neuerungen überlegen fühlten. Erst dem Jesuiten Matteo Ricci (1522–1610) gelang es, dauerhafte Missionsstationen zu errichten. Riccis Erfolg beruhte vor allem auf seiner geschmeidigen Anpassung an die chinesischen Sitten und Gebräuche. Er studierte konfuzianische Philosophie, kleidete und gab sich wie ein konfuzianischer Gelehrter und passte sogar seine theologische Terminologie den chinesischen Traditionen an. Diese Anpassung führte zwar zum jahrzehntelangen «Ritenstreit» in der katholischen Kirche, doch nicht zu massenhaften Bekehrungen oder der Gründung einer chinesischen Kirche. Taufen blieben selten, so dass sich auch das Problem der korrekten Eucharistiematerie kaum stellte.

Alte Götter und neue Speisen

Während das Christentum in Ostindien ein Fremdkörper blieb, wurde es in den neuspanischen Kolonien «Westindiens» die dominante Religion, die auch die Ernährungsgewohnheiten des Kontinents grundlegend beeinflusste. In der neuen Welt gab es zunächst scheinbar unbegrenzt Indios. Man war sich prinzipiell einig, dass sie Menschen waren und der christlichen Wahrheit zugeführt werden mussten. Ebenso einig war man sich allerdings auch, dass bei der Masse dieser Nichtchristen «der Geist sich kaum ein Fingerbreit vom Boden erhebe».[129] Bis ins achtzehnten Jahrhundert blieb deshalb umstritten, ob und wie man die Indios zur Eucharistie zulassen dürfe. Am tolerantesten waren die Augustiner: Sie ließen alle Indios zum Abendmahl zu, die seit vier oder fünf Jahren regelmäßig zur Beichte gingen und «das eucharistische vom gewöhnlichen Brot unterscheiden können».[130] Die Dominikaner dagegen bezweifelten, dass Indios überhaupt Menschen seien.[131] Sie schlossen noch 1560 selbst die Frömmsten vom Abendmahl aus, mit der Begründung, sie seien wegen ihrer eklatanten Unbildung und kindlichen Sinnesart gar nicht in der Lage, die Größe und Heiligkeit des Sakraments zu erfassen. Wer wiederholt sündigte, wurde sogar von der Beichte ausgeschlossen und damit der ewigen Verdammnis anheim gegeben.

Dabei waren viele Indios auf die Lehre von der Verwandlung eines Brotes in eine Gottheit durchaus vorbereitet.[132] Die Azteken verstanden die Opferung von Kriegsgefangenen oder Sklaven selbst als eine Form der Transsubstantiation: Im Moment seiner Opferung wurde der Geopferte vergöttlicht, und sein Tod war zugleich der Tod der Gottheit, die sich vom Opfer nährt und in ihm stirbt, so dass sie neu erstehen kann. Teile des geopferten Menschen wurden mit Mais und Bohnen gekocht und von den Priestern und ausgewählten Adligen rituell verspeist, um Anteil an der Gottheit zu ge-

Streit um den Leib Gottes

Der alttestamentliche Hohepriester Melchisedek wurde in der christlichen Ikonografie als Typologie des wahren Hohepriesters Christus gedeutet. In Mexiko bringt Melchisedek einen Krug Wein und einen Stapel Maistortillas.

winnen. Die Opferspeise, die die Götter und die Menschen nährte, wurde auch als *tlaxcalli* (Tortilla) bezeichnet, also mit dem gleichen Begriff wie jener Fladen aus Maismehl, der die tägliche Nahrung der Indios darstellte. Von da aus war es kein weiter Weg zu der Lehre christlicher Priester, in einer kleinen Scheibe aus Weizenmehl befinde sich der gekreuzigte Sohn Gottes.

Zu einem anderen Ritus der Azteken gehörte nach Auskunft europäischer Augenzeugen, eine Figur des Gottes *Tezcatlipoca* aus

Maismehl und menschlichem Blut zu schaffen, die in kostbare Gewänder gehüllt in einer Prozession durch die Straßen getragen und verehrt wurde. Schließlich wurde sie zerteilt und von Priestern, Adligen und den jungen Männern, die die Figur geschaffen und getragen hatten, rituell verzehrt. In solchen Riten sahen die Missionare den Beweis, dass die Indios in früherer Zeit – vermutlich vom Apostel Thomas – zum Christentum bekehrt worden, dann aber von der Reinheit des Glaubens abgefallen waren, so dass ihre Religion nur noch ein satanisches Zerrbild der christlichen Riten war, von dem sie zur Wahrheit zurückgeführt werden mussten.

Die Verbindung zwischen der Gottheit und ihrer Repräsentation in einem Stück Brot war durch die Tradition bereits gegeben, und die Missionare konnten zur Erläuterung der Eucharistie an diese Vorstellungen anknüpfen: Die Hostie wurde ihrer Substanz und Form nach als Tortilla (*tlaxcalli*) verstanden. Da sie zugleich göttlich (*teo*) sei, wurde sie als «göttliche Tortilla» (*teotlaxcalli*) bezeichnet. *Wie* die Gottheit in dem Brot präsent war, war umstritten, aber die Missionare entwickelten viel Phantasie bei dem Versuch, es den Neuchristen zu erklären: Einer verglich die konsekrierte Hostie mit einem befruchteten Ei, das in sich ein ganzes lebendiges Huhn enthält. Andere verglichen die Hostie mit den Spiegeln, die im Ritus der Azteken das Licht der göttlichen Sonne gesammelt und auf die Erde gelenkt hatten. Auch die Hostie sei wie jener Spiegel, der die Sonne der Gottheit ganz widerspiegele. Auf vielen Kreuzen wurde Christus daher als runder Spiegel in Form einer überdimensionalen Hostie dargestellt.[133]

In der Lehre konnte man an die aztekischen Maistortillas anknüpfen. Liturgisch war das jedoch nicht möglich, weil die Verwendung von landesüblichen Getreiden seit den Beschlüssen des Konzils von Florenz ausgeschlossen war. Mais galt nicht einmal als Getreide, da er keine Ähren besitzt. Daher wiesen spanische und neuspanische Theologen des siebzehnten Jahrhunderts immer wieder darauf hin, dass Mais, selbst gemischt mit Weizen, keine gültige eucharistische Materie sei, auch nicht, wenn er das «tägliche Brot»[134]

Streit um den Leib Gottes

149

Pessach in den Anden: Der Quechua-Künstler Marcos Zapata serviert auf dem Tisch von Jesu letztem Abendmahl unter anderem Maiskolben und ein gebratenes Meerschweinchen. Gemälde in der Kathedrale von Cuzco, 1753

war und anderes Getreide nur aus dreißig Leguas Entfernung (ca. 170 Kilometer) herangeschafft werden konnte.[135]

Das war so unstrittig, dass in den neuspanischen Konzilien der Frühen Neuzeit die Frage der Materie nirgends verhandelt werden musste.[136] Wenn in der Kathedrale von Cuzco auf dem Tisch des letzten Abendmahls Avocados, Maiskolben und Passionsfrüchte stehen und Jesus ein gebratenes Meerschweinchen serviert wird, so belegt auch dieses berühmte Beispiel eben *keine* indigenen Abendmahlsliturgien in Peru.[137] Jesus hat den Kelch vor sich und mit der linken Hand das Brot ergriffen: Wie in der europäischen ikonographischen Tradition wird die Stiftung des Sakramentes in den Rahmen eines abendlichen Mahles gesetzt, aber deutlich von ihm unterschieden.[138] Dass hier im Rahmen einer eucharistischen Darstellung ein Meerschweinchen serviert wird und dergestalt auf indigene Speisegewohnheiten eingegangen wurde, belegt schließlich nur eins – dass der Kampf um die Anerkennung der Indios als Menschen und Christen endlich beendet war.

Die Elemente Weizen und Wein mussten zunächst noch aus dem Mutterland herbeigeschafft werden. Doch Mehl hielt sich an Bord der Schiffe nicht lang genug, um nach monatelanger Überfahrt noch in der Messe verwendet zu werden.[139] Weizen wurde in der Neuen Welt zwar seit den 1530er-Jahren in Zentralmexiko und kurz darauf auch von den Franziskanern in den Hochtälern um Quito angebaut, doch das schnelle Verderben des Getreides in dem feuchten Klima blieb ein großes Problem.[140] Von Quito musste das Mehl in einem zweimonatigen Fußmarsch über Berge und durch Flüsse zur Verschiffung an die Westküste oder zu den Missionsstationen am Amazonas gebracht werden. Wenn es dort ankam, war es oft verschimmelt und deshalb für die Messe unbrauchbar, bis man auf die Idee kam, das Mehl in geräucherten (das heißt wohl durch Feuer desinfizierten) Töpfen zu transportieren, so dass der Leib Gottes einen etwas rauchigen Beigeschmack bekam. Im Süden war erst ab den gemäßigten Zonen wie Paraguay Weizenanbau möglich. Die Versorgung in den Tropen blieb schwierig. Noch im Jahr 2013 meldete die Bischofskonferenz von Venezuela, aufgrund der Wirtschaftskrise, die keine Importe mehr erlaube, werde die Versorgung mit Hostien knapp. Eine Sprecherin der Liturgiekommission gab bekannt, «möglicherweise müsse man zu Ersatzhostien aus Maismehl greifen»[141] – was ein klarer Verstoß gegen geltendes Kirchenrecht wäre.

Auch die Versorgung mit Messwein blieb über Jahrhunderte ein Problem. Bereits 1524 erließ Cortés den Befehl, auf jedem der seinen Konquistadoren zugewiesenen Landgütern pro hundert Indios tausend Weinstöcke zu pflanzen, und 1531 schrieb ein Erlass der

Vom Heilsspender zum Schattenspender: In den kalifornischen Missionsstationen reichte es oft, nur einen Weinstock zu pflanzen. Der Weinstock in San Gabriel hat die Größe eines Baumes erreicht und ist zur Touristenattraktion geworden.

Krone jedem Auswanderer vor, in die westindischen Kolonien eine Weinrebe mitzunehmen, um die Versorgung mit Messwein zu sichern.[142] Doch die Versorgung mit Setzlingen aus Spanien blieb unzuverlässig.[143] Die Reben, die die Einwanderer mitbrachten, stammten von den Kanarischen Inseln, wo die Schiffe nach Neuspanien Wasser und Lebensmittel bunkerten. Die dortigen Sorten Cereza und Criolla waren zwar sehr widerstandsfähig, doch konnte man aus ihnen nur einen ganz anspruchslosen, leichten, hellroten Wein keltern. Da sie vor allem die Versorgung mit Messwein sicherstellen sollten und deshalb zunächst in den Missionsstationen kultiviert wurden, wurden diese Sorten als «Missionstrauben» bekannt. Praktisch alle Reben, die bis Mitte des neunzehnten Jahrhunderts in Südamerika, Mittelamerika und Kalifornien gepflanzt wurden, waren Cereza und Criolla.

Von Zentralmexiko verbreiteten sich diese Weinsorten mit den Missionaren nach Westen und Norden, wobei von geregeltem

Weinbau noch keine Rede sein konnte. Die Missionsstationen, die im siebzehnten Jahrhundert entstanden und bis 1683 die Westküste erreichten, pflanzten in ihren Höfen meist eine einzelne Rebe an, die in günstigem Klima oft riesig aufwuchs und den Bestand an Messwein für ein Jahr sicherstellte. Wein war an den Missionsgrenzen des Christentums also noch lange Zeit kein Konsumgut, sondern hochspezialisierte sakramentale Materie. 1697 erreichten die ersten Jesuiten Baja California und begannen auch dort vereinzelt mit dem Weinbau.[144] Erst siebzig Jahre später wurden die ersten Missionsstationen im heutigen Kalifornien gegründet, die zunächst mit Wein aus Mexiko beliefert wurden, aber schon 1779 begann der Franziskaner Juniper Serra mit eigenem Weinbau in Kalifornien.[145] Als die Missionsstationen der Franziskaner 1833 durch Mexiko säkularisiert wurden, gingen die Weingüter in die Hand privater Weinbauern über, und die Erfolgsgeschichte des kalifornischen Weinbaus begann. Kalifornien zeichnete sich gegenüber allen anderen Anbaugebieten in Nordamerika dadurch aus, dass hier europäische Trauben gediehen[146] – bis die Reblaus 1864 von der Ostküste der USA auch in Kalifornien eingeschleppt wurde und hier (wie in der gesamten nördlichen Hemisphäre) innerhalb weniger Jahre den Weinbau fast völlig auslöschte.

In Südamerika gelang es um 1550 in den hochgelegenen Gebieten um die alte Inkahauptstadt Cuzco, Weinreben anzupflanzen.[147] Doch Wein blieb so teuer und selten, dass Jerónimo de Loaysa, der erste Erzbischof von Lima, 1554 die Stadt durchsuchen und alle Bestände konfiszieren ließ, um die Messe feiern zu können. Um möglichst lange über die Runden zu kommen, konsekrierte er den Wein dann nur tropfenweise.[148] Weiter im Süden war es einfacher: Der Eroberer Chiles, Pietro di Valdivia, hatte 1545 bei Pizarro noch Waffen, Rüstungen und Messwein bestellen müssen, aber schon 1554 wurden die ersten Reben nach Chile eingeführt, das sich dann für den Weinbau als bestens geeignet erwies.[149]

Doch der Weinbau hatte auch seine Feinde. Als die Mapuche in Südchile sich 1564 zum wiederholten Male gegen die spanische

Herrschaft erhoben, verwüsteten die Aufständischen als erstes die Weinberge der Eroberer: um sie wirtschaftlich zu treffen, aber auch als Symbol ihres Kampfes gegen den fremden Gott, in dessen Namen sie regiert und ausgebeutet wurden und der sich in Wein und Weizenbrot manifestierte.[150] Sogar von den Verfechtern des christlichen Glaubens drohte dem Weinbau Gefahr. Kein geringerer als Philipp II. erließ 1595 ein Edikt gegen den weiteren Weinbau in Neuspanien, um die heimische Weinindustrie zu schützen, die lange vom Export nach Neuspanien profitiert hatte.[151] Wie erfolgreich diese (immer wieder erneuerten) Gesetze waren, ist unklar, immerhin musste 1633 die spanische Krone für 300 000 Dukaten Wein kaufen, damit in den Klöstern Neuspaniens überhaupt noch die Messe gefeiert werden konnte.[152] Wein blieb aber vor allem im tropischen Mittelamerika ein teures Importgut. Noch im achtzehnten Jahrhundert wurde selbst in großen Bischofssitzen wie Cartagena de Indias nur in einer einzigen Kirche regelmäßig die Eucharistie gefeiert, weil Wein fehlte, und dasselbe Problem stellte sich, wie gesehen, noch 2013 in Venezuela.[153]

Eine böse Überraschung

Ganz andere Probleme hatten die orthodoxen Kirchen des Ostens. Nachdem Kiew 1321 an Litauen und Konstantinopel 1453 an das Osmanische Reich verloren gegangen waren, erklärte sich Moskau zum letzten Bollwerk der Orthodoxie. Westliche Besucher Moskaus, wie der kaiserliche Gesandte Sigmund von Herberstein oder der gelehrte Diplomat Adam Olearius, berichteten voller Befremden über das Russische Reich mit seinen exotischen religiösen Traditionen. Noch immer standen hier Fragen der rituellen Reinheit beim Abendmahl im Vordergrund der theologischen Debatten. Herberstein bemerkte 1517 erstaunt, dass das Brot einen Stempel trug, nur das Stück mit dem Stempel konsekriert, im Kelch mit Wein vermischt und dann mit einem Löffel gereicht wurde.[154] Olearius hielt 1634 fest, dass in der russischen Kirche nur roter Wein verwendet werde, das Brot ausschließlich von Priesterwitwen gebacken werde und die Größe eines halben Reichstalers hatte.[155]

Wenige Jahre später begann der Moskauer Patriarch Nikon (1605–1681), die russische Liturgie zu reformieren und an die Traditionen der griechischen Mutterkirche anzupassen.[156] Seine 1655 begonnenen Reformen scheinen aus heutiger Sicht äußerst moderat. Die Schreibweise einiger liturgischer Begriffe wurde geändert, die Bekreuzigung sollte nicht mehr mit drei, sondern mit zwei Fingern geübt werden, es sollten nur noch vier statt siebzehn Kniebeugen durchgeführt werden und Ähnliches. Zu diesen Reformen gehörte auch die Vorschrift, nicht mehr sieben, sondern nur noch fünf Prosphora zu konsekrieren. Für die Traditionalisten aber schien es, «daß es Winter werden will. Das Herz gefror und die Füße zitterten».[157]

Während die russische Kirche über diesen Neuerungen in einem Schisma *(raskol)* zerfiel, kam es in der ukrainischen Orthodoxie, die seit dem späten sechzehnten Jahrhundert dem Papst in Rom unterstand, zu einer intensiven Auseinandersetzung mit der katholischen Theologie. Die prägende Gestalt war der Archimandrit des Kiewer Höhlenklosters Petr Mogila (1596–1647). Selbst zur alten Orthodoxie gehörend, war er überzeugt, dass sie sich mit der katholischen Theologie auseinandersetzen müsse, wenn sie weiter bestehen wollte. Seine Revision der liturgischen Vorschriften in dem Werk *Trebnik* wurde 1640 in der ukrainischen Kirche offiziell anerkannt, und nach der Wiedervereinigung der Ukraine mit dem Zarenreich 1654 setzten sich seine Schriften auch in der russischen Kirche durch.[158] In Mogilas *Trebnik* findet sich zum ersten Mal in der russischen Orthodoxie eine ausdrückliche Anweisung zur äußeren Gestalt von eucharistischem Brot und Wein:[159] Demnach sind nur Weizenbrot und Traubenwein «die Materie für das Geheimnis von Leib und Blut Christi» und nicht etwa «Säfte aus anderen Früchten wie Äpfel, Birnen, Kirschen, Himbeeren und Ähnlichem». Der Wein solle zudem rein sein und nicht gemischt mit anderem Getränk. Ein Priester, der mit anderen Materien zelebriere, versündige sich und müsse suspendiert werden, «weil das Sakrament unwirksam wird». Diese Klarstellung wurde 1699 auch in das liturgische Buch des Patriarchats Moskau übernommen.[160]

Die Regelung galt in der russischen Kirche unangefochten bis 1917. Nach dem Ende der Zarenherrschaft in der Februarrevolution 1917 trat unter der Übergangsregierung im August 1917 ein lange erwartetes Landeskonzil der orthodoxen Kirche Russlands zusammen.[161] Angesichts der Hungersnot am Ende des Ersten Weltkriegs kam die Frage auf, ob man die Eucharistie nicht auch mit anderen Elementen als Weizenbrot und Traubenwein feiern könne, die praktisch unerschwinglich waren. Eine Kommission beauftragte den Liturgiehistoriker Iwan Karabinov mit der Untersuchung der Frage. Zum allgemeinen Erstaunen stellte er fest, dass die Regelungen des russischen *Trebnik* keineswegs uralt waren, sondern aus den Schriften des Ukrainers Mogilas stammten, der sie seinerseits (nur leicht abgewandelt) aus dem römischen Messkanon von 1570 übernommen hatte![162] Die Erkenntnis, dass man seit fast dreihundert Jahren nach den Vorschriften der häretischen katholischen Kirche verfahren war, löste bei den Konzilsvätern nicht geringe Bestürzung aus, und Karabinov bemühte sich nachzuweisen, dass die römischen Regelungen ganz und gar mit den Zeugnissen der Ostkirche übereinstimmten. In der Sachfrage empfahl er, bei Weizenbrot und Traubenwein zu bleiben, aber mit nur einer Prosphora zu feiern, die auch deutlich kleiner ausfallen dürfe.[163]

Die Oktoberrevolution, die wenige Wochen später ausbrach, verschlechterte die Versorgungslage der russischen Bevölkerung aber so dramatisch, dass sich das Konzil im Dezember 1917 zu einem dramatischen Schritt durchrang: Die russische Kirche brach offen mit ihrer Tradition, und zum ersten Mal seit der Spätantike erlaubte eine orthodoxe Kirche, dass die allerheiligste Eucharistie mit anderen Substanzen wie Roggenbrot sowie mit Traubensaft oder Wein aus Äpfeln, Birnen, Kirschen, Himbeeren und Ähnlichem gefeiert werden dürfe.[164] Was die islamische Expansion, die Kreuzzüge und die Mongolenstürme, der Untergang Konstantinopels, die Türkenkriege und die russischen Thronwirren, das russische Schisma und die Aufklärung nicht geschafft hatten, schaffte die Russische Revolution. Der Damm war gebrochen.

Theorie und Praxis der Lutheraner

Bei den Lutheranern lagen solche Kämpfe schon lange zurück. Schon die Lehrbücher der lutherischen Orthodoxie sahen auf den Streit zwischen Anhalt und Kursachsen entspannt zurück: Für Johann Gerhards *Loci Theologici* (1622) waren Wein und Brot zwar die einzig zulässigen, weil von Christus gestifteten Elemente.[165] Ob ungesäuertes oder gesäuertes Brot benutzt werden sollte, war eine Gewissensfrage, die jedem selbst überlassen blieb. Nur der Versuch der Calvinisten und der Katholiken, daraus einen Zwang zu machen, wurde abgelehnt. Hostien in Form «runder Scheibchen» zu verwenden war *rechtens*, weil sie der Materie nach echtes Brot sind, und *sinnvoll*, weil sie sich zur Austeilung besser eignen als normales Brot. Die Mischung des Weines wurde nicht abgelehnt, auch wenn der Brauch sich durch die Schrift nicht belegen lasse und erst unter Papst Alexander I. aufgekommen sei, um die stärkeren Weine des Orients zu «temperieren».[166] Die entschiedene Verteidigung der christlichen Freiheit, die ebenso entschieden nur im Sinne der lutherischen Tradition ausgelegt wurde, blieb die Position der lutherischen Theologie.

Dennoch näherten sich im Laufe des siebzehnten Jahrhunderts die Lutheraner immer mehr an calvinistische Gebräuche an. In einigen Territorien wie Ostfriesland war es die Nachbarschaft zu calvinistischen Gemeinden, die die Übernahme von Brot bewirkte,[167] in anderen Territorien die pure Not: In dem von Truppen Wallensteins und Tillys im Dreißigjährigen Krieg völlig verwüsteten Kursachsen gingen viele Pfarrer dazu über, mangels Hostien normales Brot zu konsekrieren, und viele Gemeinden behielten diesen Brauch in Friedenszeiten bei, weil «ihnen solches viel besser als die Hostien zu seyn gedeucht».¹⁶⁸ Dies nicht zuletzt, weil die extrem dünnen Hostien («dünne als ein Mon-Blätlein») bei Gottesdiensten unter freiem Himmel vom Wind weggeweht werden konnten.¹⁶⁹ 1734 wurde in Preußen vorgeschrieben, dass die Hostien mindestens so dick sein mussten wie ein Messerrücken, und im Laufe der Zeit mehrten sich Stimmen, die den Gebrauch von Brot forderten.¹⁷⁰

Unter solchen Umständen zeigte die Theologie um 1700 kaum noch Verständnis für die alten Streitigkeiten. Der Dogmatiker David Hollatz hatte 1707 für die vorangegangenen Diskussionen nur noch ein kühles «nihil interest»¹⁷¹ – interessiert nicht – übrig. Die Theologie der Aufklärung sah das genauso. Für Wilhelm Abraham Teller, der mit seinem *Lehrbuch des christlichen Glaubens* von 1764 die erfolgreichste Dogmatik der deutschen Aufklärungstheologie schuf, ist es egal, ob der Wein rein oder gemischt ist und das Brot rund oder lang, gebrochen, geschnitten oder ganz: «Wenn Brod und Wein, die ordentlichen Früchte der Erde und des Weinstocks, aufgesetzt und zugleich ausgetheilt werden, so ist die Vorschrift des Erlösers erfüllt und das Uebrige der Willkühr der Christen überlassen und sollte keine Gemeinde deswegen der andern einen Vorwurf machen.»¹⁷² Dennoch hält auch der Aufklärer im Gegensatz zu den «orientalischen Völkern» am gemischten Wein und an der ungesäuerten Hostie fest, die er als «Beweis des Nachgebens in gleichgültigen Ceremonien»¹⁷³ gegenüber der katholischen Kirche interpretierte.

Je unwichtiger der Streit um das Abendmahlsbrot für die Gegenwart angesehen wurde, desto mehr wurde das Thema ein Gegenstand für die Historiker. Seit etwa 1670 entstanden die ersten Studien zur Geschichte der Abendmahlsmaterien.¹⁷⁴ Die Kontroverstheologie endete in ihrer eigenen Historisierung.

Verbrechen und Sittsamkeit

Im Laufe des achtzehnten Jahrhunderts mischte sich aber ein neuer Ton in die Debatte. Es war die volksaufklärerische Sorge um die Gesundheit, die Vernünftigkeit und den sittlichen Anstand bei der

158 Feier des Abendmahls. Der streng lutherische Theologe und Büchersammler Johann Friedrich Mayer hatte 1720 eine (wohl ironisch gemeinte) Spezialstudie über vergiftete Hostien und Kelche in der Geschichte publiziert.[175] Während das Mittelalter vor Giftmordversuchen durch Kelche und Hostien offenbar nur so strotzte, schien das Thema für die aufgeklärte Gegenwart eigentlich passé zu sein – bis sich ein Verbrechen ereignete, das in Windeseile in ganz Europa bekannt wurde.[176]

Am Buß- und Bettag 1776 hatte der Hauptpfarrer der Zürcher Hauptkirche Johann Rudolf Ulrich seinen Gläubigen einen Abendmahlskelch gereicht, dessen Wein offenbar in der Nacht zuvor vergiftet worden war. Mehrere Gottesdienstbesucher wurden schwer krank, einer der Vergifteten starb wenige Tage darauf. Der Einbrecher war auf mysteriöse Weise in die Kirche eingedrungen, ohne Spuren zu hinterlassen, so dass der Verdacht auf die Mitglieder des Pfarrkapitels fiel. Das Verbrechen sorgte europaweit für Aufsehen. Lavater, Herder und Spalding diskutierten über das radikale Böse und die Chemie der Weinherstellung. Das Verbrechen wurde schließlich dem querulantischen Pfarrer Johann Heinrich Waser angehängt, der ein falsches Geständnis ablegte und am 27. Mai 1780 in Zürich geköpft wurde. Jahre später stellte sich heraus, dass die Analysen, die der lokale Chemiker Johannes Gessner seinerzeit vorgenommen hatte, höchst dilettantisch gewesen waren: Der Tote war in Wirklichkeit einem langjährigen Herzleiden erlegen, die krankheitserregenden Stoffe hatten sich von selbst gebildet und waren auch keineswegs tödlich gewesen.[177]

1785 wurde erstmals die Hygiene des Abendmahls in Frage gestellt. Obwohl man wenig über die Ansteckungswege wusste, waren schon zu Beginn des siebzehnten Jahrhunderts an einigen Orten Gläubige, die an sichtbaren Krankheiten oder ekelerregenden Hautausschlägen litten, nicht zum gemeinsamen Kelch zugelassen worden. In manchen Orten mussten Kranke das Abendmahl gesondert zu sich nehmen, andernorts galt die Anweisung, den gemeinsamen Kelch zu drehen und abzuwischen.[178] Im Rahmen der Volksaufklärung wurde nun der gemeinsame Kelch als drängendes Problem entdeckt. Zunächst erschienen einige anonyme Schriften, die eine Verbindung zwischen Abendmahlskelch und Seuchengefahr nahelegten. Der Jenaer Arzt Christian Gottfried Gruner trat 1785 mit einer Schrift hervor, in der er behauptete, Skorbut, Krätze, Krebs und Schwindsucht würden durch den Kelch verbreitet.[179] Zur Bemäntelung seiner eigenen Angst argumentierte er, es sei Rücksicht auf die Kranken zu nehmen, die sich schämten, am Abendmahl teilzunehmen. Ein Lehrer am Dessauer Philanthropin, einer frühen Reformschule im Geiste der Aufklärung, Karl Spazier, ekelte sich grundsätzlich vor dem gemeinsamen Kelch: «Nun frage ich jeden von einiger Delikatesse des Gefühls, ob es etwas Angenehmes seyn kann, eine Stelle des Kelches mit den Lippen zu berühren, welche vor ihm schon wer weiß wie viele, und eben jetzt erst mehrere Personen an ihren Mund gebracht haben, der vielleicht sehr unsauber, mit Speichel benetzt und übelriechend seyn kann.»[180] Und überhaupt sei es ordentlichen Gläubigen nicht zuzumuten, aus einem gemeinsamen Kelch zu trinken, denn es seien ja gerade «die liederlichsten Personen»,[181] die zum Abendmahl gingen, um sich dort ihre Sünden vergeben zu lassen. Deshalb sei es besser, wenn jeder seinen eigenen Abendmahlsbecher mitbringe, der in der Kirche aufbewahrt werde.

Der Göttinger Aufklärungstheologe Gottfried Leß hielt es dagegen für nicht nachgewiesen, dass man sich an gemeinsamen Gefäßen infizieren könne, und die besonders schwer Kranken gingen ohnehin nicht zum Abendmahl.[182] Ausgerechnet ein Mediziner, Balthasar Ludwig Tralles, behauptete schlankweg, von einem gemeinsamen Kelch gehe gar keine Gefahr aus. Sogar das Abwischen und Drehen des Kelchrandes solle unterbleiben, weil es für den vom Abendmahl Weggehenden beleidigend sei und das «Liebesmahl keine Gelegenheit zu Injurienprozessen»[183] geben dürfe. Erst im Rahmen der Kelchbewegung zu Beginn des zwanzigsten Jahrhunderts wurde aus solchen Gedankenspielen schließlich Ernst.

Das Normbrot der konfessionellen Einheit

Im Großen und Ganzen blieben die Konfessionen im achtzehnten Jahrhundert bei ihren Abendmahlsbräuchen. Die Frage nach dem richtigen Vollzug brach allerdings überall dort wieder auf, wo zwischen den protestantischen Konfessionen Unionen geschlossen werden sollten. Der Dreißigjährige Krieg hatte gezeigt, wie zerstörerisch die Teilung des Christentums werden konnte. Seit dem späten siebzehnten Jahrhundert gab es zunächst von gelehrter Seite, unter anderem Leibniz, erste Versuche, Katholiken und Protestanten wieder zu vereinen.[184]

Leichter überwindbar schien die innerprotestantische Spaltung in Reformierte und Lutheraner. Die Kurfürsten von Brandenburg, die 1613 auch wegen der Abendmahlsfrage calvinistisch geworden waren, regierten eine mehrheitlich lutherische Bevölkerung. Zunächst versuchten sie, durch Toleranzedikte, das Verbot von Kanzelpolemik, gemeinsame Liturgien und Kirchengebete den konfessionellen Frieden in ihrem Territorium zu wahren. Doch langfristig war eine echte Union beider protestantischen Konfessionen das Ziel der preußischen Könige. Nach dem Ende der Napoleonischen Kriege, die einen enormen Aufschwung erwecklicher Frömmigkeit, aber auch ein gesteigertes preußisches Nationalbewusstsein gebracht hatten, schienen die Voraussetzungen besonders gut, eine geeinte preußische Landeskirche zu gründen. 1817 regte Friedrich Wilhelm III. an, das Reformationsjubiläum am 31. Oktober mit einem gemeinsamen Abendmahl von Reformierten und Lutheranern zu begehen.

Der König plante, für die Feierlichkeiten eine einheitliche Liturgie ergehen zu lassen. Die wichtigste praktische Frage war, welches Brot verwendet werden sollte, das für Lutheraner und Reformierte gleichermaßen annehmbar war. Der Generalsuperintendent von Nassau, Friedrich Giese, der in seiner Kirche vor demselben Problem stand, kam auf die Idee, Brot und Hostie zu verbinden: Er ließ mit Eiweiß dünne Weißbrotscheiben zwischen zwei Oblaten kleben.¹⁸⁵ Eine Probe dieser merkwürdigen Kreation schickte er nach Berlin. Der König war nicht überzeugt und bestimmte am selben Tag höchstselbst, «der ursprünglichen Stiftung gemäß dabei das Brot und das Brechen desselben, wie es bisher in der reformierten Kirche Sitte war, zwar beizubehalten, aber in Annäherung an den Ritus der lutherischen Kirche diesem Brot eine runde Form, die der bisherigen Oblate, zu geben und durch zwei Einschnitte in Form eines Kreuzes das Brechen in jedesmal vier gleiche Stückchen zu erleichtern».¹⁸⁶ Auch wenn der König damit das alte römische *panis quadratus* erneuerte, war das keine überzeugende Idee, und man unterließ es, zum Brot Verbindliches zu erlassen. Eine aus diesem Anlass veröffentlichte Schrift des Berliner Kirchengeschichtsprofessors Philipp Marheineke appellierte an die christliche Eintracht der Gutwilligen, hatte aber ebenfalls keine praktischen Lösungen zu bieten.¹⁸⁷ Bei der zentralen Feier in der Berliner Nikolaikirche am 31. Oktober 1817 wurden von Propst Ribbeck schließlich große Hostien gebrochen, «aus runden dünnen ungefähr 3 Zoll im Durchmesser haltenden, und ½ Zoll dicken Scheiben»,¹⁸⁸ die offenbar aus Weißbrot ausgeschnitten waren.

Die übrigen Gemeinden im Königreich Preußen verfuhren nach Gutdünken. In den meisten Gemeinden Brandenburgs wurde weiter der lutherische Ritus verwendet, weil es in vielen Landstrichen ohnehin keine Reformierten gab. In den Gemeinden, in denen ein gemeinsamer Gottesdienst zustande kam, wurde am Altar meist Brot gebrochen, und im Seitenschiff wurden Hostien ausgeteilt. Nach dem Jubiläum kehrte jede Gemeinde wieder zu ihrem Brauch zurück.¹⁸⁹

Nachdem 1829 eine einheitliche evangelische Liturgie für ganz Preußen eingeführt worden war, schien das Jubiläum des Augsburger Bekenntnisses 1830 dem König der geeignete Anlass, um endlich auch das Brotproblem zu lösen: Die Idee war, jeweils zwei Oblaten so dicht nebeneinander zu backen, dass sie an den Seiten miteinander verbunden blieben, um dann in einzelne Hostien gebrochen zu werden. Versuchsreihen im Berliner Schloss, für die ein eigener Backofen eingebaut wurde, erbrachten schließlich ein zufriedenstellendes Ergebnis. Dem Berliner Fabrikanten Bese wurde ein Großauftrag erteilt und den Superintendenten im Juni 1830 empfohlen, sich für die Feierlichkeiten mit ausreichenden Vorräten zu versehen. Die sogenannte «Brillenhostie» zog viel Spott auf sich und verschwand sofort nach dem Jubiläum wieder in der Versenkung.[190] Auf weitere Versuche der Normierung des Abendmahlsbrotes verzichtete man. Die fabrikmäßige Herstellung eines «Normal-Brotes», die anlässlich der preußischen Liturgiereformen unternommen wurde, ließ jedoch erkennen, dass die Feier des christlichen Abendmahls in eine neue Epoche eingetreten war: in das Zeitalter seiner industrialisierten Fertigung.

2.
Der Leib Gottes im industriellen Zeitalter

– 1830 – 1970 –

Am Morgen des 12. Februar 1834 starb Friedrich Daniel Ernst Schleiermacher in seinem Haus in Berlin, der bedeutendste evangelische Theologe des neunzehnten Jahrhunderts. Sein Werk wurde zum Fundament der modernen Theologie, doch auch sein Sterben war ein Sinnbild eines neuen Zeitalters. Wie seine Witwe Henriette berichtete, hatte der geliebte «Schleier» in den letzten Augenblicken, seinem verehrten Sokrates nicht unähnlich, Familie und Freunde um sich geschart, um angesichts des Todes in sehr improvisierter Form das Abendmahl zu feiern. Da der Arzt, der wegen der Schmerzen Opium verabreicht hatte, Wein verboten hatte, segnete Schleiermacher Brot und Wein, teilte sie Familie und Freunden aus, nahm aber selbst nur einen Schluck Wasser, den er ebenfalls konsekrierte, im festen Vertrauen darauf, «daß der Herr Jesus auch das Wasser in dem Wein gesegnet hat».[1] Wenige Augenblicke später starb er.

Dass der bedeutendste Theologe seiner Zeit das letzte Abendmahl mit Wasser feierte, bedeutete nicht nur eine Rückkehr zu seinen reformierten Wurzeln, sondern war auch symptomatisch für das neunzehnte Jahrhundert. Während zweitausend Jahren war der Gebrauch von Brot und Wein im Christentum unproblematisch gewesen. Jetzt entwickelte sich eine tiefe Skepsis gegenüber beiden Nahrungsmitteln: aufgrund des technischen Fortschrittes wurde man misstrauisch gegen industriell gefertigtes Brot, von dem man nicht mehr genau wusste, was es enthielt. Und zugleich kam eine weltumspannende Antialkoholismusbewegung auf, die gegen den Wein polemisierte, von dem man allzu genau zu wissen meinte, was er enthielt. Die Elemente des Abendmahls und die Form ihrer Darreichung erschienen wie Relikte, die nicht mehr in ein modernes Zeitalter passen wollten.

Vom Kunstwein zur Pastoralchemie

Zwischen der Französischen Revolution 1789 und dem Ersten Weltkrieg 1914 verdoppelte sich die Bevölkerung Europas. In den deutschen Staaten verdreifachte sich die Einwohnerzahl im selben Zeitraum sogar fast.[2] Die Landwirtschaft konnte trotz rapider technischer Entwicklung lange nicht mit diesem Wachstum mithalten und genügend Lebensmittel liefern. Schwere Missernten verursachten zusätzlich bis in die zweite Hälfte des neunzehnten Jahrhunderts Knappheiten oder Hungersnöte. Dem Ausbruch des indonesischen Vulkans Tambora im Jahr 1815, dessen Aschewolken die Atmosphäre fast zwei Jahre verdunkelten, folgten 1816 und 1817 weltweit Missernten. Die europäische Kartoffelfäule ließ 1845 Hunderttausende allein in Irland verhungern.[3] Im selben Jahr vernichtete eine fast flächendeckende Mehltauinfektion den größten Teil der europäischen Weinernte, und nur ein Jahr später kam es nach wiederholten Getreidemissernten zu europaweiten Hungeraufständen, die sich mit der Revolution von 1848 verbanden. Ab 1865 vernichtete die Reblausplage innerhalb von zehn Jahren praktisch alle Weinanbaugebiete der nördlichen Hemisphäre.[4] Erst seit etwa 1870 konnte der Bedarf an Nahrungsmitteln im Prinzip wieder ausreichend aus der eigenen Landwirtschaft gedeckt werden.[5] Unter diesen Bedingungen war es das vordringlichste Ziel der Regierungen, die stetig wachsende Bevölkerung mit billigen, sättigenden, haltbaren, einfach zu beschaffenden und zu transportierenden Nahrungsmitteln zu versorgen. Die seit dem achtzehnten Jahrhundert entstehende moderne Chemie erlaubte es, die Prozesse der Lebensmittelproduktion immer besser zu verstehen.

Vorschläge zur Verbesserung der Lebensmittelversorgung waren bald Legion.[6]

Seit den 1830er Jahren wurden Nahrungsmittel für die städtische Bevölkerung erstmals in großem Umfang industriell hergestellt. Die schnell wachsende Unterschicht bildete den Absatzmarkt für Produkte wie «Kunstmilch», «Kunstwein» und «Luftbrot»,[7] während Erfindungen wie Backpulver, Fleischextrakt und Konservendosen Zeichen bürgerlichen Wohlstandes waren. Die Grenzen dessen, was noch als echtes Brot oder echter Wein gelten konnte, verschwammen, auch weil man Techniken erfand, mit denen sich Geschmack, Aussehen und Haltbarkeit der Produkte chemisch verbessern ließen.

Eine Herausforderung bestand darin, aus wenigem, schlechtem und saurem Wein viel, guten und vor allem süßen Wein zu machen. Schon die Römer hatten saure Weine mit dem hochgiftigen Bleiweiß versetzt, das anders als Honig keinen Eigengeschmack hat. Diese Art der «Veredelung» war noch zu Beginn des neunzehnten Jahrhunderts weithin üblich.[8] Bekannter wurde das Verfahren, das der Innenminister Napoleons Jean-Antoine Chaptal 1801 vorschlug: Die Säure ließ sich durch Zutat von Marmorpulver binden und der Zucker- und Alkoholgehalt des Mostes durch Beigabe von Rohrzucker erhöhen. 1835 wies der Schotte McCulloch nach, dass man so auch aus unreifen Trauben einen «hochwertigen» Wein gewinnen konnte. Der Trierer Ludwig Gall machte das Verfahren 1853 in Deutschland bekannt, nahm statt Zucker aber Zuckerwasser, um auch gleich noch die Menge des Weins zu erhöhen. Das nach ihm benannte «Gallisieren» entzweite die deutschen Weinbauern auf Jahrzehnte.[9] Vereine, Zeitschriften, Tagungen und Gesetzesentwürfe propagierten den reinen «Naturwein», wobei in Deutschland nationalistische Untertöne nicht fehlten, da der Zuckerzusatz in Frankreich erfunden worden und dort weithin üblich war.[10] Dem Wein Rohrzucker zuzusetzen blieb jedoch bis zur industriellen Herstellung von Rübenzucker eine relativ teure Methode. Billiger war es, dem Wein Glycerin zuzufügen, das als Abfallprodukt der Seifenherstellung anfiel und den Vorteil hatte, Weine «vollmundiger» schmecken zu lassen.

166 Neben solcher «Weinverbesserung» war es auch verbreitet, Wein künstlich anzusetzen. 1839 legte der Engländer Joseph Hartley ein ganzes Handbuch «containing several hundred valuable Receipts from Practical Experience» vor: Bordeaux wurde hier aus Wasser, Apfelcidre, Rosinen, Senfsamen, Himbeersaft und schwarzen Kirschen gezaubert. Ein als «excellent» angepriesener Champagner bestand aus Wasser, Rübenzucker, Johannisbeeren und einem Eimer Bierhefe.[11] Nachdem die Reblausplage seit 1865 praktisch den gesamten Bestand an europäischen Weinstöcken vernichtet hatte, ging man dazu über, Kunstwein vollständig aus industriell hergestellten Substanzen wie Wasser, Spiritus, Glycerin, Weinsteinsäure, Geschmacks- und Farbstoffen zusammenzurühren. Seit Ende des neunzehnten Jahrhunderts gab es solche vorgefertigten «Riesling-Essenzen», «Bordeau-Essenzen» usw. zu kaufen, die man mit Wasser und Alkohol anrührte.[12] Solche Getränke wurden allerdings kaum pur getrunken, sondern dienten dazu, echten Wein zu strecken. Der Kampf gegen den Kunstwein durchzog die zweite Hälfte des neunzehnten Jahrhunderts, und erst das Weingesetz von 1909 setzte dem «Weinschmieren», wie es genannt wurde, enge Grenzen.[13]

Bei der industriellen Brotproduktion kam es vor allem darauf an, die Menge, die Qualität und den Preis sowie die Kosten für das Gehenlassen und das Backen des Teiges zu optimieren. Nahrungsmittelchemiker experimentierten mit Mehl, das man mit Kartoffelstärke, Erbsen, Zuckerrüben, Mais, Säge- oder Rindenmehl streckte, um es billiger zu machen.[14] Um 1820 war es schon allgemein üblich, minderwertiges Mehl vor dem Backen mit Chlor (in Deutschland), Kupfervitriol (in Frankreich) oder Alaun (in England) zu bleichen, um das Brot weißer erscheinen zu lassen.[15] Seit 1829 propagierte der presbyterianische Prediger und Vegetarier Sylvester Graham (1794–1851) das von ihm erfundene Grahambrot als weltanschaulichen Gegenentwurf: Er war davon überzeugt, künstliche Zusätze im Brot dienten nur dazu, die Wollust zu steigern. Deshalb forderte er dunkles Brot mit ganzen Körnern, das durch

Der Leib Gottes im industriellen Zeitalter

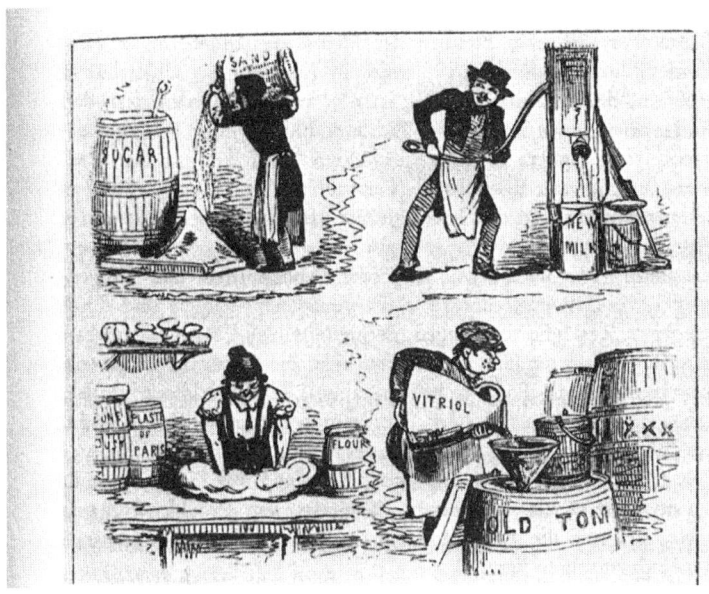

«Londoner Verbesserungen»: Sand in den Zucker, Wasser in die Milch, Gips ins Brot, Vitriol ins Bier. Karikatur aus «The Comic Almanac for 1845»

reine Selbstgärung aufgegangen war und keine Fleischeslust weckte. Der berühmte Chemiker Justus von Liebig (1803–1873) experimentierte dagegen völlig unbefangen mit allen möglichen Zusatzstoffen. Er propagierte, Brot gar nicht mehr mit «Gährmitteln» aufgehen zu lassen, um keine Nährstoffe zu verlieren, sondern das Aufgehen des Teiges gleich chemisch zu bewirken: 1856 entwickelte er zusammen mit seinem Schüler, dem Amerikaner Eben Norton Horsford, das «Horsford'sche Back-Pulver» aus Kaliumchlorid und Weinsäure. Etwas später vereinfachte Liebig das Rezept und versetzte den Teig mit Natriumhydrogencarbonat und Salzsäure, die sich beim Backen in Salz und Kohlendioxid auflösten.[16] Noch einfacher war es, den Teig direkt mit Kohlensäure zu versetzen, um das beliebte, aber nicht unumstrittene «Aerated Bread» zu produzieren, das John Dauglish 1856 erfunden hatte und äußerst erfolgreich in seinen «Aerated Bread Teahouses» verkaufte.

168 Doch Gegenstimmen mehrten sich. Schon 1820 veröffentlichte der in London lebende deutsche Chemiker Friedrich von Accum ein Buch mit dem Titel *A Treatise on Adulterations of Food and Culinary Poisons*, in dem er die schädlichen Wirkungen der «Lebensmittelverbesserungen» chemisch nachwies und seinem Leser einfache Experimente an die Hand gab, um Tee, Wein, Bier oder Brot zuhause selbst zu analysieren. Zum ersten Mal mussten sich Hausfrauen, Köche oder Händler nicht mehr auf Sinneseindrücke oder Erfahrung verlassen, sondern konnten betrügerische Verfälschungen von Lebensmitteln selbst nachweisen.[17] Accums Berichte über gefälschten Portwein, Chlor im Brot oder angemalten Fisch waren haarsträubend. Das aufsehenerregende Buch, das mit dem biblischen Motto «The death is in the pot» warb, war ein internationaler Erfolg, wurde sofort in verschiedene Sprachen übersetzt und hatte mehrere Auflagen und viele Nachahmerwerke.[18] Es zeigte schon früh eine unerwartete Schattenseite der Industrialisierung.

Die Frage, ob Mehl tatsächlich nur aus gemahlenem Weizen und Wein tatsächlich nur aus Traubensaft gemacht war, war für die Konsumenten vor allem eine Frage der Gesundheit. Für Katholiken war es eine Frage von Leben und Tod. Denn das Florentiner Konzil hatte festgelegt, dass schwer sündige, wer die Eucharistie mit anderen Materien vollziehe als mit Brot aus «Getreide» und Wein aus Trauben. 1856 erschien das Buch des katholischen Priesters Pie Marie Rouard de Card *De la falsification des substances sacramentelles*. Im Oktober 1851 hatte er auf einer Reise durch die französische Provinz in einer Dorfkirche Hostien konsekriert, die ihm irgendwie merkwürdig vorkamen. Zuhause analysierte er sie und fand, dass sie vollständig aus Kartoffelstärke bestanden.[19] Rouard hatte mit der Konsekration der Kartoffel-Hostien schwere Sünde auf sich geladen und wollte andere Priester vor diesem Fehler bewahren. In seinem Buch erläuterte er die kirchliche Lehre von der Materia Sacramenti auf wissenschaftlicher Grundlage: Die Chemie zeigte eindeutig, was gültige (im Prinzip zulässige), erlaubte (von der Kirche vorgeschriebene) und würdige (möglichst hochwertige) Materie war. Wie

Der Leib Gottes im industriellen Zeitalter

Der Lebensmittelchemiker ersetzt den Propheten: Wie Elisa in 2. Könige 4,40 bewahrt Friedrich von Accum seine Jünger vor dem «Tod im Topf».

Accum gab Rouard den Lesern einfache chemische Experimente an die Hand, mit denen man sich der Reinheit der *substances sacramentelles* versichern konnte. Solche Handbücher zur *Pastoralchemie* bildeten bald ein eigenes Genre der theologischen Literatur.[20]

Eine andere Reaktion auf die «Nahrungsmittelverbesserungen» des neunzehnten Jahrhunderts war die Standardisierung der eucharistischen Materien durch eine Art kirchlicher Lebensmittelkontrolle, wie sie in der katholischen Kirche 1861 eingeführt wurde. Die Hostien bezog man schon seit dem Ende des sechzehnten Jahrhunderts vornehmlich aus Klöstern, wo man sich sicher sein konnte, dass der Herstellungsprozess den kirchlichen Regeln folgte. Problematisch war allerdings, dass auch das Mehl, das in den Klöstern verbacken wurde, nicht mehr immer aus reinem Weizen bestand. 1861 beklagte die römische Inquisition, das im Handel erhältliche Mehl sei zum Teil mit anderen Getreiden, zum Teil gar mit «mineralium substantiae», also Sand oder Abrieb von Mühlsteinen, vermischt und deshalb für das Sakrament untauglich. Sie trug deshalb allen katholischen Bischöfen auf, in ihren Diözesen das Hostienmehl nur noch durch vereidigte Müller oder verlässliche Privatpersonen zu beziehen, oder es gleich selbst zu mahlen.[21]

Ähnlich stand es um den Wein. Um die Mitte des neunzehnten Jahrhunderts beklagten verschiedene katholische Diözesan- und Provinzialsynoden von Cincinnati bis Wien, der verwendete Messwein sei offenbar nicht immer echter Wein, sondern «adulteratum et corruptum», gefälscht und verdorben, weshalb man Vorkehrungen treffen müsse.[22] 1861 erließ die Kongregation für die Verbreitung des Glaubens für die amerikanischen Diözesen ein Dekret, in dem die Schattenseiten des wissenschaftlichen Fortschritts beklagt wurden. Unter die besonders abscheulichen Neuerungen der Moderne zählte man die Fortschritte in der Chemie, die es erlaubten, «vini artefacti» zu produzieren.[23] Die Kongregation verbot den Gebrauch sämtlicher Weine, die irgendwie künstlich verändert seien, und wies alle amerikanischen Bischöfe an, in ihren Bistümern Orte zu benennen, «an denen Traubenwein, der als solcher von den Kirchenoberen und anderen Priestern geprüft ist, gekauft werden kann».[24]

Ein ähnlicher Erlass folgte kurz darauf für Deutschland. Das Ordinariat des Bistums Mainz warnte 1864 die anderen deutschen Ordinariate vor verfälschtem und künstlichem Wein und forderte seine Priester auf, den Wein entweder selbst zu produzieren oder nur «von solchen Weinverkäufern zu beziehen, deren Religiosität, Glaube und Gewissenhaftigkeit die nöthigen Garantien bieten».[25] Das Bistum Mainz gründete 1880 eine eigene Messweinkellerei, das Bistum Würzburg folgte 1918 diesem Beispiel.[26] Wo dies nicht geschah, kam der Brauch auf, Wein nur noch bei «autorisierten Messweinlieferanten» zu beziehen, Winzern oder Kellermeistern, die persönlich vereidigt waren und für die gesamte Produktion des Weins von der Lese bis zum Verkauf die Verantwortung übernahmen.[27]

Das bischöfliche Ordinariat von Limburg, das sich in der Materie offenbar besonders gut auskannte, gab 1874 einen Überblick über alle verbotenen Praktiken: «das Verzuckern der Weine, das Schwenken der Fässer und Flaschen mit Spirituosen jeder Art und Qualität, das Zusetzen von Sprit, von Bouquet-Essenzen, Couleur-Substanzen und Glycerin, das Zusetzen von Wasser, das Erhitzen der Weine bis 40° rm., resp. die durch diese Erwärmung der Weine bewirkte Entziehung der Hefentheile, die durch Kalk, Magnesia oder dergl. erfolgende Entziehung der Säure, auch die Schönung (Klärung) durch Tannin, Zusatz von Salicyl-Säure usw. Was die Schönung durch Hausenblase (Fischgalerte) oder Eier angeht, so verlangen wir, dass auch diese Klärungsmethode in Bezug auf Messweine nicht angewendet wird.»[28]

Die deutschen Bistümer waren allerdings päpstlicher als der Papst: Die römische Inquisition war immer bereit, Ausnahmen von ihren eigenen Regeln zu machen, wenn es darum ging, Wein für eucharistische Zwecke haltbar zu machen. So erlaubte sie 1886 auf eine Anfrage des Bischofs von Carcassonne, Paul-Félix Arsène Billard, schwache Weißweine mit Eau-de-vie aufzuspriten und auf

65° Reaumur (80° Celsius) zu erhitzen, um sie länger haltbar zu machen.[29] Auf eine Nachfrage des Bischofs von Marseille, Jean-Louis Robert, präzisierte die Inquisition 1890, die Eau-de-vie müsse aus Weingeist gewonnen sein, damit die Substanz des Traubenweins nicht verändert werde. Insgesamt dürfe der Alkoholgehalt des Messweins 12 Prozent nicht übersteigen.[30] Aber selbst das reichte dem Bischof von Tarragona, Benet Vilamitjana i Vila, nicht aus. Im Namen seines Weinhändlers (!), des deutschen Augustinus Müller, bat er darum, die in Tarragona hergestellten Süßweine, die vor allem in Amerika als Messwein beliebt seien, bis zu 18 Prozent mit Weingeist aufspriten zu dürfen, um sie für den Transport über den Atlantik haltbar zu machen. Auch dies gestattete die Inquisition.[31]

Wo auch solcher Exportwein nicht mehr hingelangte, versuchte man sich weiterhin mit dem zu behelfen, was vor Ort zu haben war. 1890 fragte der apostolische Vikar Henri-Joseph Bulté aus dem chinesischen Zhili in Rom an, ob man dem dünnen Most aus chinesischen Trauben vor der Vergärung etwas Rohrzucker beifügen könne, um den Alkoholgehalt zu erhöhen.[32] Ein Jahr später stellte ein brasilianischer Bischof denselben Antrag. Beide Anfragen wurden verneint. Die Inquisition erwies sich als folgsame Schülerin Thomas von Aquins: Die Substanz der eucharistischen Elemente, die durch den Rohrzucker verändert worden wäre, ist entscheidend, nicht aber ihre veränderbaren Akzidenzien wie der Alkoholgehalt.

Das Problem veränderter Abendmahlsmaterien war kein rein katholisches. Auf evangelischer Seite machte der bayerische Pfarrer Wilhelm Löhe ähnliche Erfahrungen mit verfälschten Abendmahlsmaterien wie 1851 der französische Priester Rouard de Card. In seinem 1844 erschienenen *Beicht- und Communionbuch für evangelische Christen* klagte er, man kaufe Hostien heutzutage «beim nächsten besten Bäcker oder Conditor oder bei Hausierern, ohne nur zur fragen, ob sie aus Waizenmehl gebacken sind oder z. B. aus Kartoffel-Stärke, wodurch sie untüchtig werden, zum Sakramente gebraucht zu werden».[33] Beim Wein sei, «von Amerika herüber», die Unsitte eingerissen, ihn mit Branntwein zu mischen, so dass die

Gemeindeglieder beim Abendmahl «höchst profanen Dampf und Geschmack hinnehmen müßen».³⁴ Löhe tönte deshalb, es müsse «Frauenehre» sein, «zu wissen und zu beobachten, wie man die Brote bereitet, und die Männer der Gemeinde sollen für reinen Wein vom Weinstock ohne Grapen [Stiele] gekeltert einstehen.»³⁵ Das scheint allerdings auch in Löhes eigener Gemeinde nicht recht geklappt zu haben: 1858 erwarb er einen «Apparat» zur Hostienfertigung und baute sie zu einem wichtigen Erwerbszweig seiner 1854 gegründeten «Bildungsanstalt des weiblichen Geschlechts zum Dienste der Unmündigen und Leidenden» aus. Schon 1867 wurden jährlich etwa 24 000 Hostien in Neuendettelsau verkauft, und die Hostienproduktion ist bis heute eine der wichtigsten Aufgaben der Diakonischen Anstalten in Neuendettelsau geblieben.³⁶

Der Kelch der Dämonen

Für evangelische Theologen wurde im Laufe des neunzehnten Jahrhunderts zum größeren Problem, dass der Kelch des Herrn neben Traubensaft auch *Alkohol* enthielt. Seit dem zweiten Drittel des Jahrhunderts entwickelte sich in der westlichen Welt eine rapide wachsende Antialkoholismusbewegung, meist kirchlich geprägt, aber oft auch staatlich gefördert, die sich zum Ziel setzte, den «Trunk» und die aus ihm resultierenden Sünden, Laster und Schädigungen der Volksgesundheit zu bekämpfen.

Der Kampf gegen Spirituosen war seit dem Ende des siebzehnten Jahrhunderts ein ebenso verzweifeltes wie erfolgloses Bemühen der meisten europäischen Obrigkeiten und Regierungen. Um 1700 löste der zunehmend günstiger herzustellende «Branntwein» das Bier als alltäglichen Trunk immer mehr ab.³⁷ Die bekannten Karikaturen von William Hogarth mit den Titeln *Beer Street* und *Gin Lane*³⁸ von 1751 illustrieren diese Entwicklung, die von Zeitgenossen als Paradigmenwechsel weg von der guten alten Ordnung hin zur modernen «Branntweinpest» empfunden wurde. Erste Gesetze versuchten, den Missbrauch einzudämmen, schon bald galt Trun-

Brot und Wein des Glaubens

174

In William Hogarths Radierung «Gin Lane» von 1751 geht eine ganze Gesellschaft an dem neu entwickelten Wacholderschnaps zugrunde.

kenheit vor Gericht nicht mehr als mildernder Umstand, und schließlich wurden das Brennen selbst und der Verkauf von Branntwein in vielen Territorien unter staatliche Aufsicht oder Strafe gestellt.

Mehr Erfolg als diesen Zwangsmaßnahmen war der aus Amerika stammenden Mäßigkeitsbewegung beschieden, die Anfang des neunzehnten Jahrhunderts von jedem ihrer Mitglieder eine freiwillige Selbstverpflichtung verlangte.[39] Dass sie in den USA entstand, war kein Zufall. Der Spirituosenverbrauch in den amerikanischen Bundesstaaten war selbst im Vergleich zu den europäischen Staaten ungewöhnlich hoch. Da Wein aus amerikanischen Wildtrauben ungenießbar war, alle Versuche Wein aus europäischen Reben anzubauen hartnäckig (an der Reblaus) scheiterten und im englischen Stil gebrautes Bier kaum lagerungsfähig war, dominierten harte Getränke wie Rum und Whisky. 1820 betrug in den USA der durchschnittliche Jahresverbrauch allein an Rum 15 Liter pro Kopf.[40] Wein blieb ein teures Importgut, das fern der Küste kaum zu haben war, so dass viele christliche Gemeinschaften in den Frontier Territories sich beim Abendmahl mit dem behelfen mussten, was vorhanden war. Noch um 1850 verkauften Drogisten in Ohio als Wein «verdünnten Whisky, mit Zucker gesüßt, mit Blutholzbaum gefärbt und mit anderen Dingen vermischt».[41] Wir haben gesehen, dass Gerüchte darüber selbst bis Deutschland gelangten.[42] Pfarrer reichten «gegorene Mischungen aus wer-weiß-was» zum Abendmahl, das «mit dem Saft der Traube nur gemein hat, dass es aus dem Reich der Pflanzen stammt und auch das nur vielleicht».[43]

Vor diesem Hintergrund erschien der Alkoholkonsum 1820 erstmals als ernsthafte Gefährdung des christlichen Gemeinwesens. Die Erweckungsbewegung schrieb sich den Kampf gegen den Alkohol auf ihre Fahnen und verstand ihn als Teil ihres Kreuzzugs für die religiöse Erweckung der amerikanischen Nation. Vor allem die Methodisten, die ihren Gründer John Wesley als entschiedenen Alkoholgegner verstanden, wurden zum eifrigsten Verfechter einer Reinigung der amerikanischen Gesellschaft vom Übel des Alkohols. «Mäßigkeitsvereine» schossen überall aus dem Boden, und als sich 1836 verschiedene Dachverbände zur «American Temperance Union» zusammenschlossen, hatte diese bereits über eine Million Mitglieder und Tausende von Ortsvereinen. Bald schon forderte man nicht mehr nur Mäßigung, sondern auch *teetotalism*, völlige Enthaltsamkeit.

Wie sollte aber mit dem Wein beim Abendmahl umgegangen werden? 1835 regte der kongregationalistische Bibelexeget Moses Stuart an, das Abendmahl nur noch mit Wasser zu feiern: Wein sei gar nicht notwendig, ebenso wenig wie es vorgeschrieben sei, das Abendmahl liegend oder in einem «oberen» Gemach zu feiern, wie es die Jünger getan hätten. In den folgenden Jahren entwickelte Stuart die sogenannte «Zwei-Wein-Theorie», um dieses Argument zu untermauern. Er stellte fest, dass die Bibel selbst eine ambivalente Einstellung zum Wein hat: Zum einen wird Wein an verschiedenen Stellen ausdrücklich gelobt, etwa wenn Jesus bei der Hochzeit zu Kana Wasser in Wein verwandelt, andererseits warnt die Bibel vor der Trunkenheit und ihren Lastern. Da im Hebräischen zwei unterschiedliche Begriffe für Wein verwendet werden, die manchmal «Wein» *(jajin)* manchmal aber auch «Most» *(tirosch)* bedeuten können, schloss Stuart, die Bibel unterscheide zweierlei Wein: den guten Wein im «Kelch des Herrn» (1. Kor. 10,21), der zweifellos Traubensaft ohne Alkohol sei, und den bösen Wein im «Kelch der Dämonen», der zu Trunkenheit und Unzucht verführe. Wenn von Jesus gesagt sei, er sei ein Trunkenbold (Mt. 11,9), sei das eine Verleumdung: Jesus selbst habe zweifellos nur alkoholfreien Saft getrunken und auch in Kana sicher keinen bösen alkoholhaltigen Wein geschaffen.

Ab 1835 begannen erste Gemeinden in den USA, sogenannten «unfermentierten Wein» zu verwenden.[44] Dabei war die Versorgung mit solchem Wein nicht unkompliziert: Denn die alkoholische Gärung setzt spontan ein, sobald die Schale der Traube gebrochen wird. In Gemeindeblättern kursierten viele Rezepte zur Herstellung von unfermentiertem Wein aus Rosinen, manche appetitlicher als andere,[45] doch erst 1869 gelang es dem methodistischen Prediger, Zahnarzt und Winzer Thomas Bramwell Welch in New Jersey, frischen Traubensaft haltbar zu machen.

Welch verband zwei Neuerungen miteinander: Er griff erstens die im selben Jahr entwickelte und nach ihrem Entdecker Louis Pasteur benannte Methode des Pasteurisierens auf, indem er den Traubensaft kurzfristig auf 55° erhitzte und so die alkoholische Gärung unterband. Dazu verwendete er zweitens die sogenannte Concord-Traube, die der Goldschmied und Hobbybotaniker Ephraim Wales Bull 1848 aus amerikanischen Wildreben gezüchtet hatte: Im Vergleich zu europäischen Rebsorten war sie dürftig, aber sie hatte nicht mehr den «fuchsigen» Beigeschmack der Wildreben, und vor allem gedieh sie in Nordamerika, wo europäische Trauben eben nicht wuchsen. Im Laufe der zweiten Hälfte des 19. Jahrhunderts wurde die nach dem Wohnort von Bull genannte «Concord»-Traube die wichtigste Rebsorte der jungen Vereinigten Staaten – und hinterließ ihren Züchter dennoch als gebrochenen und finanziell ruinierten Mann: Er hatte seine Züchtung nicht patentieren lassen.[46] Ganz anders erging es Welch: Er ließ sich seinen «unfermentierten Traubenwein» schützen und begründete die bis heute existierende, Millionen Dollar schwere Firma «Welch's». Der Durchbruch für seine Erfindung kam, als der wichtigste Mäßigkeitsverein, die 1873 gegründete Women's Temperance Union unter Francis Willard, sich der Sache annahm. Sie propagierte überall den alkoholfreien Wein beim Abendmahl und schaltete auf eigene Kosten Anzeigen für «Dr. Welch's» Traubensaft in einschlägigen Kirchenblättern. So wurde «Dr. Welch's unfermented Wine» zum Verkaufsschlager unter den amerikanischen Antialkoholikern des neunzehnten Jahrhunderts – und Welch selbst nach vielen beruflichen Fehlschlägen ein reicher Mann.[47] Um 1920 verwendete bereits die Mehrheit der protestantischen Kirchen in den USA Traubensaft und ist bis heute dabei geblieben, vor allem um ehemaligen Alkoholikern die Teilnahme am Abendmahl zu ermöglichen.[48]

Auch in England entstand, beeinflusst von den USA, eine Mäßigkeitsbewegung. 1837 forderte der Pfarrer James Beardsall aus Manchester das Alkoholverbot für Abendmahlswein und begann, etwas zu vertreiben, was er «unfermented wine» nannte und das der Lebensmittelchemiker Friedrich von Accum wohl kaum als Traubensaft anerkannt hätte.[49] Nachdem Stuarts «Zwei-Wein-Theorie» seit 1840 durch Francis R. Lees in England bekannt gemacht worden war, wuchs die Zahl der nonkonformistischen Gemeinden, die dem amerikanischen Vorbild nacheiferten. 1868 machte Lees die Zwei-Wein-Theorie in seinem *Temperance Bible Commentary* zur Grundlage einer kompletten Bibelhermeneutik: Mit enormem intellektuellem Aufwand bestimmte er für hunderte einschlägiger Bibelstellen, ob fermentierter oder unfermentierter Wein, der Kelch des Herrn oder der Kelch der Dämonen gemeint war.[50] Inzwischen hatte auch ein englischer Produzent, Frank Wright aus Kensington, das Geheimnis des Pasteurisierens entdeckt und bot seit 1868 «unfermented wine» an.[51] Die nonkonformistischen Kirchen in Großbritannien, vor allem die Methodisten, die den unfermentierten Wein 1841 noch abgelehnt hatten, übernahmen nach und nach alkoholfreien Wein.[52]

Die anglikanische Kirche sträubte sich beharrlich gegen diese Neuerung: 1877 verbot der Bischof von Lincoln, Christopher Wordsworth, Neffe des berühmten Dichters, als erster Bischof in seiner Diözese den Gebrauch von unfermentiertem Wein.[53] Da die Forderung nach alkoholfreiem Wein auch in England vehement und, wie in den USA, vor allem von Frauen vertreten wurde, musste sich die Convocation of Canterbury 1883 schließlich doch mit der Frage beschäftigen. Das Oberhaus tadelte das Ansinnen und bestand darauf, dass sich die Pfarrer «an den alten und ununterbrochenen Gebrauch» hielten.[54] 1888 wurde der Neuerung aus Amerika auf der VI. Lambeth-Konferenz eine Absage erteilt – interessanterweise als unerlaubte Abweichung vom Brauch der «katholischen», das heisst der allgemeinen, Kirche![55]

Die Mäßigkeitsbewegung drängte von den USA auch nach Deutschland. Hier warb der 1835 von der «American Temperance Union» nach Europa geschickte Pfarrer Robert Baird äußerst erfolgreich für die Mäßigkeit.[56] Sein Erbe trat 1837 der Hannoversche Pastor Johann Heinrich Böttcher an, der überall im Deutschen Bund Mäßigkeitsvereine ins Leben rief. Um 1837 hatten die Vereine erst etwa 1000 Mitglieder, zehn Jahre später bereits Hunderttausende.[57] Allerdings konnte das gemeinsame Feindbild Alkohol die religiösen, politischen und landsmannschaftlichen Differenzen zwischen den Vereinen in den verschiedenen deutschen Territorien auf die Dauer immer weniger überdecken, so dass diese erste Bewegung scheiterte.[58] Mehr Erfolg hatte die zweite Mäßigkeitsbewegung, die sich nach der Reichsgründung 1871 bildete. Praktisch alle ihre Organisationen propagierten nun die völlige Abstinenz.[59] Seit 1873 wirkte im Deutschen Reich auch der den Freimaurern nahestehende amerikanische Guttemplerordnen. 1877 wurde in Genf das «Blaue Kreuz» gegründet, das konfessionell neutral sein wollte, aber bald durch eine Vielzahl kirchlicher Blaukreuzvereine ergänzt wurde.[60] Schon bald bildeten sich auch berufsständische Interessengruppen wie die Vereine abstinenter Arbeiter, Pfarrer, Priester, Lehrerinnen, Studenten, Katholiken, Ärzte, Philologen usw., die die Alkoholfrage zur Überlebensfrage der Kultur, des deutschen Volkes oder gar der arischen Rasse erklärten.[61]

Aber auch die kompromisslosesten Abstinenzlervereine ließen Alkohol im «Abendmahlsgenuss» oder nach «ärztlicher Vorschrift» zu.[62] Erst 1904 wurde beim Konsistorium der Evangelischen Kirche von Mecklenburg-Schwerin der Antrag gestellt, wegen der immer größeren Menge an Guttemplern in evangelischen Gemeinden «sogenannten ‹alkoholfreien Wein› als Surrogat für wirklichen Wein bei der Feier des Heiligen Abendmahls»[63] verwenden zu dürfen. Der Antrag wurde abgelehnt, weil der Heiland als Element Wein verordnet habe, die Bibel «unter ‹Wein› durchweg gegorenen, also auch alkoholhaltigen Traubensaft» verstehe und außerdem auch die Regel des Guttempler-Ordens Abendmahlswein erlaube.[64] 1909 erhob der «Deutsche Bund enthaltsamer Pfarrer» dieselbe Forderung, andere Vereine schlossen sich an. In seiner Broschüre *Der Wein im Heiligen Abendmahl*, die man noch in den 1920er-Jahren vertrieb, behauptete der Bund nicht ohne rassistische Untertöne, Jesus habe sich beim Gebrauch von Wein nur den verkommenen jüdischen Sitten angepasst; altkirchliche Aquarier wurden als moderne Abstinenzler gepriesen und die Papstkirche dafür gelobt, dass sie den Laienkelch abgeschafft hatte: «Priester und Laien erkannten je länger je mehr in einer Abendmahlsfeier ohne Wein eine ordentliche Gewissenserleichterung». Auch Luther habe den Laienkelch keineswegs wieder einführen wollen![65] Solche Halbwahrheiten brachten schließlich einen Gelehrten vom Range Gustaf Dalmans in Harnisch, der der Zwei-Wein-Theorie endgültig den Boden entzog: Der Gebrauch von unvergorenem Most zu Pessach sei nach jüdischem Recht zwar sicher erlaubt, aber praktisch unmöglich gewesen! Da es frischen Traubensaft in Palästina nur im Herbst habe geben können, habe Jesus zu Pessach im Frühjahr ganz sicher bereits so oder so «gegorenen Wein» verwendet.[66]

1910 stellte der «Verein abstinenter Philologen deutscher Zunge» bei der Deutschen Evangelischen Kirchenkonferenz in Eisenach den Antrag, auf alkoholhaltigen Abendmahlswein zu verzichten. Eine Stellungnahme aller Kirchenregierungen ergab eine einheitliche Ablehnung,[67] woraufhin es sich der «Deutsche Bund enthaltsamer Pfarrer» zum Ziel setzte, den Alkoholverzicht in den Landeskirchen separat durchzusetzen.[68] Immerhin in zwei Landeskirchen, Anhalt und Württemberg, erhielten die Alkoholgegner 1924 tatsächlich die Erlaubnis, in eigenen «Abendmahlsfeiern für Enthaltsame» alkoholfreien Wein zu spenden.[69] Ein allgemeines Alkoholverbot ließ sich in den deutschen evangelischen Kirchen jedoch nicht durchsetzen.

«Mission ist Kampf gegen den Schnaps»

Ein Kapitel für sich war der Abendmahlswein in den deutschen Kolonien. Schon seit Mitte des neunzehnten Jahrhunderts beklagten europäische Kolonialverwaltungen das «Schnapselend der Neger», das Gesundheit, Arbeitskraft und Moral untergrabe. Andererseits wurde mit der Zeit immer offensichtlicher, dass man dieses Elend durch den eigenen lukrativen Handel mit Spirituosen überhaupt erst geschaffen hatte. Überlegenheitsdünkel und rassistische Vorstellungen von der leichteren Verführbarkeit des «Negers» durch den Alkohol, den man selbst zu beherrschen glaubte, führten gegen Ende des Jahrhunderts dazu, dass gerade in der Afrikamission der

Kampf um die «schwarze Seele» vordringlich als Kampf gegen den Alkohol verstanden wurde. Der Theologe, Missionar und Humanist Albert Schweitzer erklärte öffentlich: «Die Mission ist Kampf gegen den Schnaps».[70] Voll dünkelhaftem Amüsement berichtete er, sein «Boy Akaga» wolle gar nicht glauben, dass die Weißen alle Christen sind, denn er habe doch mit eigenen Augen schon betrunkene Europäer gesehen.[71] Schweitzer selbst trank in seiner Missionsstation Wein, den er sich zusammen mit anderen europäischen Gütern den Ogowe hinauf in sein «Urwaldhospital» in Lambarene in Französisch-Äquatorialafrika liefern ließ, und predigte Wasser: Da «der Eingeborene vom Verderben nur zu bewahren ist, wenn er überhaupt keinen Tropfen Alkohol trinkt», enthielt der Kelch bei den Abendmahlsfeiern nur «Himbeersaft und Wasser».[72]

Andere Mitteilungen über exotische Abendmahlssubstanzen scheinen eher politische Hintergründe zu haben. Über die fremdartige, farbige Welt der Kolonien ließ sich viel behaupten, das nicht zu überprüfen war: Ein gängiges Stereotyp war die Verwendung von Bananensaft als Abendmahlswein. Walther Trittelvitz, der Missionsinspektor der Betheler Mission in Deutsch-Ostafrika, unterstellte 1914 der englischen Mission, das Abendmahl für die Schwarzen mit «Bananensaft», also betrügerisch zu feiern.[73] Aber der Bananensaft in den Kolonien musste auch für die umgekehrte Argumentation herhalten: Ein Vertreter der abstinenten Pfarrer, Martin Roch, verbreitete 1920 das Gerücht, die Leipziger Mission in Indien und Papua-Neuguinea feiere das Abendmahl mit «Bananensaft», und verstand das als Argument, auch in Europa keinen alkoholischen Wein mehr zu reichen.[74]

Der Tod aus dem Kelch

Bis Ende des neunzehnten Jahrhunderts gab es verschiedene Ansichten über die Entstehung und Verbreitung von epidemischen Krankheiten. Seit der Antike und bis weit in die Neuzeit hinein führte man sie auf das «Miasma», Ausdünstungen von schlechter

Luft, schlechtem Wasser oder schlechtem Boden zurück.[75] Obwohl sie falsch war, führte diese Annahme zu großen Fortschritten in der Medizin, da man seit der Mitte des neunzehnten Jahrhunderts begann, in den Wohnvierteln der Armen bessere hygienische Bedingungen zu schaffen, in der Annahme, Cholera, Typhus, Gelbfieber und Syphilis würden sich in schlechtem Wasser und verpesteter Luft von selbst entwickeln.

Nur wenige Ärzte und Wissenschaftler neigten zu der Lehre vom «Kontagionismus», die besagte, dass Krankheiten sich von Lebewesen zu Lebewesen fortpflanzen konnten. Erst dem Mediziner Robert Koch gelang es 1876 nach Vorarbeiten französischer Forscher nachzuweisen, dass Krankheitserreger eigene «Kleinstlebewesen» waren, die selbständig leben und sich fortpflanzen konnten.[76] 1882, als die Tuberkulose noch die Haupttodesursache in Mitteleuropa war, konnte Koch den «Tuberkelbazillus» nachweisen. Obwohl Koch selbst ein skandalös unwirksames Heilmittel gegen Tuberkulose vertrieb, wurde er innerhalb kürzester Zeit zum weltberühmten Star der neuen Wissenschaft der Bakteriologie. Sie wurde unter anderem deshalb zur neuen Leitwissenschaft, weil sie von den staatlichen Organen massiv unterstützt wurde – verlangte sie anders als die Miasmen-Theorie doch keine kostspieligen Investitionen in die Lebensbedingungen der Arbeiterschaft.[77] Die Bakteriologie wurde innerhalb weniger Jahre zu einem Leitdiskurs der bürgerlichen Moderne.

Hatte Kochs Entdeckung wahre Begeisterungsstürme in der Öffentlichkeit geweckt, führte die Erkenntnis, dass man jederzeit von unsichtbaren krankmachenden Lebewesen umgeben war, aber auch zu großer Verunsicherung, ja zu einer ausgeprägten «Bazillenangst» in der westlichen Kultur. Vor allem das Bürgertum trieb diese Angst um, dessen sozialer Aufstieg auch eine Distinktion von der Arbeiterklasse bedeutete, die man nun zu den eigentlichen Verbreitern krankmachender, ja tödlicher Keime stilisierte.

Die Bazillenangst wurde durch öffentlichkeitswirksame Inszenierungen bei Weltausstellungen und Hygieneausstellungen noch befeuert, denn sie war nicht zuletzt ein riesiges Geschäft: Die Angst wurde durch eine Vielzahl von meist unwirksamen Desinfektionsmitteln, Reinigungstinkturen und Schutzvorrichtungen zugleich beruhigt und geschürt.[78] Bald wurde jeder Alltagsgegenstand, der von Hand zu Hand ging, als tödliche Gefahr entdeckt: Aktenordner, Briefe, Bücher, Geldscheine.[79] Jeder Griff zum neu entdeckten Telefon konnte tödliche Folgen haben. So geriet auch der Abendmahlskelch in den Verdacht, eine Brutstätte tödlicher Gefahr zu sein.

Auch hier waren die amerikanischen Kirchen die Vorreiter, in denen seit den 1880er-Jahren die große Flut armer Immigranten als Überträger gefährlichster Krankheiten galt, vor denen man sich nur durch Separation und eigene höchste Hygienestandards schützen zu können meinte.[80] Medizinische und religiöse Argumente gingen dabei Hand in Hand: 1895 forderten amerikanische Kirchenzeitungen Pastoren auf, sich an die Spitze der kommunalen «Sanitary Societies» zu stellen, denn «man weiß, dass körperliche und moralische Unsauberkeit untrennbar miteinander verbunden sind […], dass der erste Schritt zur moralischen Reinheit ein sauberes Gesicht, saubere Kleidung, sauberes Essen, saubere Häuser und saubere Umgebung sind».[81] Das war nicht mehr die alte Miasmentheorie, hier wurde moralische Erneuerung mit Desinfektion gleichgesetzt. So wie die Alkoholgegner sich den historischen Jesus nicht weintrinkend denken konnten, wollten sich die Bazillengegner Jesus nicht anders als sauber gekleidet und frisch gewaschen vorstellen.

Die Forderung, auch den Abendmahlskelch aus den Sphären der Unsauberkeit zu befreien, wurde erstmals 1887 von kirchlich engagierten Ärzten erhoben. M. O. Terry, ein Arzt aus Utica (NY), veröffentlichte ein Pamphlet mit dem Titel *The poisoned chalice*, in dem er auf die Bakteriengefahr bei der gemeinsamen Nutzung des Kelches hinwies. Im Frühjahr 1894 untersuchte der Arzt Charles Forbes aus Rochester (NY) einige Tropfen des Abendmahlsweins seiner Gemeinde. Obwohl er nur einige harmlose Hautschuppen fand, malte er grausige bakteriologische Gefahren an die Wand und wurde von der Gemeinde aufgefordert, eine Lösung zu entwickeln. Ihm kam die Idee des «Einzelkelches», die er sogleich kommerziell vermarktete. Im Mai des Jahres feierte seine Gemeinde die erste «Sanitary Communion». Seine Firma «The Sanitary Communion Outfit Company» bot fertige Sets zwischen $ 8,50 und $ 22,50 an, ein Tablett mit bis zu 60 kleinen Gläsern, jedes mit einem Löffelchen Wein versehen.[82] Andere Anbieter folgten und hatten die noch bessere Idee, sich das Produkt patentieren zu lassen. 1900 gab es bereits verschiedenste technische Apparate und liturgische Modelle, um Gemeinschaft und Einzelkelch zu verbinden: Man stellte die Einzelkelche gemeinsam auf den Altar, man füllte sie aus einem Kelch oder einer Art Zapfanlage, die den Trinkbrunnen der Kurorte nachempfunden war.[83] Körperliche und seelische Heilung gingen Hand in Hand.

Von der Gemeinde des Dr. Forbes breitete sich der Einzelkelch schon bald in weiteren presbyterianischen, baptistischen und kongregationalistischen Gemeinden in Neuengland, New York, Pennsylvania und dem Mittleren Westen aus (nur die Methodisten hatten inzwischen genug von den neuen Errungenschaften).[84] Innerhalb weniger Jahre wurde der Einzelkelch in den meisten amerikanischen Denominationen die Norm. Schnell verbreitete sich die Sitte auch in den nonkonformistischen Gemeinden Englands, Schottlands, Australiens und Neuseelands. Die anglikanische Kirche verweigerte sich auch dieser Neuerung.

Anfang 1903 erschien in Düsseldorf die anonyme Broschüre *Abendmahlsfeier und Volksgesundheit*, die den Anfang der Diskussion in Deutschland markierte. Schon zu Ostern führte der Bremer Pastor Bruno Weiß den Einzelkelch ein, und innerhalb kürzester Zeit entwickelte sich in ganz Deutschland eine so genannte «Kelchbewegung». Die hochbetagte Witwe eines Düsseldorfer Kommerzienrats setzte sich an die Spitze einer Gruppe, die am 4. November 1903 gar eine Petition an die Preußische Generalsynode richtete: Man möge Wege finden, die hygienischen Bedenken zu beseitigen, um «auch denjenigen die freudige Teilnahme am h. Abendmahl wieder [zu ermöglichen], die sich bei der heutigen Kelchspendung daran gehindert sehen».[85] Die Synode lehnte es ab, sich mit der Frage zu befassen.[86] Als die öffentliche Diskussion nicht abriss, schaltete sich im Januar 1904 das Kaiserliche Gesundheitsamt ein: Man halte es für völlig ausreichend, den Kelch nach jedem Kommunikanten etwas zu drehen und mit einem Tuch abzuwischen. Durch dieses Gutachten sahen sich auch die Landeskirchen bestärkt, die überall einreißende Praxis des Einzelkelchs zu verbieten.[87]

Die Verfechter des Einzelkelchs überschlugen sich in der Tagespresse mit Panikmache und Spott. Ihre eifrigsten Wortführer fand die Bewegung in den Straßburger Theologen Friedrich Spitta und Julius Smend. Schon Anfang 1904 gab Spitta eine ganze Monografie mit dem Titel *Die Kelchbewegung in Deutschland und die Reform der Abendmahlsfeier* heraus, die auf vielen Seiten diese Bewegung weniger beschrieb als heraufbeschwören wollte.[88] Die von Smend und Spitta herausgegebene *Monatsschrift für Gottesdienst und kirchliche Kunst* bestand in den folgenden Jahren fast ausschließlich aus Artikeln, in denen theologische und hygienische Notwendigkeit, historische Richtigkeit und segensreiche liturgische und pastorale Wirkungen des Einzelkelchs gepriesen wurden. Reißerische Leserbriefe Betroffener – «Ich muß bekennen, daß mich diese Abendmahlsfeier derartig abgestoßen hat»; «Ich habe nach dem Genuß des h. Abendmahls eine sehr schmerzliche Mundkrankheit gehabt»[89] – wechselten mit Werbeanzeigen der Firmen «Pastorw. J. Dilloo» oder des Berliner Hoflieferanten F. W. J. Aßmann, die Geräte, Einzelkelche, Talare, Hostien «in bekannter tadelloser Güte und zu mäßigen Preisen» anboten.

Die besondere Verlogenheit der von Spitta und Smend befeuerten Debatte bestand darin, dass mit enormer Gelehrsamkeit nachzuweisen versucht wurde, der Einzelkelch müsse allein schon der armen Kranken wegen eingeführt werden, die in übertriebener Sorge um ihre Mitchristen nicht mehr am Abendmahl teilnehmen

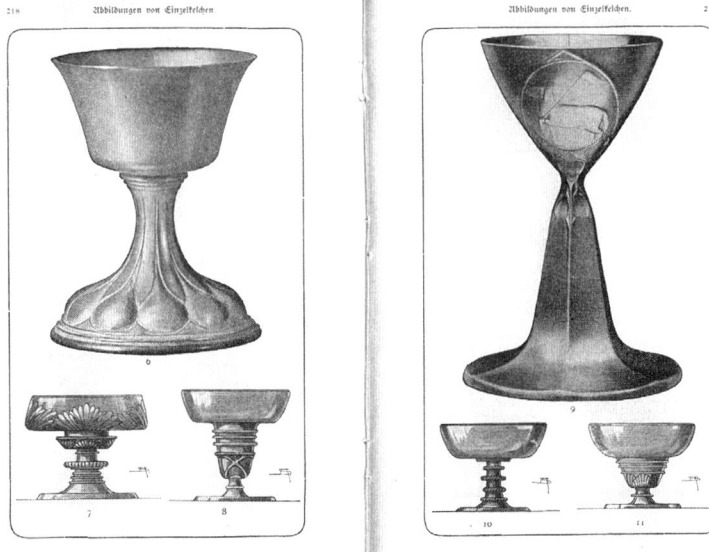

Berührungsangst: Wer die Gemeinschaft mit Kranken, Sündern oder überhaupt anderen Menschen meiden will, nutzt einen modernen Einzelkelch.

wollten. Dieses Argument war bereits im achtzehnten Jahrhunderts erdacht worden und wurde durch die bloße Tatsache widerlegt, dass Spitta und Smend selbst immer wieder medizinische Gutachten abdruckten, die die Ansteckungsgefahr beweisen sollten.[90] In Mecklenburg-Schwerin überschnitt sich die Forderung des Einzelkelchs mit der Forderung nach alkoholfreiem Wein,[91] wie überhaupt die Klientel der Alkoholgegner und die Befürworter des Einzelkelchs zumindest teilweise eine gemeinsame Front bildeten.[92]

Noch lange beschworen die Befürworter des Einzelkelchs die Gefahren für die Volksgesundheit. Ironischerweise knüpften sie unwissentlich an die urchristliche Tradition des Symposions an, das natürlich auch mit einzelnen Weinschalen und -kelchen gefeiert worden war. Erst am Vorabend des Ersten Weltkrieges verschwand die Kelchbewegung wieder aus dem öffentlichen Bewusstsein – um Ende der achtziger Jahre mit der Panik um AIDS wieder aufzuerstehen.

3.
Die Rückkehr der Vielfalt

– seit 1970 –

Alternativ, gesund und postkolonial

Bis weit in die zweite Hälfte des zwanzigsten Jahrhunderts änderte sich in den meisten christlichen Kirchen nichts an der Praxis, wie sie sich gegen Ende des neunzehnten Jahrhunderts etabliert hatte. Erst seit den 1970er-Jahren kam es in vielen protestantischen Kirchen zu einem Umdenken. Seitdem hat die Debatte um die Form und die Speisen des Abendmahls eine Dynamik angenommen, wie sie sie zuletzt um 1600 hatte. Die gesamte Fülle der Speisen und Nahrungsmittel, die das Abendmahl in der frühchristlichen Kirche ausmachte, wurde wiederentdeckt. Nach Jahrhunderten von Traubenwein und Oblate wurde das Abendmahl wieder bunt und vielfältig.

Drei ganz unterschiedliche Entwicklungen kamen dabei zusammen. Zum einen wurde in Europa und den USA im Zuge der politischen Protestbewegungen der Achtundsechziger der soziale und eschatologische Charakter des Abendmahls wiederentdeckt: Jesus habe das Himmelreich doch als großes Festmahl beschrieben, als gemeinsame Feier, die auf die Rückkehr des Bräutigams verweise. Wo bislang der Einzelne in frommem Schweigen an der Spendung der Sakramente teilgenommen hatte, wurden nun politische Lieder gesungen, getanzt, gefeiert und gegessen in der kollektiven Hoffnung auf die baldige Vollendung der Welt.

188 Von anderen Gruppen wurden in dieser Zeit die nationalen und kulturellen Identitäten der ehemaligen europäischen Kolonien, die seit den 1960er-Jahren ihre Unabhängigkeit erhielten, wiederentdeckt. Auch das religiöse Erbe des Kolonialismus wurde auf den Prüfstand gestellt, und schon bald standen die europäischen Riten, Sitten und Formen des Christentums in der Kritik. Umgekehrt verstanden Befreiungstheologen verschiedenster Couleur das Christentum auch als Kritik an den westlichen kapitalistischen Staaten und forderten einheimische Formen der Religion, wozu auch einheimische Speisen und Getränke beim heiligen Abendmahl gehörten.

Und schließlich änderte sich in der westlichen Welt mit einem wachsenden Stellenwert der Gesundheit in der öffentlichen Debatte die Einstellung zu Weizenbrot und Traubenwein – Substanzen, die jetzt, wie es schien, nicht mehr jedem Gläubigen zugemutet werden konnten.

Neue Riten braucht das Land

In den 1950er-Jahren war die Welt im evangelischen Deutschland wieder in Ordnung. Die ersten Jahre nach dem Zweiten Weltkrieg, unter Besatzungsbedingungen, waren für das Abendmahl eine schwierige Zeit gewesen. Die französischen Besatzungsbehörden hatten die deutsche Weinproduktion unter Aufsicht gestellt.[1] Etwa ein Drittel der Produktion ging in die Versorgung der Besatzungstruppen, ein weiteres Drittel wurde für den Verkauf in Frankreich eingelagert. Nach wechselnden Quoten wurde den Winzern ein gewisser Selbstversorgeranteil zugestanden, und nur der Rest des Weines, etwa 17 Prozent, wurde in strengen Kontingenten für den Markt freigegeben. Die schon fast vergessenen Techniken der Kunstweinproduktion erlebten wieder einen Aufschwung. Für die Kirchen waren eigene Sonderkontingente für Mess- und Abendmahlswein vorgesehen. Das führte dazu, dass sich Schwarzmarkthändler als Messweinkommissionäre ausgaben, um Messweinkontingente aufzukaufen oder gepanschte Kunstweine als teuren Messwein zu verkaufen: Obwohl die katholische Kirche von der Weinkontingentierung weniger betroffen war, wurde 1946 eine Handreichung über die kanonisch korrekte Beschaffung von Messwein herausgegeben.²

Die evangelische Kirche, die wegen des Laienkelchs größere Kontingente brauchte, war härter getroffen: Selbst in der Pfalz, einem Hauptanbaugebiet deutschen Weins, musste in den ersten Jahren nach dem Krieg das Abendmahl zum Teil mit Johannisbeerwein gefeiert werden. In Städten wie Berlin, in denen die Versorgungslage besonders katastrophal, Brot kaum zu haben und Wein auf dem Schwarzmarkt ein begehrtes Luxusgut war, wurde das Abendmahl über Monate mit kaltem Tee gefeiert.³

All diese Probleme schienen nun vorbei. Mit dem Wirtschaftswunder füllten sich die Regale mit einer unerhörten Vielfalt an zum Teil nie gesehenen Lebensmitteln, und die unfreiwilligen liturgischen Experimente vieler evangelischer Gemeinden konnten nach und nach eingestellt werden. 1955 erließen die lutherischen Landeskirchen (VELKD) und die Evangelische Kirche der Union eigene «Lebensordnungen», an denen die letzten beiden Jahrzehnte völlig spurlos vorübergegangen zu sein schienen: Die wichtigste Frage beim Abendmahl war wieder die Sorge, wie man Unwürdige ausschließen konnte. Dass das Abendmahl selbst über Jahre oft nur notdürftig und mit mal mehr, mal weniger würdigen Substanzen gefeiert worden war, ja dass die ganze Kirche sich in den vergangenen Jahren als mal mehr, mal weniger würdig erwiesen hatte, fiel wie so vieles andere dem schnellen Vergessen anheim.⁴

Als die beiden evangelischen Kirchenbünde sich 1997 und 2003 neue Ordnungen für das kirchliche Leben gaben, hatten sich die Zeiten grundlegend geändert.⁵ Die beiden evangelischen Kirchenbünde, die seit 1973 in der Leuenberger Konkordie verbunden waren, erließen zum ersten Mal in der Geschichte der protestantischen Konfessionen praktisch gleichlautende Vorschriften zum Abendmahl. Ohne große Diskussion fanden nun auch Entwicklungen aus der Mitte der Gesellschaft ihren Platz in der Kirche: Um die Alkoholiker nicht auszuschließen, wurde Traubensaft gestattet, um den «hygienischen Bedenken» einiger Gemeinden Rechnung zu tragen, waren auch Einzelkelche, das Eintauchen des «Brotes» (von Hostien war keine Rede mehr!) oder der Empfang des Abendmahls in einer Gestalt gestattet.[6] Wie hatte es dazu kommen können?

Zärtlichkeit und Protest

Die weitreichendste liturgische Entwicklung in den ersten Jahrzehnten nach dem Zweiten Weltkrieg bestand darin, Abendmahl und Gemeinschaftsmahl, die seit der Antike getrennt gewesen waren, in der Liturgie zunächst räumlich, dann zeitlich und schließlich auch inhaltlich wieder miteinander zu verbinden. Vereinzelt hatten Traditionen der Brüdergemeinden und der evangelischen Bruderschaften Pate gestanden, wo das Abendmahl in häuslicher Gemeinschaft am häuslichen Tisch, mit Wein und echtem Brot, gefeiert wurde.[7] Aber das Abendmahl blieb von einer eigentlichen Mahlzeit liturgisch und kulinarisch zunächst getrennt.[8] Der folgenreichste Versuch, das Abendmahl als Gemeinschaftsmahl wiederzuentdecken, war die Erfindung des «Feierabendmahls» auf dem 18. Deutschen Evangelischen Kirchentag im Juni 1979 in Nürnberg.[9] Das Abendmahl in der Kirche St. Lorenz am Freitagabend hatte Züge eines Happenings: 4500 Teilnehmer saßen oder lagen auf Teppichen am Boden. Handgetöpferte Tonkelche, Brotfladen und Traubensaft wurden in Jutebeuteln hereingebracht und an einzelne Kommunionsgruppen verteilt. Als Gabenbereitung wurden Spenden für Amnesty International auf dem Altar niedergelegt. Die Abendmahlsworte interpretierten Verhaftung, Folterung und Hinrichtung Jesu als politisches Geschehen und beschworen solidarische «Zärtlichkeit» unter den Menschen. Es war ein voller Erfolg. Nicht weil es an die urchristlichen Mahlbräuche erinnerte, sondern weil die Veranstaltung ein Spiegel des westdeutschen Protestantismus dieser Zeit war. Man überwand «entfremdete» durch «authentische» Kommunikations- und Umgangsformen (Teppiche statt Kirchenbänke), forderte politisches Engagement des Einzelnen (Spenden an Amnesty) und solidarisches Eine-Welt-Denken (Fürbitte für politische Gefangene) und verband ökologisches Bewusstsein (Jute statt Plastik) mit der Ablehnung kapitalistischen Besitzdenkens (Tonschalen statt Goldkelche).

Nur wenige Jahre später schaffte es dieses neue Denken in den Ökumenischen Rat der Kirchen. Auf seinem Treffen in Lima 1982 erinnerte der Rat daran, dass das Abendmahl auch und gerade Gemeinschaft sei und damit Vorgriff auf das gemeinsame Mahl im Gottesreich.[10] Zugleich stellte man fest, dass Brot und Wein nicht mehr überall auf der Welt die normalen Abendmahlselemente seien: «In einigen Teilen der Welt, in denen Brot und Wein nicht üblich oder nicht erhältlich sind, wird heute manchmal die Auffassung vertreten, dass ortsübliche Nahrungsmittel und Getränke die Eucharistie besser im täglichen Leben verankern können.»[11] Deshalb gab der Rat seinen Gliedkirchen weltweit den Auftrag zu untersuchen, «welche Teile des Herrenmahls unveränderbar von Jesus eingesetzt worden sind und welche in die Entscheidungskompetenz der Kirchen fallen.»[12]

Die Liturgie des ökumenischen Gottesdienstes, der 1982 in Lima gefeiert wurde (die bald bekannte «Lima-Liturgie») hielt noch an den traditionellen Elementen von Brot und Wein fest.[13] Aber in Deutschland wurden auf den folgenden Kirchentagen die Grenzen zwischen den «Agapemahlen» und den Abendmahlen immer undeutlicher. Auf dem Stuttgarter Kirchentag 1999 wurde zwischen die Einsetzung von Brot und Traubensaft ein gemeinsames Essen eingeschoben. Trotz der Versicherung, «Genuß und Sinne werden dabei nicht zu kurz kommen»,[14] blieb man protestantisch-nüchtern. Es gab Brot, einen Apfel und eine Lauchstange. Die kaum opulentere Variante, die man auf dem evangelischen Kirchentag 2001 in Frankfurt am Main durchführen wollte, führte zum Eklat. Zwischen Brot und Kelch war eine Mahlzeit aus Traubensaft, Brot, Obst, Gemüse und Käse geplant, die den «Ursprungscharakter des Mahles als eines Festes»[15] deutlich machen sollte, zu dem alle Menschen ungeachtet ihrer Konfession oder Religion eingeladen waren. Die katholische Kirche erkannte richtig, dass dies auf ein «ökumenisches Abendmahl» hinauslief und verbot ihren Gläubigen die Teilnahme. Auch von evangelikaler Seite erhob sich scharfer Protest.[16] Der Eklat bewirkte, dass die EKD 2003 in einer Orientierungshilfe erstmals die Grenzen zulässiger Abendmahlsfeiern definierte. Sie schärfte ein, Abendmahl und Agapemahl seien zwei grundsätzlich verschiedene Dinge und «nicht jedes Stück Nahrung dafür geeignet, Christi Leib und Blut gegenwärtig werden zu lassen». Nur Brot und Wein seien zulässige Materien. Allerdings sei es keine «theologische Grundsatzfrage», ob man Rot- oder Weißwein, Weißbrot oder Oblaten verwende.[17] Auch die Landeskirchen verweigerten sich der Verbindung von Abendmahl und Gemeinschaftsmahl. Das blieb der liturgischen Spielwiese der Kirchentage überlassen.

Unverträglichkeiten

Nur eine Ausnahme machte die Orientierungshilfe von 2003: Um Alkoholkranke nicht bloßzustellen oder zu gefährden, wurde erstmals auch Traubensaft gestattet, wenn er zusammen mit Wein im selben Gottesdienst gereicht wird.[18] Um 1900 war Alkoholabhängigkeit noch ein Zeichen sittlicher Verkommenheit gewesen, inzwischen hatte man sie als Krankheit erkannt. Wenige Tage nach dem Kirchentag von 1979, der das Feierabendmahl eingeführt hatte, veröffentlichte die Vereinigte Evangelisch-Lutherische Kirche Deutschlands (VELKD) eine Handreichung, die auf die Alkoholfrage Bezug nahm.[19] Alkoholismus wurde auf «mangelnde Geborgenheit», «lieblose Erziehung» oder «Sinnleere» in der Leistungs-, Konsum- und Massengesellschaft zurückgeführt.[20] Um die ohnehin gesellschaftlich Benachteiligten nicht auch noch vom Abendmahl auszuschließen, solle es erlaubt sein, *auch* Traubensaft zu spenden.[21] Dabei bezog sich die VELKD positiv auf die ketzerischen Aquarier der Alten Kirche, eine fiktive frühchristliche Mission «in den asiatischen Ländern», eine nichtexistene «mittelalterliche China-Mission», die «Wasser oder Tee» verwendet habe, und die amerikanischen Kirchen.[22] Antike Ketzer, jesuitische Akkommodationstheorie und calvinistische Zeichentheorie feierten einen späten Sieg in der lutherischen Kirche.

Von einer Rückkehr zu einem tatsächlichen urchristlichen Sättigungsmahl schien man nach wie vor weit entfernt. Tatsächlich aber ist man ihm heute näher als man glauben möchte. Denn längst haben sich Nahrungsmittel wie Reis, Mais oder Kartoffeln als Elemente des Abendmahls auch in den Gliedkirchen der Evangelischen Kirche in Deutschland durchgesetzt – wenn auch nicht in ihrer ursprünglichen Form. Seit den späten 1990er-Jahren wurde bei immer mehr Menschen Zöliakie diagnostiziert, die allergische Reaktion auf das in Weizenmehl enthaltene Klebereiweiß Gluten. Gluten erlaubt es, aus Mehl und Wasser überhaupt einen festen Teig herzustellen, den man backen kann. Wegen der immer weiter verbreiteten Glutenintoleranz gehen viele Gemeinden in den letzten Jahren dazu über, nur noch glutenfreie Hostien zu verwenden. Den meisten Landeskirchenleitungen ist das bislang ebenso egal wie den Gemeindemitgliedern, die sich allenfalls darüber beschweren, dass die glutenfreien Hostien noch pappiger und noch geschmacksfreier sind als die traditionellen. Dabei hat hier nicht weniger als eine kulinarische und theologische Revolution stattgefunden.

Zunächst versuchte man gluten*arme* Hostien mit Mehl zu backen, aus dem das Gluten so weit wie möglich ausgewaschen worden war. Doch aus technischen Gründen lässt sich gänzlich glutenfreies Weizenmehl nicht herstellen: zum einen, weil auch geringste Reste immer noch allergen sein können, zum anderen, weil sich aus Mehl ohne Gluten eben kein Teig machen lässt. Die klassischen Hersteller von Abendmahlsoblaten, die großen Diakonissenhäuser etwa, sind deshalb seit einigen Jahren dazu übergegangen, Hostien aus anderen stärkehaltigen Materialien zu backen. Die seit 1858 bestehende Hostienbäckerei in Neuendettelsau verkauft Hostien aus Reis-Mais-Kartoffelmehl – auch wenn gerade die Verwendung solcher «unreiner» Materien der Grund gewesen war, warum Löhe seinerzeit eigene

Hostien hatte backen wollen! Die Oblatenbäckerei im 1851 gegründeten Diakonissenhaus in Ludwigslust backt ihre glutenfreien Hostien gar aus Vollkornbuchweizen, Maisstärke, Reismehl, Lupinen, Johannisbrotkernmehl, Vollmilchpulver und Wasser.[23]

Die reformierten Gemeinden haben es noch schwerer. Aus glutenfreiem Weizenmehl lassen sich vielleicht gerade noch Hostien, aber keine Brote mehr backen, die diesen Namen verdienen. In einigen Kirchengemeinden wurden Versuchsreihen mit unterschiedlichen Mehlmischungen aus Mais, Reis, Hirse oder anderem angestellt, doch das Brot blieb zu trocken und krümelig, um es ohne Hustenanfälle zu essen.[24] Einige reformierte Gemeinden wechselten kurzerhand zu glutenfreien lutherischen Hostien, andere griffen zu industriellen Angeboten wie glutenfreiem Weißbrot aus dem Supermarkt (aus Maisstärke und Reismehl) oder zu Waffelbrot aus großen Drogerieketten. Ob es sich bei Hostien aus Reismehl noch um Brot handelt, wäre wohl entlang den Linien des anhaltinisch-kursächsischen Azymenstreites zu diskutieren. Tatsächlich aber halten es die meisten evangelischen Landeskirchen in Deutschland mit einer entschlossenen Liberalität: Wo man die Entscheidungen nicht ohnehin den Gemeinden überlässt, gestattet man Brot *und* Oblate, Weizen *und* glutenfreie Substanzen, Saft *und* Wein, rot *und* weiß und überlässt die Wahl dann den Gemeinden und dem Zeitgeist.

Wie sehr sowohl die Hostie als auch der Abendmahlswein (beziehungsweise der Traubensaft) mittlerweile Objekt von moderner Nahrungsmitteltechnologie und Food-Design geworden sind, zeigt ein Blick auf die amerikanischen Kirchen. Schon die Herstellung von ungegorenem Traubensaft war das Ergebnis einer technologischen Revolution gewesen. Als Antwort auf die Bazillenfurcht des neunzehnten und zwanzigsten Jahrhunderts entwickelte man den Einzelkelch. Schon Anfang des zwanzigsten Jahrhunderts gab es *Communion Sets* im Handel zu kaufen: meist ein Gießkelch, mit dem man die bereitgestellten Einzelkelche füllte. Der Tradition entsprechend waren diese Einzelkelche aus Metall und somit wie-

Leib und Blut Christi keimfrei, alkoholfrei und antiallergen in Plastik und Aluminium: «Prepackaged Communion Set» der Firma Celebration Cup, 2017

derverwendbar. Doch vor dem Abendmahl machten auch die Megatrends der Industrialisierung nicht halt.

Der Trend zum Plastikeinweg-Geschirr seit den 1970er-Jahren sowie das Anwachsen vieler amerikanischer Gemeinden zu Mega-Churches und der Trend zum kommerziellen Outsourcing verbanden sich Anfang der 1990er-Jahre zur monströsesten liturgischen Erfindung seit der Oblatenhostie. Anfang der Neunzigerjahre entwickelte ein baptistischer Pfarrer in Oregon die «Prepackaged Communion»[25] – einen kleinen Einwegplastikbecher, vergleichbar dem Einzeldöschen für Kaffeesahne, der einen Schluck Traubensaft enthält und mit einer Aluminiumfolie versiegelt ist, in die hygienisch und keimfrei eine in Plastik verpackte Oblate eingeschweißt ist. Die Kommunion beschränkt sich damit auf das Öffnen und Austrinken einer kleinen Getränkedose und das Aufreißen eines in Plastik eingeschweißten Kekses, nachdem der Pfarrer oder die Pfarrerin die Einsetzungsworte gesprochen hat. Die Vorbereitungszeit eines Abendmahls für eine mehrtausendköpfige Gemeinde reduziert sich dafür von 10 Stunden auf 40 Minuten. Es muss einfach für jeden eine solche «Prepackaged Communion» bereitgestellt werden.

Die Erfindung, die, wie der amerikanische Religionshistoriker Daniel Sack treffend bemerkt hat, Inbegriff der amerikanischen Obsession «with hygiene, bigness, efficiency, and packaging»[26] ist, wurde von Kritikern zwar als Tiefpunkt eines entpersonalisierten Christentums geschmäht – «we have annother breakthrough – Communion without communion»[27], war kommerziell aber höchst erfolgreich. Bis heute vertreiben große Firmen wie «Remembrance», «Celebrate Communion» oder «Celebration Cup» die «prepackaged communion sets». Es gibt sie im Hunderterpack, mit rotem oder weißem Traubensaft, mit Frischesiegel und Verfallsdatum, als praktisches Reiseset für Missionare, als eine Art monatlichen Abendmahlskalender, in jeder erdenklichen Form und Farbe, mit erbaulichen Bildern und Sprüchen oder ganz schlicht. Dass nur Traubensaft angeboten wird, versteht sich ebenso von selbst wie die Tatsache, dass auch Vollkorn- oder glutenfreie «Wafers» im Angebot sind. Während die klassischen Hostien nach wie vor nur Wasser und Weizenmehl enthalten, hat sich die Zutatenliste der glutenfreien Hostien mittlerweile den Gepflogenheiten moderner Industrienahrung angepasst: 2016 enthielten die glutenfreien «Communion Wafers» der Firma Celebrate Communion «Filtered Water, Sweet Rice Flour, Potato Flour, Organic Palm Fruit Oil, Potato Starch, Methylcellulose, Sunflower Lecithin».[28] Die von der B&H Publishing Group vertriebenen Hostien «Remembrance» bieten eine interessante Mischung aus «garbanzo bean, tapioca, sorghum, fava beans, potato starch» sowie Wasser, Rapsöl und Salz.[29] Im kostengünstigen 350er Pack zu $ 89,95 kosten Leib und Blut des Herrn für jeden Gläubigen nur noch einen Vierteldollar.

Glutenfreie Hostien sind äußerlich nicht von traditionellen Hostien zu unterscheiden, aber ihrer Substanz nach essen die Gemeinden am Tisch des Herrn längst Kartoffeln, Reis und Mais,

Johannisbrot und sogar Milch. Die Vielfalt altchristlicher Gemeinschaftsmähler ist heute wieder auf dem Altar.

Eine Frage der Definition

Die Veränderungen in der katholischen Kirche waren nicht ganz so dramatisch, aber die Katholiken lebten, so zeigte sich, in derselben Wirklichkeit wie die Protestanten. 1929 hatte die Kirche in der Instruktion «Dominus Salvator Noster» noch einmal die traditionellen Regelungen für die Bereitung, Verwaltung und Anbetung des Sakramentes zusammengefasst. Man sah keinerlei Anlass für Änderungen.

Mit dem Zweiten Vatikanischen Konzil (1962–1965) kündigte sich jedoch ein Wandel an. Die Liturgiekonstitution hielt fest, das Ziel der Messfeier sei eine «participatio actuosa», eine tätige Teilnahme, auch der Laien. Schon bald gab es Bestrebungen, Messfeiern auch in kleineren Gruppen, etwa bei privaten Feiern, auf Freizeiten, Tagungen oder zuhause zuzulassen. So entstanden Messordnungen, in denen sogar die Kommunion unter beiderlei Gestalt, also mit Hostie und Kelch, als Normalform vorgesehen war.[30] Aber, so die Deutsche Bischofskonferenz 1970, es müsse auf jeden Fall erkennbar bleiben, dass auch eine solche Messe Gottesdienst und nicht bloß eine profane Mahlfeier sei.[31] Deshalb seien die liturgischen Gefäße wie üblich zu purifizieren, der Priester habe Albe und Stola zu tragen, es solle möglichst nicht am Esstisch zelebriert werden, und falls doch, dann nur nach einem gebührlichen zeitlichen Abstand zur letzten Mahlzeit und ohne dass andere Lebensmittel noch sichtbar seien. Als eucharistische Materie galten nach wie vor nur Wein aus Trauben und Hostien aus reinem Weizenmehl – letztere aber immerhin so, dass man «sie als Speise erkennt». Das bedeutete wohl, dass die sogenannten Brothostien verwendet werden sollten, die etwas dicker als die früher üblichen papierdünnen Hostien sind.[32]

Doch die gesellschaftliche Praxis war längst einen Schritt weiter: In der zum Bistum Limburg gehörenden Gemeinde Monheim feierte der Vikar Herbert Leuninger 1971 ein skandalumwittertes «Mess-Festival». Nachdem er *Das Fest der Narren* des amerikanischen Theologen Harvey Cox gelesen hatte, plante er einen Gottesdienst mit viel Musik, freien Lesungen und Reden, ohne Messgewand und feste Liturgie, ein Fest, bei dem Eucharistie und Agapemahl, Kult und Gemeinde wieder verbunden sein sollten. Zur Empörung der konservativen Amtsbrüder «servierte» man Weißbrotscheiben statt Hostien und ging im Anschluss zu einem Fest mit Würstchen und Cola über – es wurde auch geraucht, getanzt und «geschmust».[33] So hatte man sich die «participatio actuosa» der Laien nicht vorgestellt. Der Limburger Bischof Kempf verurteilte das Mess-Festival umgehend, sah aber von weiteren Maßregelungen des unbotmäßigen Vikars ab.

Die Veränderungen kamen ohnehin von außen: 1971 wurde in Deutschland ein neues Weingesetz erlassen, das nicht nur die Lagen, Großlagen und Qualitätsstufen der deutschen Weinbaugebiete regelte, sondern auch die erlaubten «Behandlungsstoffe» benannte, die bei der Weinherstellung zulässig waren.[34] Dabei trat Erstaunliches zu Tage: unter anderem die Tatsache, dass in modernen Industriestaaten Wein schon lange nicht mehr nur aus dem vergorenen Saft der Traube gewonnen wurde, sondern für die Weinherstellung eine ellenlange Liste an Chemikalien und Zusatzstoffen notwendig schien.[35] Die Deutsche Bischofskonferenz war gezwungen, die Verwendung von Messwein in Deutschland ganz neu zu regeln, und erklärte in einem Akt ordnungspolitischen Gehorsams die neuen Zusätze einfach allesamt für zulässig.[36] Demnach war im Messwein nun die Beigabe von (oder der Kontakt mit) Hefe, Kohlensäure, Kaliumdisulfit, Ascorbinsäure, Wels-, Stör- oder Hausenblase, Gelatine, Eiweiß, Tannin, Kieselsol, Bentonit, Kaliumhexacyanoferrat, Asbest, Zellulose, Polyvinylpolypyrrolidon, Silberchlorid, Sorbinsäure und pektolytischen Enzymen gestattet. Die meisten (nicht alle) dieser Stoffe dienen der Klärung und Schönung des Weines und werden (fast) rückstandsfrei ausgefällt, aber es war klar: Die Zeiten, in denen man wie Thomas von Aquin glauben konnte, Wein werde einfach aus Trauben gemacht, war vorbei. Auch wenn man sich auf dem Höhepunkt der modernen Nahrungsmittelindustrie befand, waren Asbest und Polyvinylpolypyrrolidon im Blut des Herrn doch eine gewisse Neuerung.[37]

Eine europäische Verordnung von 2009 erlaubt sogar noch mehr Zusatzstoffe. In den Durchführungsbestimmungen werden über fünfzig Substanzen genannt, von Aleppokiefernharz, Allylisothiocyanat und Argon über Diammoniumphosphat, Gummiarabicum und Paraffin bis zu Schwefeldioxid und Urease.[38] Am 1. Dezember 2014 hob die Deutsche Bischofskonferenz alle bestehenden Messweinordnungen auf, «da inzwischen das weltliche Recht die Reinheit des Weines strikt normiert und die Beimischung von Fremdstoffen weitestgehend verbietet».[39]

Neben allem anderen enthält Wein natürlich weiterhin auch Alkohol. Schon 1982 wurde an die Glaubenskongregation unter ihrem damaligen Präfekten Kardinal Ratzinger die Frage gerichtet, ob alkoholkranke Priester den Wein nicht auch «per intinctionem», durch das Eintauchen der Hostie, und damit nur in ganz geringem Maße, zu sich nehmen dürften[40] und ob zöliakiekranken Gläubigen nicht auch glutenfreie Hostien gereicht werden könnten. Während Ersteres zugelassen wurde, blieb Letzteres verboten.[41] Die Kongregation erklärte später, dass nur gluten*arme*, nicht aber gluten*freie* Hostien gestattet seien, weil sich aus Weizenmehl ganz ohne Gluten eben keine Hostien backen lassen.[42] Interessanterweise wurde hier die Form der Hostie zum Kriterium ihrer Substanz gemacht. Alkoholkranken Priestern wurde allerdings der Gebrauch von Most aus «frischem oder konserviertem Traubensaft, dessen Gärung unterbrochen wurde (durch Einfrieren oder andere Methoden, die seine natürliche Beschaffenheit nicht verändern)», gestattet, obwohl die entsprechende Regelung der pseudo-isidorischen Dekretalen bekanntlich eine Fälschung aus dem neunten Jahrhundert ist.[43] Dass Wein mittlerweile auch Dinge wie Kaliumhexacyanoferrat, Asbest, Zellulose und Silberchlorid enthalten konnte, focht die Glaubenskongregation genauso wenig an wie die Deutsche Bischofskonferenz.

Das Dikasterium wagte einen Spagat zwischen moderner Lebensmittelchemie und neuscholastischer Tradition, bei dem die Grenze zwischen den «Substanzen» und ihren «Akzidenzien» nicht mehr ganz deutlich war: Warum Alkohol im Wein für entbehrlich gehalten wird, Gluten im Weizenmehl aber nicht, erschließt sich nicht sofort – insbesondere, da die Substanzen nach der Lehre von der Transsubstantiation ja ohnehin in den Leib Christi gewandelt werden und die Eigenschaften (oder ihr Fehlen) demnach nur sekundär sind.

2013 bestätigt die Glaubenskongregation sogar, dass eucharistische Materien, «die mit genetisch veränderten Organismen zubereitet wurden», als gültig anzusehen seien.[44] Gemeint ist Wein, der mit einer genmodifizierten Hefe angesetzt wird. Diese «Hochleistungshefe» ML01 ist in den USA, Kanada und einigen anderen Ländern erlaubt und soll beim Wein für besseren Geschmack, mehr Farbstabilität und weniger unerwünschte Nebenprodukte sorgen. Abgesehen davon, dass diese Hefen in vielen Ländern (auch in Europa) nicht zugelassen sind, bewegt sich die Glaubenskongregation hier auch substanzmetaphysisch auf dünnem Eis: Denn wenn Genmanipulation bei der Hefe gestattet ist, dann können auch genetisch veränderte Trauben und Weizen nicht ausgeschlossen werden – und das öffnet einer bunten Vielfalt an genetisch hergestellten Variationen bei den eucharistischen Materien Tür und Tor: Warum nicht Weizen in verschiedenen Geschmacksrichtungen? Wein in bunten Farben?

Fremde Materien

Die Infragestellung der eucharistischen Materie gründete indes nicht nur in der Sorge um Allergiker und Alkoholiker, sondern spielte sich auch auf ganz anderen Gebieten ab. Seit etwa 1970 beschäftigte die katholische Kirche eine Debatte um den Eurozentrismus der katholischen Normen. Der Hintergrund war die Emanzipation der ehemaligen europäischen Kolonien vor allem in Afrika, Asien und der Karibik und die Entstehung der linksgerichteten Befreiungstheologie in Südamerika. Die Befreiung von den Kolonialmächten oder von repressiven Regimen führte in der Politik, aber auch in Theologie, Philosophie, Literatur und Kunst zu einer Wende hin zum sogenannten Postkolonialismus. Dabei geht es um die Frage, wie nach Jahrhunderten der politischen und kulturellen Fremdherrschaft eine eigene Identität der Beherrschten und Kolonisierten wiederentdeckt oder allererst neu formuliert werden kann.

In der Theologie wurde vor allem der emanzipatorische Charakter des Evangeliums, das «soziale Evangelium», die frohe Kunde von der Befreiung des Volkes Gottes und der Befreiung des Einzelnen von den Mächten des Bösen wiederentdeckt. Schon bald kam allerdings auch die Frage auf, ob dann die eucharistischen Materien Wein und Weizen, die meist erst von den Kolonialherren eingeführt worden waren, für die eigene Religiosität nicht unangemessen seien. Die Befreiung von der Fremdherrschaft mit den Speisen der Fremdherrscher zu feiern schien widersprüchlich. Die seit dem Ende der 1960er Jahre aufkommende Debatte um die rechte eucharistische Materie wurde in verschiedenen dekolonialisierten Ländern lebhaft geführt. Besonders gut dokumentiert ist sie für Afrika, wo Wein und Weizen in weiten Teilen des Kontinentes ohnehin nicht zu haben waren.[45]

Wie kompliziert die Fronten in den postkolonialen Debatten sein können, sieht man daran, dass europäische Theologen den ersten Anstoß zu einer Neudefinition der eucharistischen Materien in Afrika gaben. Der belgische Jesuit Wauthier de Mahieu stellte die Materien 1970 von *anthropologischer* Seite in Frage: Ein autochthoner afrikanischer Katholizismus werde nicht ohne ein Symbolsystem auskommen, das die afrikanische Lebensweise, Kultur und Spiritualität abbilde. Die katholischen Grundsymbole aber blieben grundsätzlich «westlich oder mittelmeerisch» und dem Leben und der Spiritualität in Afrika fremd.[46] Von *liturgischer* Seite argumentierte der französische Dominikaner René Luneau 1972: Wenn der Priester im Hochgebet die «Frucht der Erde und der menschlichen Arbeit» konsekriere, so treffe das in Afrika doch eher auf Reis, Hirse, Bier und Palmwein zu. Aus *pragmatischen* Gründen wollte sich die Bischofskonferenz des damaligen Zaïre (heute Kongo) 1972 genehmigen lassen, Zuckerrohrwein oder Palmwein zu verwenden, wenn kein Traubenwein zu haben sei. All das wurde jedoch in Rom abgelehnt.

In den folgenden Jahren verschärfte sich der Ton: Wein und Weizen seien «unserer Kirche» von der westlichen Kultur oktroyiert; eine eucharistische «Inkarnation» des Christentums in das Leben «unserer Völker» werde dadurch unmöglich, behauptete der Kameruner Befreiungstheologe Jean-Marc Ela 1980. Bei dem kongolesischen Theologen Kabasele Lumbala ist ein Christus, der sich in Brot und Wein inkarniert, gar ein «Gott ‹des Regimes›, der nicht isst und trinkt, was alle essen und trinken im Lande».[47]

Anders als den Argumenten der westlichen Medizin und Nahrungsmitteltechnologie hat sich Rom den historisch und theologisch begründeten Forderungen aus der Befreiungstheologie bislang verschlossen. Entweder fördert die katholische Kirche eine entschlossene Inkulturation des Evangeliums in alle Völker dieser Erde und nimmt damit den Verlust der weltumspannenden Einheit in Kauf – oder sie fordert ein striktes Festhalten an den «Zeichen der Einheit für die universale Kirche»[48] und läuft so Gefahr, die Einheit umso sicherer zu verspielen.

Zwischen Cola und Walspeck

Was der katholischen Kirche in Zukunft drohen könnte, ist in der anglikanischen Kirche schon Wirklichkeit. Mit der katholischen Kirche teilt der Anglikanismus wegen der früheren Kolonialgebiete des Britischen Empire die globale Ausbreitung. Anders als die katholische Kirche hat die anglikanische aber kein Lehramt, das die Grenzen der Inkulturation mit gleicher Strenge definieren könnte wie die Glaubenskongregation.

Die Rückkehr der Vielfalt

2005 legte die Inter-Anglican Liturgical Commission in Antwort auf die Erklärung des Ökumenischen Rates der Kirchen in Lima von 1982 einen Bericht über die Kommunion in den anglikanischen Teilkirchen vor, der Haarsträubendes ans Tageslicht brachte.[49] In den afrikanischen und islamischen Staaten haben die Kirchen mit einem Mangel oder dem Verbot von Wein zu kämpfen. In Staaten wie den Arabischen Emiraten, Pakistan oder Kuba war Wein aus unterschiedlichen Gründen legal nicht zu bekommen, weshalb die dortigen Gemeinden dazu übergegangen waren, nach alter Tradition Wein aus Trauben, Zucker und Wasser selbst anzusetzen. In Ländern wie Burundi, Ruanda und dem Kongo war Wein schlicht unerschwinglich, oder die Christen lehnten das Trinken von Alkohol als Sünde ab und behaupteten «there is no disctinction between drinking from the altar and drinking from the public bars».[50] Die missionarischen Bemühungen des neunzehnten Jahrhunderts hatten hier unerwarteten Erfolg gehabt. Da aber auch das Wasser nicht immer trinkbar war, verwendeten die Gemeinden hier oft industrielle Softdrinks wie Cola, Fanta oder Ribena, eine Johannesbeerschorle.

Eine Kirche sah sich sogar gezwungen, eine solche Notlösung kirchenrechtlich zu legalisieren: In der anglikanischen Kirche Ugandas, das während der Schreckensherrschaft Idi Amins 1971 bis 1979 weitgehend von westlichen Importen abgeschnitten war, genehmigte die Kirche offiziell, Wein aus Bananensaft, Ananassaft oder Passionsfruchtsaft zu konsekrieren.[51] Damit dürfte sie die erste christliche Kirche seit der Antike sein, die offiziell Materien jenseits des Traubenweins zugelassen hat. Aber auch hier erfreut sich Cola weiterhin großer Beliebtheit.

Was das Brot betrifft, so verwendete man in einigen afrikanischen Ländern wie Sudan aus schierem Mangel an Getreide stärkehaltige Nahrungsmittel wie Maniok. In den Kirchenprovinzen des pazifischen und amerikanischen Raumes bevorzugt man eher aus kulturellen Gründen indigene Abendmahlsmaterien. Auf den Philippinen gingen, berichteten Mitglieder der Anglican Liturgical

Commission, einige Provinzen schon in den 1980er-Jahren dazu über, Reiswein und das lokal übliche Brot aus Reismehl zu verwenden. In Polynesien feierten einige Pastoren das Abendmahl mit Kokosnüssen. Sogar am Pacific Theological College auf Fidschi habe sich der Brauch festgesetzt, mit Kokosnüssen statt Hostien zu feiern.[52] Auf einigen Inseln werde statt Wein auch das Zeremonialgetränk der indigenen Religionen verwendet, das aus dem Pfefferstrauch gewonnene Kava. Auf Hawaii sei man noch immer verstimmt, weil man nicht die Erlaubnis erhalten habe, *poi*-Brot aus dem traditionellen Taro-Mehl zu verwenden. In Alaska habe ein anglikanischer Priester begonnen, das Abendmahl Jesu als Potlatch zu interpretieren – mit der Folge, dass den Gläubigen ein Abendmahl mit Brot und Wein gegenüber dem traditionellen Potlatch, bei dem Häuptlinge und Stämme sich gegenseitig durch verschwenderische Geschenke und Festmahle mit Walspeck ehrten, als recht armselige Veranstaltung erscheine. Die First Nations in Kanada und USA benutzen, höre man, in Abendmahlsfeiern teilweise das halluzinogene Peyote.[53]

Die Liturgische Konferenz nahm solche Berichte mit Sorge zur Kenntnis: Sie erkannte in diesen Formen der Inkulturation einen gewissen Relativismus. Etwas durchsichtig versuchte man daher, die postkoloniale Argumentation umzudrehen: Nicht nur der Protest gegen die koloniale Vergangenheit, sondern auch das Bekenntnis zu einem Christus, der der eigenen Kultur fremd ist, sei unter Umständen «counter-cultural».[54] Brot und Wein seien und blieben auf jeden Fall die Elemente des anglikanischen Abendmahls. Die Commission on Ecumenical Relations, der der Bericht 2006 vorgelegt wurde, schloss sich diesem Urteil an. Gegen die faktisch längst eingetretene Globalisierung der eigenen Kirche war man aber machtlos. Nur zaghaft wies man darauf hin, dass die Lambeth-Conference 1888 Schrift, Bekenntnis, Bischofsamt, Taufe und Abendmahl zu unverzichtbaren Prinzipien der kirchlichen Einheit erklärt habe. Dass dieselbe Konferenz auf dem Höhepunkt des Kolonialismus alles andere als «echten Wein» apodiktisch verboten hatte, verschwieg man.[55]

Das British Empire hatte die Anglikanische Kirche groß gemacht. Wie keine andere Kirche hatte sie die Möglichkeit gehabt, das Evangelium tatsächlich «allen Völkern» zu predigen. Nach dem Ende der britischen Kolonialherrschaft aber musste man erkennen, dass diese Völker begannen, sich einen eigenen Reim auf das Evangelium zu machen. Die Speisen der europäischen Herrscher und ihrer Priester waren nicht mehr die Speisen der von ihnen unterworfenen Völker.

«The coconut of life»

oder: Blick zurück in die Zukunft

Im Jahr 1985 begann in Polynesien der methodistische Theologe Sione 'Amanaki Havea an einem Projekt zu arbeiten, das bald Aufsehen erregen sollte. Er stellte sich die Frage, wie das aus Europa und Amerika stammende und erst seit Ende des neunzehnten Jahrhunderts in Polynesien verbreitete Evangelium dort so heimisch werden könne, dass es den Insulanern mit ihrer ganz eigenen Kultur und Geschichte, die vom Kolonialismus leidvoll gezeichnet waren, gerecht werden könne. Das Ergebnis war die «Coconut Theology».[1]

Das beste Symbol für das in Christus begründete und geschenkte Leben, so 'Amanaki Havea, sei in Polynesien nicht das Brot, nicht der Wein, nicht einmal das Wort, sondern die Kokospalme. Sie ist auf den Inseln der polynesischen Archipele allgegenwärtig, sie ist das «tägliche Brot» und noch viel mehr. Sie ist die Grundlage des menschlichen Lebens überhaupt. Aus ihren Stämmen wird Feuerholz gewonnen. Aus ihnen werden aber auch Boote gebaut, die überhaupt erst Verkehr und Kommunikation zwischen den Inseln ermöglichen. Ihre Blätter werden als Baumaterial für Häuser und Hütten verwendet, aus ihnen werden Fasern für Kleidung und Fischernetze gewonnen. Ihre Frucht, die Kokosnuss, ist von einer äußeren, grünen Schale umgeben, aus deren Fasern Seile gefertigt werden und deren Saft für pharmazeutische Zwecke verwendet wird. Die innere, harte Schale dient als Gefäß oder Brennmaterial – und ihr Innerstes schließlich ist der Kokossaft zum Trinken und das Kokosfleisch zum Essen.

Für 'Amanaki Havea bildet die Kokosnuss nicht nur die gute Schöpfung ab, sondern auch die Heilsgeschichte: Die Kokosnuss fällt aus der Höhe des Baumes auf die Erde herab und rollt an den tiefsten Punkt, wo sie stirbt. Ihr Fleisch und Saft ernähren den Sprössling, der zu einem neuen Baum heranwächst. Rollt die Kokosnuss ins Meer, schwimmt sie davon und begründet, wo immer sie an Land gespült wird, neues Leben. Dieses Ereignis der Kondeszendenz – das Wort bezeichnet in der Theologie das «Herabsteigen» des Gottessohns vom Himmel auf die Erde – ist nach Havea eine Art *kairos*, der entscheidende eschatologische Augenblick, denn jede Kokospalme hat ihre ganz eigene, unbeeinflussbare Zeit, in der sie wächst, reift und stirbt.

'Amanaki Havea zog aus dieser Form symbolischer Theologie schon bald praktische Konsequenzen. Er entwickelte eine Liturgie, in der statt Brot und Wein Kokosnüsse verwendet werden:[2] Die Gemeinde, in traditionellen Festgewändern aus Kokosfasern, wird mit Muschelhörnern oder Schlaghölzern zusammengerufen. Eine Kokosnuss, noch in ihren beiden Schalen, wird unter Tänzen in die Versammlung gebracht und begleitet von einer Lesung in der Mitte aufgestellt. Während einer Lesung der Gottesknechtslieder aus dem Buch Jesaja wird die Kokosnuss von einem zum anderen gerollt und so symbolisch «erniedrigt». Dann wird ihr zu den Worten der Passionsgeschichte mit einem Buschmesser die äußere Schale entfernt und die Nuss selbst entzweigeschlagen. Mit den Worten «Ich bin die Kokosnuss des Lebens» wird schließlich zur Kommunion eingeladen, die mit Kokossaft und Kokosfleisch begangen wird – wobei nicht vergessen wird, auch den Ahnen etwas von der gemeinsamen Kommunion zu opfern. Machtvolle Symbole werden hier zu einem rituellen Reenactment der Heilsgeschichte verbunden, und tatsächlich werden bis heute in Polynesien Gottesdienste gefeiert, in denen nach den Anregungen 'Amanaki Haveas Kokosnüsse die zentralen Symbole und Abendmahlselemente darstellen.[3]

Von den äußersten Rändern des Christentums hat eine Bewegung ihren Ausgang genommen, die heute die europäischen Grundlagen des Christentums in Frage stellt. Sie lehnt die traditionellen Symbole und Zeichen als kulturell und ethnisch codiert ab und ersetzt sie selbstbewusst durch Symbole und Narrative, die der eigenen Vergangenheit und Gegenwart entnommen sind.

Als das Christentum am Ende der Welt angekommen war, stellte sich heraus, dass nicht nur das Christentum die Welt, sondern auch die Welt das Christentum verwandelt hatte: Aus dem «Brot» des Lebens war eine «Kokosnuss» geworden. Dieser Prozess war von Anfang an abzusehen. Als das Johannesevangelium den Logos sagen ließ: «Ich bin das Brot des Lebens» und «Ich bin der wahre Weinstock»[4] hatte es vor allem die existenzielle Notwendigkeit des Evangeliums darstellen wollen. In den ersten Jahrhunderten bezeichnete das Mahl der Christen noch kein sakramentales Heilsgeschehen, sondern war ein Gemeinschaftsmahl – eine Gemeinde, die unter ihrem *symposiarchen* Christus Einheit und Freiheit fand. Die Speisen waren keine geheimnisumwitterten Substanzen, sondern die alltäglichen Nahrungsmittel ihrer Zeit und ihrer Region.

Damit aber hatte das Christentum die Grundnahrungsmittel der römischen Antike in einer zukünftigen Weltreligion verewigt. Die Kirchen beschäftigte deshalb von Anfang an die Frage, ob Brot und Wein nicht doch kontingente Zeichen seien. Schon die Frage, ob Jesus das ungesäuerte Brot der historischen Juden gemeint hatte oder nicht, stellte die ewige Offenbarung in einen historischen Kontext. In der scholastischen Diskussion wurde offen gefragt, ob Christus nicht auch andere Elemente als seinen Leib hätte bezeichnen können? Das wurde theoretisch für möglich gehalten, aber natürlich fand man eine Reihe von Argumenten, die zeigten, warum es am besten (und *deshalb* notwendig) gewesen war, dass Jesus aus allen möglichen Speisen und Getränken nur Weizenbrot und Traubenwein ausgewählt hatte.

Erst die Entdeckung Amerikas, einer Welt, in der Weizen und Wein seit Beginn der Schöpfung gefehlt hatten, ließ Zeitgenossen wie Calvin an der traditionellen Antwort zweifeln. Die hypothetische Frage wurde eine kontrafaktische: Hätte Jesus, wenn er nicht in Palästina geboren worden wäre, nicht ganz andere Nahrungsmittel verwendet? In den protestantischen Kirchen wurde diese Frage seit dem sechzehnten Jahrhundert zwar bejaht, aber von der Autorität der Schrift sollte nicht abgewichen werden, «um keine Neuerung zu machen». Die Jesuiten stellten sich immerhin die Frage, wo, wie und inwieweit das Christentum sich den Formen und Inhalten fremder Kulturen anpassen müsse, um das Evangelium verständlich werden zu lassen. Aber beim zentralen Sakrament ließen auch sie keine Anpassung an andere Kulturen zu. Mit der europäischen Kolonisation und Mission setzten sich die europäischen Grundnahrungsmittel Wein und Weizen als christliche Abendmahlselemente weltweit durch.

Erst die postkoloniale Diskussion gab auf die kontrafaktische Frage eine Antwort: Wenn Jesus in Ghana, in Uganda, auf den Philippinen oder in Samoa zur Welt gekommen wäre, hätte er Hirse, Palmwein, Reis oder Kokosnuss gebrauchen müssen, um den Menschen ihre Erlösung verständlich zu machen. Deshalb war es sinnvoll, die Nahrungsmittel zu verwenden, die dort am besten *ausdrücken*, was Jesus sagen wollte.

In der zweiten Hälfte des zwanzigsten Jahrhunderts begannen christliche Kirchen zum ersten Mal seit der Spätantike, die Symbole Brot und Wein in Frage zu stellen, und zwar nicht aus Not und Mangel, sondern um der ethnischen und kulturellen Identität des Evangeliums willen. Damit war die Frage, was das «Brot des Lebens» sei, an die Anfänge des Christentums zurückgekehrt.

Es ist bemerkenswert, dass die traditionelle Form des Abendmahls heute auch in Europa in einer Krise steckt. Auch hier kommt es in vielen Kirchen zu einer Besinnung auf die eigenen kulturellen und religiösen Wurzeln – und die werden immer häufiger nicht mehr in der sakramentalen Tradition der mittelalterlichen und frühneuzeitlichen Kirchen, sondern in der Befreiungserfahrung urchristlicher Gemeinschaftsmahle gesucht: Wo man das Abendmahl «authentisch» erfahren will, werden Brot und Wein durch Nahrungsmittel ergänzt, die diese befreiende Gemeinschaft anders und besser zum Ausdruck bringen sollen. Wenn Gemüse und Obst, Käse und Saft beim Abendmahl geteilt werden, ist das nicht neu, sondern in Wirklichkeit uralt.

Es ist kein Zufall, dass diese Besinnung mit einer *Infragestellung der traditionellen Substanzen* einhergeht. Der ersten Welt sind (wie so vieles andere auch) ihre eigenen Grundnahrungsmittel suspekt geworden. Tatsächlich sind Brot und Wein nicht mehr das, was sie früher waren: Mit der Industriellen Revolution und dem technischen Fortschritt kam die industrielle Fertigung und Veränderung von Nahrungsmitteln. Die Herstellung von Brot und Wein ist heute ein hochtechnisierter Vorgang mit erheblichem Einsatz an Nahrungsmittelchemie. Was wir als Brot und Wein zu uns nehmen, ist etwas substanziell anderes als im vorindustriellen Zeitalter und hat die Gebote kanonischer Reinheit, die das Abendmahl seit dem neunten Jahrhundert begleitet haben, längst ad absurdum geführt. Die Gegenbewegung der ökologischen Ernährung, die Bio-Wein-Labels, Slow-Food-Zeitschriften und Landbäckereien haben auf ihre Weise auf diese Entwicklung reagiert und sind inzwischen in der Mitte der westlichen Gesellschaft angekommen. Aber nicht nur die Substanzen, auch die Menschen haben sich geändert: Anders als früher reagieren heute immer mehr Menschen allergisch auf gerade jene Substanzen, die aus Weizenmehl Brot und aus Traubensaft Wein machen.

Die Konsequenzen sind paradox. Nur mit einem enormen technischen Aufwand hergestellte glutenfreie, hypoallergene und alkoholfreie Substanzen ermöglichen heute noch die «authentische» Form der alteuropäischen liturgischen Tradition. Wer die alteuropäische liturgische Tradition *ohne* Nahrungsmittelchemie erfahren will, muss in der Frage der Substanzen von ihr abweichen und zu Nahrungsmitteln wie Kartoffeln, Mais oder Reis greifen, die ihren Ursprung in jenen «heidnischen» Ländern haben, die seinerzeit von Europa aus missioniert wurden. Und während diese indigenen Speisen in Europa helfen sollen, die europäische Tradition aufrecht zu erhalten, dienen sie in ihren Herkunftsländern dazu, das eurozentrische Sakramentsverständnis zu überwinden.

Von daher stellt sich die Frage, ob man die Abendmahlselemente nicht gleich wieder in ihren natürlichen Formen und Gestalten auf den Altar legen soll, so wie es in den urchristlichen Gemeinden üblich war. Wenn, wie es heute auch in Deutschland bei einigen Gemeinden schon geschieht, der Wein als Traubensaft und dieser wiederum in seiner natürlichen Verpackung als *Traube* gespendet wird, spräche auch nichts dagegen, statt einer Hostie aus Reisstärke gleich Reis, statt einer Hostie aus Maismehl gleich Mais oder eine Tortilla zu verwenden.

Doch so einfach ist es natürlich nicht. Im Laufe der Geschichte hat es ganz unterschiedliche Rekonstruktionen dessen gegeben, was man für «urchristlich» und damit normativ hielt. Und was wissen wir sicher über die Mahlbräuche Jesu und der Urkirche? Wenn man sich an den historischen Epochen des Christentums orientiert, warum sollte dann der Brauch einer Epoche schlechter oder besser, verbindlicher oder häretischer sein als der einer anderen? Warum sollte die ältere Tradition der römischen Papstkirche schlechter sein als die neuere der Reformation? Warum sollte die europäische Tradition mit Brot und Wein schlechter sein als eine philippinische mit Reis und Palmwein?

So sehr man den Vollzug des Abendmahls auch stets als Gehorsam gegen das ewige göttliche Gebot ausgegeben hat, waren das Abendmahl und seine Elemente doch immer auch Spiegel ihrer jeweiligen Kultur, das antike Symposion mit Speisen und Wein ebenso wie das eucharistische Hochamt mit Transsubstantiation und Elevation in einer mittelalterlichen Kathedrale, die vor den Augen der Gläubigen verborgene Schlachtung des Lammes in einem russischen Kloster ebenso wie ein Schluck verdünnter Whisky im Gemeindehaus einer Kleinstadt im Wilden Westen, das Lord's Supper in einer amerikanischen Mega-Church mit angeschlossener Fernsehübertragung ebenso wie der Sonntagsgottesdienst einer kleinen Inselgemeinde auf Samoa mit Kokosnuss.

«The coconut of life»

212 Die Elemente machen nicht die Würde oder die Richtigkeit des Abendmahls aus. Sie sind der Beitrag der Menschen zum Gottesdienst, nicht mehr, aber auch nicht weniger. In diesen Elementen und ihren Formen spiegelt sich ihr Leben in seinen Zwängen und Möglichkeiten, ihr Glaube und ihr Zweifel, ihre Not und ihr Überfluss, ihre Vorlieben und Tabus, ihre Krankheiten und Unverträglichkeiten, ihre politischen und sozialen Bindungen, ihre industrielle oder bäuerliche Kultur, ihr Konsum oder ihre Autarkie, kurz: ihr ganzes Leben. Ein Prepackaged Communion Set ist genauso «authentisch» wie eine klassische Hostie, eine Flasche Messwein aus dem Würzburger Juliusspital ebenso Ausdruck christlicher Kultur wie eine unter Schwierigkeiten organisierte Dose Fanta im Kongo oder eine über Amazon bestellte Jahreslieferung von «Unfermented Wine» und «Glutenfree Communion Bread». Erst wenn das Abendmahl dieses Leben in all seiner Buntheit und Vielfalt nicht mehr darstellt, erst dann hat das Abendmahl seinen Sinn verloren.

Dank

Am Anfang und am Ende meines historiographischen Experimentes stehen meine Frau Miriam Rado und meine Freunde Jan-Philipp Hoffmann und Ralf Stammberger. Großen Dank schulde ich vielen Kollegen, die mich – amüsiert bis fassungslos – mit Tipps, Ratschlägen und Hinweisen auf merkwürdige und entlegene Quellen oder Bilder versorgt und frühe Fassungen kritisch gelesen haben: Helmut Dietrich, Hacik Gazer, Colleen M. Guy, Thomas Kaufmann, Emily Kearns, Margit Kern, Charlotte Köckert, Wladimir Kulap, Karl-Heinz Leven, Karoline Noack, Ute Verstegen und Christiane Witthöft. Christine Lietmeyer hat unermüdlich viele Stunden mit dem Suchen und Sichten von Literatur und Bildern verbracht. Ulrich Nolte vom Verlag C. H. Beck danke ich herzlich für die genaue Durchsicht des Manuskriptes und seine vielen guten Verbesserungsvorschläge, die aus einem Experiment ein Buch gemacht haben.

Glossar

Ablution: lat. *Spülen* des Abendmahlskelches nach Ende der Eucharistie mit unkonsekriertem Wein, der vom Zelebranten getrunken wird oder (im Mittelalter) als «Speisewein» den Gläubigen gespendet wurde.

Agapemahl: gr. *Liebes*-Mahl; gemeinsame Mahlzeit der Gläubigen, die in der frühchristlichen Kirche zum Gottesdienst gehörte und seit dem 2. Jahrhundert als eigenes Sättigungsmahl (vor allem für Arme) gefeiert wurde.

Aquarier: altkirchliche Gruppe, die vornehmlich aus asketischen Gründen das Abendmahl nicht mit Wein, sondern mit Wasser feierte.

Azymen/Azymenstreit: gr. *Ungesäuertes*; die Verpflichtung auf ungesäuertes Brot in der römischen Kirche war einer der Gründe für den Bruch zwischen der Ost- und der Westkirche 1054.

Einsetzung: die in den synoptischen Evangelien berichtete Stiftung von Kelch und Brot durch Jesus, die bei der Feier des Abendmahls im Gottesdienst wiederholt wird.

Elevation: lat. *Hochheben* von Brot und Kelch nach der Konsekration, damit die Gemeinde die Sakramente sehen kann.

Eucharistie: gr. *Danksagung*; Sammelbegriff für das Abendmahlssakrament und seine gottesdienstliche Feier in der katholischen Kirche.

Konkomitanz: lat. *Begleitung*; die seit dem 13. Jahrhundert entwickelte Lehre, Leib und Blut Christi seien wechselseitig auch im anderen Element enthalten, so dass das Sakrament unter einer Gestalt vollgültig empfangen werden könne.

Konsekration: lat. *Weihung* der Elemente Wein und Brot im Abendmahl.

Liquoristischer Streit: theologischer Streit im Schweden des 16. Jahrhunderts um die Frage, ob das lutherische Abendmahl gültig auch mit anderen Flüssigkeiten als Wein gefeiert werden könne.

Messe: katholischer Gottesdienst mit Eucharistiefeier.

Messopfer: ursprünglich alle Opfergaben, die im frühchristlichen Gottesdienst als Dank, Bitte oder Sühne gespendet wurden; in der katholischen Kirche die Darbringung der in Christi Leib und Blut gewandelten Abendmahlselemente durch den Priester.

Patene: gr. *Teller*; flacher Teller für die Hostien.

Purificatorium: lat. *Reinigungs*(-Tuch) zum Reinigen des Abendmahlskelches nach der Ablution.

Prosphora: gr. *Darbringung/Opfer*; die im orthodoxen Gottesdienst als Opfergaben dargebrachten Weizenbrote, aus denen der Priester das Abendmahlsbrot auswählt.

Transsubstantiation: lat. *(Substanz-)Wandlung*; die sich seit dem 11. Jahrhundert entwickelnde Lehre, nach der durch die priesterliche Konsekration die Substanz von Brot und von Wein in die Substanz von Fleisch und Blut Christi gewandelt werden und nur die äußeren Eigenschaften gleichbleiben.

Viaticum: lat. *Wegzehrung*; beim katholischen Sterbesakrament gereichtes Abendmahl.

Anmerkungen

Fleisch und Brot, Bier, Wein und Cola: Eine kulinarische Geschichte des Abendmahls

1 «Deus Noster et cibus et potus est; cibus quando per cognitionem sumitur. potus quando per dilectionem. cibus quando per cognitionem sumitur. [...] quasi cibus nisi prius masticatur non sumitur; sic enim scrutationis labore peruenitur ad gustum cognitionis.» Misc. I,143, (PL 177, col. 552).
2 Vgl. Schulz, Lima, S. 18.
3 Vgl. Inter-Anglican Liturgical Commission, Eucharistic Food, S. 17 ff.
4 Die Geschichte des Weins ist besser erforscht als die des Brotes; zum Wein vgl. Hyams, Wine; Unwin, Wine; Schreiber, Weingeschichte; Garrier, Histoire. Zum Brot vgl. vor allem die Arbeiten von Währen.

Der Mahlkult des frühen Christentums

1 Grundlegend Jeremias, Abendmahlsworte.
2 Vgl. Marguerat, Juden und Christen.
3 Vgl. Meßner, Gottesdienst, S. 348 ff.
4 Vgl. Berger, Manna, S. 103.
5 Vgl. Klinghardt, Gemeinschaftsmahl, S. 524.
6 Ebd., S. 97.
7 Ebd., S. 59.
8 Ebd., S. 105.
9 Cicero, Tusc. V, 41,118, zitiert nach Klinghardt, Gemeinschaftsmahl, S. 115.
10 Vgl. Klinghardt, Gemeinschaftsmahl; Meßner, Gottesdienst; der Ansatz wurde aufgenommen und vertieft von Taussig, Beginning, und Stein, Frühchristliche Mahlfeiern.
11 Vgl. Meßner, Gottesdienst, S. 420.
12 Meßner, Gottesdienst, S. 420, weist zu Recht darauf hin, dass das «vorwegnehmen» (1. Kor. 10,21) wohl «zu sich nehmen» bedeutet und das «einander annehmen» (10,33) als «warten aufeinander» übersetzt werden muss.

Anmerkungen

13 Vgl. Klinghardt, Gemeinschaftsmahl, S. 299.
14 In diesem Zusammenhang erinnert er daran, dass auch das letzte Mahl Christi dazu bestimmt war, die Einheit der Jünger untereinander zu stiften: «Ist der Kelch der Danksagung, über dem wir Dank sagen, nicht Gemeinschaft mit dem Blute Christi? Das Brot, das wir brechen, ist es nicht Gemeinschaft mit dem Leib Christi? Weil es *ein* Brot ist, sind wir, die vielen, ein Leib; denn wir sind alle des einen Brotes teilhaftig.» (1. Kor. 10,16–17).
15 Vgl. McGowan, Ascetic Eucharists, S. 218 ff.
16 Zur Hierarchie der Getreidesorten im NT vgl. Berger, Manna, S. 62–66.
17 Vgl. Jeremias, Abendmahlsworte.
18 Anders dagegen das Johannesevangelium und Paulus (1. Kor. 5,8), die Jesus mit den Pessachlämmern (Joh. 19,36) identifizieren, die bereits am Nachmittag vor Beginn der abendlichen Pessachfeier getötet werden. Das letzte Mahl Jesu hätte demnach einen Tag vor Pessach stattgefunden (Joh. 13,1).
19 Vgl. Stemberger, Pessachhaggada.
20 Philo, De spec. leg. II,148.
21 Vgl. Mt. 26,26 f.; Mk. 14,22 f.; Lk. 22,20 f.
22 Grundlegend Dalman, Brot; Berger, Manna; Währen, Brot in frühchristlicher Zeit; Stuiber, Art. Brot.
23 Vgl. Dalman, Brot, S. 53.
24 Vgl. Berger, Manna, S. 62.
25 Grundlegend Dommershausen, Art. Jajin; Dalman, Brot, S. 366 und 391.
26 Dommershausen, Art. Jajin, S. 617.
27 Jeremias, Abendmahlsworte, S. 45; Dommershausen, Art. Jajin, S. 617.
28 Vgl. Dommershausen, Art. Jajin, S. 616; Dalman, Wein des letzten Mahles.
29 Vgl. unten S. 180.
30 Jeremias, Abendmahlsworte, S. 47. Neben dieser Tradition begegnen sehr früh auch Gemeinden, die ihre Mahlfeiern aus einer anderen Tradition ableiteten. Die syrische Kirchenordnung der Didache (ed. Schöllgen), etwa um 100 entstanden, feiert die (hier erstmals so genannte) «Eucharistie» nicht als Pessach-, sondern als jüdisches Feiertagsmahl, das mit der Segnung von Kelch und Brot beginnt (Kiddusch) und einem Dankgebet (Birkat ha-Mazon) endet. Dabei wird erstmals auch explizit Wein als Inhalt des Kelches genannt («der heilige Weinstock David») und eine symbolische Deutung der Elemente vorgenommen: Speise und Trank sind den Menschen zum Genuss

gegeben, aber die geistliche Speise bringt das ewige Leben. Jeder Bezug auf ein letztes Abendmahl Jesu und seine Passion fehlen.

Das Kultmahl der Alten Kirche

1 Ein frühes Zeugnis dieser Entwicklung haben wir bereits in den Evangelien, die beim letzten Abendmahl das gemeinsame Essen zwar noch erwähnen, aber nur die Segenshandlung über Brot und Kelch ausführlich beschreiben.
2 Vgl. Meßner, Gottesdienst, S. 432.
3 So erstmals bei Ignatius, Phld 4.
4 Grundlegend Meßner, Gottesdienst, S. 430–435, und McGowan, Ascetic Eucharists.
5 Zitiert nach Meßner, Gottesdienst, S. 434.
6 Justin, Apol. I,66.
7 Vgl. Achelis, Didaskalia, S. 68–74; zum Kult ebd., S. 284–287.
8 Ebd., S. 71 und 143.
9 Lietzmann, Messe, passim.
10 Trad. Apost. 26 (ed. Geerlings, S. 279).
11 Vgl. ebd., S. 26.
12 Vgl. Die Akten in Joannou, Discipline, S. 127–155; vgl. Kanon 28 (ebd., S. 142) und Kanon 58, ebd. S. 153.
13 Vgl. dazu ausführlich Taft, History of Liturgy V, S. 398–418.
14 Vgl. Justin, Apol. I,65,5; Tertullian, Ad uxorem II,4,5,9.
15 Vgl. Ordo Romanus 1,71 (vgl. Jungmann, Missarum II, S. 10; Foley, Age, S. 114).
16 Vgl. Taft, History of Liturgy V, S. 411.
17 Konzil von Laodicäa, Kanon 14 (Joannou, Discipline, S. 136).
18 Ebd., Kanon 32 (Joannou, Discipline, S. 143) und Kanon 38 (S. 146).
19 Gegen eine Verbindung von Christen und Juden hat der Heilige Chrysostomus noch Ende des 4. Jh. gepredigt (vgl. Heiser, Juden).
20 Epiphanius, Pan. 49,2,3, (ed. Williams, II, S. 22).
21 Vgl. Stengel, Kultusaltertümer, S. 101 f.
22 De haer. 28. Vgl. McGowan, Ascetic Eucharists, S. 97 und 106.
23 Vgl. ebd., S. 98 ff.
24 Vgl. ebd., S. 198 (Tertullian: de cor. 3,3 [ed. Kroymann]); Ephräm der Syrer berichtet im 4. Jh. von Milch und Honig (vgl. Harnack, Brot und Wasser, S. 118); vgl. Trad. Apost. 21 (ed. Geerlings, S. 266). Das Wasser macht die äußere Taufe innerlich und nimmt den Täufling in Gott auf; der Wein ist Abbild des für alle vergossenen Blutes Jesu. Die Deutung von Milch mit Honig ist schwierig (vgl. McGowan, Ascetic

Anmerkungen

Eucharists, S. 112), doch am ehesten scheint die Reihenfolge der Kelche die Initiation des Täuflings ins Christentum darzustellen: Nach der Taufe bekommt der Christ zunächst nur Milch (1. Kor. 3,1–4), um danach erst die «feste Speise» zu erhalten.

25 Vgl. Apostolische Constitutionen und Canonen 62 (ed. Boxler), S. 317.
26 Zu Karthago vgl. Mansi 3, S. 884; zu Hieronymus, In Ies.15,55 (ed. Adriaen, S. 618,55).
27 Vgl. die Beschlüsse von Orleans 541, Braga I 572, Auxerre 585, Braga II 675 und Trullo 691 (vgl. Gaïse, Signes, S. 131–135).
28 McGowan, Ascetic Eucharists, S. 116.
29 Vgl. ebd., S. 118.
30 Vgl. ebd., S. 115.
31 Vgl. Epiphanius, Pan. 47,1 (ed. Williams, II, S. 3) und 49,1–3 (ebd., S. 23 f.).
32 Abgesehen von der Traditio Apostolica.
33 McGowan, Ascetic Eucharists, S. 143–213.
34 Cod. Theod. 16,5,11 (ed. Mommsen I, S. 859).
35 Harnack, Brot und Wasser, S. 118.
36 Act Vercell 2 (NTApo II, S. 261 ff).
37 Vgl. A. Thom 49,50 und 158 (NTApo II, S. 323 f. bzw. 363 f.).
38 Vgl. Harnack, Brot und Wasser; ablehnend Zahn, Brot und Wein.
39 Mart. Pio. 3,1 (ed. Rauschen, S. 345–366); vgl. dazu McGowan, Ascetic Eucharists, S. 203.
40 Cyprian, Ep. 63, 17 (ed. Diercks, S. 413).
41 Vgl. Bremmer, Art. Opfer, und Kearns, Cakes.
42 Zur Geschichte des antiken Brotes vgl. grundlegend Stuiber, Art. Brot; Jasny, Bread; Halstead, Food Production; Grimm, Good Things.
43 Vgl. Plinius, Naturkunde 18,11 (ed. König, S. 48).
44 Vgl. ebd.
45 Vgl. Grimm, Good Things, S. 74; Athenaios, Gelehrtenmahl III, 109–116 (ed. Friedrich, S. 188–201).
46 Vgl. Währen, Brot in frühchristlicher Zeit, S. 581.
47 Vgl. Dalman, Brot, S. 38; Jasny, Bread, passim.
48 Zum Wein in der Antike vgl. einführend Ruffing, Art. Wein II; ältere Forschung bei Unwin, Wine, S. 94–134, und Hyams, Wine, S. 34–133; Grimm, Good Things; Murray (Hg.), In vino veritas; Margaritis (Hg.), Wine.
49 Vgl. Ruffing, Art Wein.
50 Vgl. Apicius, De re coquinaria I,6.
51 Vgl. Taft, History of Liturgy V, S. 442–445.
52 Bezeichnenderweise hat sich diese Tradition in der Liturgie der ka-

tholischen Kirche noch bis ins sechzehnte Jahrhundert gehalten (vgl. Braun, Altargerät, S. 448–454).
53 Vgl. Irenäus, Ad. haer. IV,18,5 (ed. Brox, S. 146).
54 Vgl. Stuiber, Art. Brot, S. 617.
55 Vgl. Foley, Age, S. 119; Jungman, Missarum II, S. 10.
56 Vgl. Irenäus: Ad haer. I,13,2.
57 Vgl. Ignatius, Röm. 4,1 (ed. Lindemann/Paulsen, S. 210).
58 Mart Pol 15,2 (ed. Lindemann/Paulsen S. 276).
59 Augustin Serm 229 (PL 38, Sp. 834–838, ebd., Sp. 834).
60 Ebd.
61 Tertullian, De corona militis 3,4 (ed. Kroymann, S. 157 f.).
62 Trad. Apost. 37 (ed. Geerlings, S. 294).
63 Vgl. Trad. Apost. 36 und 38 (ed. Geerlings, S. 294 und 296). Ignatius bezeichnet das Abendmahl als «Heilmittel gegen die Unsterblichkeit, ein Gegengift gegen das Sterben und für das neue Leben in Jesus Christus.» Vgl. Eph. 20 (ed. Lindemann/Paulsen, S. 190).
64 Vgl. PG 33,1123.
65 Vgl. PG 47,27; Johannes Chrysostomus scheint um 400 diesen Brauch eingeführt zu haben.
66 Vgl. Anc. 57,3–5 (ed. Holl, S. 347–349).
67 Irenäus, Ad. haer. 4,18,5 (ed. Brox, S. 146).
68 Justin, Apol. I,65; vgl. Ambrosius von Mailand, De sacr. IV,14 (ed. Schmitz, S. 142); Gregor von Nyssa, In Baptismum Christi (= PG 46,581D).
69 Vgl. Gregor d. Große, Dialogi I,11.
70 Vgl. Währen, Brot in frühchristlicher Zeit, S. 580, und Galavaris, Bread, passim.
71 Vgl. Währen, ebd., S. 584, und Foley, Age, S. 113.
72 Noch in den Dialogen Gregors d. Großen (Dialogi IV,55) sind die gebackenen Opferkränze Sinnbild besonders edler Opfermaterie.
73 Bezeugt für Papst Miltiades (Lib. Pont. I,33, ed. Duchesne, S. 168) und für Siricius (ebd., I,40, S. 216).
74 Vgl. Taft, History of Liturgy V, S. 411.
75 Vgl. Hanssens, Institutiones II, S. 170.

Staaten und Stämme

1 Kanon 38 (Joannou, Discipline, S. 146).
2 Vgl. Apostolische Constitutionen und Canonen 62 (ed. Boxler), S. 329.
3 Vgl. Hanssens, Institutiones II, S. 134 ff., und Kanon 11 des Konzils Quinisextum (ed. Ohme, S. 196).

Anmerkungen

4 Vgl. Hanssens, Institutiones II, S. 250–270.
5 Vgl. ebd., S. 270.
6 Vgl. ebd., S. 156–161.
7 Vgl. ebd., S. 161–168.
8 Vgl. Regula Sancti Pachomii, Kap. 116 (PL 23,75).
9 Vgl. Rufus, Lives (ed. Horn), S. 222.
10 Ebd.
11 Zitiert nach Riedel, Kirchenrechtsquellen, S. 275.
12 Zitiert nach Renaudot, Liturgiarum Collectio 12,73 f.: «Oportet ut panis eucharisticus non coquatur quam in furno ecclesiac, sed neque pinset eum aut coquet femina».
13 Vgl. Hefele, Conciliengeschichte, S. 484.
14 Vgl. Kanon 28 und 57 (ed. Ohme, S. 216 und 250).
15 Vgl. Karabinov, Bericht.
16 Vgl. Hanssens, Institutiones II, S. 202.
17 Vgl. ebd., S. 201.
18 Vgl. Taft, History of Liturgy V, S. 365–371.
19 Vgl. dazu ausführlich Galavaris, Bread, passim; im liturgischen Kontext Taft, History of Liturgy V, S. 330–340.
20 Nachweis bei Taft, ebd., S. 349.
21 Vgl. ebd., S. 441–502.
22 Vgl. ebd., S. 502.
23 Vgl. Taft, History of Liturgy VI, S. 698–719.
24 Vgl. ebd., S. 724.
25 Vgl. ebd., S. 625–719.
26 Vgl. ebd., S. 720 und 731.
27 Hinkmar, Vita Remigii (ed. Krusch, S. 311).
28 Vgl. Beda, Hist. Eccl. II,5.
29 Vgl. Montanari, Hunger, S. 26.
30 Vgl. die Vita in PL 88,743b-c.
31 Vgl. Beda, Hist. Eccl. I,1, und Bassermann-Jordan, Geschichte I, S. 108–109.
32 Vgl. Browe, S. 436.
33 Vgl. Venantius Fortunatus, Vita Radegundis I,16 (ed. Krusch, S. 40).
34 Vgl. Browe, S. 433.
35 Vgl. PL 71,876.
36 Zu Nicetius von Trier [gest. 569] etwa Venantius Fortunatus, Carminum Liber III, Cap. XI (ed. Leo, S. 63 f.); zu Herzog Chrodin [gest. 582] vgl. Gregor von Tours, Libri Historiarum VI,20 (ed. Krusch, S. 288); weitere Belege bei Bassermann-Jordan, Geschichte I, S. 66.
37 Vgl. Gaïse, Signes, S. 131 und 135.

38 Vgl. Gregor, Hist. Francorum VIII,31.
39 Vgl. Mansi 9,846; vgl. Gaïse, Signes, S. 133; der Text bei Mansi 9,856.
40 Die Akten des Konzils von Braga 675 bei Mansi 11,154.
41 Siehe oben, S. 51.
42 Fagundez, Tractatus, S. 584.
43 Vgl. Isidor, Enzyklopädie (ed. Möller) XVII,III,1–13 und VI,XIX,24.
44 Ebd., XVII,III,2 (ebd., S. 611).
45 Vgl. Mansi 12,73.
46 Vgl. ebd., S. 74.
47 Ebd.
48 Vgl. Kanon X («tales fiant ut panis non sit crusta») bei Mansi 12,942.
49 Vgl. Browe, S. 384 mit vielen Quellenangaben; und ausführlich Taft, History of Liturgy VI, 720–750.
50 Vgl. Anm. 45 und Browe, S. 387.
51 Vgl. Körntgen, Studien, S. 269 f., und dazu Lutterbach, The Mass, S. 75.
52 Vgl. ebd.
53 Vgl. Körntgen, Studien, S. 16; Browe, S. 385.

Die Klerikalisierung der Materie

1 Jungmann, Missarum I, S. 107.
2 Vgl. Iserloh, Art. Abendmahl, S. 90.
3 Vgl. Jungmann, Missarum I, S. 109.
4 Dazu ebd., S. 98 ff.
5 Vgl. Ellard, Bread, S. 330.
6 Vgl. Colgrave, Life, S. 61.
7 Vgl. ebd.
8 Vgl. PL 75,52 in der Fassung des Johannes Diaconus von 873.
9 Zitiert nach Brommer, Kirchenprovinzen, S. 107: «V. Panes, quos deo in sacrificium offertis, aut a vobis ipsis aut a vestris pueris coram vobis nitide ac studiose fiant. Et diligenter observetur, ut panis et vinum et aqua, sine quibus missae nequeunt celebrari, mundissime atque studiose tractentur. Et nihil in his vile, nihil non probatum inveniatur juxta illud quod ait Scriptura: Sit timor domini vobiscum, et cum diligentia cuncta facite.»
10 Vgl. Brommer, Rezeption, und Jungmann, Missarum II, S. 13.
11 Vgl. Browe, S. 303, 318, 416.
12 Vgl. Ellard, Bread, S. 332.
13 Vgl. ebd., S. 334.

Anmerkungen

14 Vgl. ebd., S. 336 (zur Reformsynode von 1059) und Jungmann, Missarum I, S. 29 (zur Reformsynode von 1078).
15 Schreiber, Weingeschichte, S. 71–85, 333–340, 355–360.
16 Jungmann, Missarum II, S. 43.
17 Ep. 90 (PL 100, 287–294), ebd., S. 289.
18 Ebd.
19 Ebd.
20 De clericorum Institutione (PL 107,318) und De corpore et sanguine Christi (PL 120,1332b).
21 Dass Wein Schwefel enthalten musste, um haltbar gemacht zu werden, war in der Antike bekannt gewesen, scheint aber erst im Spätmittelalter wieder entdeckt worden zu sein, stand also dem Reinheitsgebot des Hochmittelalters nicht entgegen (Bassermann-Jordan, Geschichte I, S. 460–465). Auch die Tatsache, dass die Trauben mit nackten Füßen gekeltert wurden, tat der Würde des Sakraments offenbar keinen Abbruch. Karl der Große versuchte 812 in seinem Capitulare des Villis Cap. XLVIII immerhin, das Keltern mit nackten Füße zu verbieten und stattdessen den Gebrauch von Weinpressen vorzuschreiben (vgl. Bassermann-Jordan, Geschichte I, S. 349).
22 PL 8,969D: «Audivimus enim quosdam schismatica ambitione detentos [...] vero pannum lineum musto intictum per totum annum reservare, et in tempore sacrificii partem ejus aqua lavare, et sic offerre.» Hier wird u. a. auch der Gebrauch von Wein und Milch verdammt und die erst im 8. Jh. aufgekommene Intinctio (vgl. dazu Browe, S. 318 ff. und 441) und die Zelebration mit reinem Wein (970c).
23 PL 8, 969–970.
24 Pars Tertia, De Consecr., Dist. II, Cap. VII.
25 Mansi 18,129–159, ebd., S. 142.
26 Vgl. Bassermann-Jordan, Geschichte I, S. 618–621, und «De conflictu vini et aquae» in Bernt (Hg.), Carmina Burana, S. 574–582.
27 Seifert/Backhaus, Panis, S. 18.
28 Vgl. Vita Wandregisili V,53 (ed. Acta Sanctorum 32, S. 290).
29 Vgl. PL 106, 882–890.
30 Christianus de Scala: Legenda Christiani, Cap. 6 (ed. Ludvíkovský, S. 58).
31 Vgl. PL 149,757–758.

32 Ebd., 757C.
33 PL 143,946.
34 Vgl. Decreta Lanfranci (ed. Knowles) S. 69,25–70,15.
35 Nachweise bei Ellard, Bread, S. 314.
36 Vgl. grundsätzlich Craig, Fractio.
37 PL 106,882D.
38 Zitiert nach Ellard, Bread, S. 342.
39 Ekkehart, Liber Benedictionum IV (ed. Egli), S. 104, Z. 30.
40 Ebd., S. 280,1–284,30.
41 Das Werk selbst ist nicht erhalten; die Äußerung des Bernhard von Konstanz wird überliefert bei Georg Cassander, Liturgica, S. 66. Vgl. dazu auch Craig, Fractio, S. 193 ff.
42 Vgl. Ellard, Bread, S. 343
43 Grundlegend für das Folgende die souveräne Darstellung von Avvakumov, Entstehung.
44 Vgl. ebd., S. 71.
45 Vgl. ebd., S. 64.
46 Vgl. ebd., S. 41. Tatsächlich bezeichnete das Wort «azyma» in der griechischen Tradition ausschließlich die jüdischen Mazzen (vgl. ebd., S. 36 ff.), während ungesäuertes Brot «artos azymos» genannt wurden.
47 Will, Acta, S. 62.
48 Vgl. Avvakumov, Entstehung, S. 110.
49 Vgl. ebd., S. 128.
50 Vgl. ebd., S. 138.
51 Vgl. Alberigo, Geschichte der Konzilien, S. 300.
52 Vgl. DH 1303.
53 Vgl. DH 1320–1322.
54 Vgl. DH 1330–1353.
55 Vgl. DH 1352; Hanssens, Institutiones II, 213–214. Die Unionsakten mit der syrischen Kirche bei Mansi 31, S. 1734 ff.
56 Vgl. Padberg, Christianisierung, S. 134.
57 Nestorchronik (ed. Müller, L.), S. 103–106 und 131–134.
58 Vgl. ebd., S. 105,45.
59 Vgl. ebd., S. 134,45.
60 Vgl. Goetz, Denkmäler, S. 196.
61 Vgl. ebd., S. 333 und 311.
62 Vgl. ebd., S. 244.
63 Vgl. ebd., S. 302 und 214.
64 Vgl. Hartmyer, Weinhandel, passim.
65 Vgl. ebd., S. 302 und 230.

Anmerkungen

Eine eucharistische Kultur

1 DH 802.
2 Vgl. Radbertus, De corpore et sanguine (PL 120, 1267–1350).
3 Dazu Iserloh, Abendmahl, S. 90.
4 Vgl. ebd., S. 91.
5 Vgl. Ratramnus, De corpore et sanguine, C 44 (ed. Bakhuizen, S. 55).
6 Vgl. Geiselmann, Abendmahlslehre, S. 296.
7 Vgl. Neunheuser, Eucharistie, S. 21, Anm. 84–85.
8 Vgl. Iserloh, Abendmahl, S. 92 (PL 149,1481).
9 Zitiert nach Neunheuser, Eucharistie, S. 23.
10 Vgl. den Brief an Ugo von Ferrara in DH 798. Ein besonderes Problem war die Frage, was in der Transsubstantiation mit dem Wasser geschah, dass in der mixtio zugefügt wurde. Einige gingen davon aus, das dem Wein beigemischte Wasser erfahre analog zum Wein eine Wandlung, und schlossen auf der Grundlage der antiken Säftelehre: Wenn der Wein zu Blut Christi werde, werde das Wasser sicher in «phlegma» Christi verwandelt.
11 So Petrus von Poitiers, vgl. Neunheuser, Eucharistie, S. 48.
12 Vgl. Bonaventura, Opera Omnia V, S. 556.
13 Dazu ausführlich Vijgen, Status.
14 Vgl. Guitmund, De Veritate Corporis et Sanguinis (PL 149,1452).
15 Zitiert nach Browe, S. 217, Anm. 21.
16 Cäsarius, Dialogus, S. 1848,13 f.
17 Vgl. ebd., Z. 22.
18 Schon Radbertus (PL 120, 1331) hatte diese Frage aufgeworfen: «Frivolum est ergo, sicut in eodem apocrypho libro legitur, in hoc mysterio cogitare de stercore, ne commisceatur in digestione alterius cibi. Denique ubi spiritalis esca et potus sumitur, et Spiritus sanctus per eum in homine operatur, ut si quid in nobis carnale adhuc est, transferatur in spiritum, et fiat homo spiritalis, quid commistionis habere poterit? Quantum igitur distat vita illa aeterna ab ista mortali vita, tantum et iste cibus omnino praeeminet ab illo communi, quo simul nobiscum etiam animalia vivunt.» Seine Gegner warfen ihm unter Berufung auf Mt. 15,17 selbst Blasphemie vor und sahen eine Sekte der «stercoranistae» am Werk.
19 Vgl. Guitmund, De Veritate Corporis et Sanguinis (PL 149, 1431).
20 Vgl. Browe, S. 217, Anm. 22.
21 Vgl. Zöckler, Stercoranistae.
22 Vgl. Guitmund, De Veritate Corporis et Sanguinis (PL 149, 1450). Zu den Bauern vgl. Rubin, Corpus Christi, S. 321.

23 Vgl. Anselm von Canterbury, Ep. CVII (PL 159, 255 f.): «Quod totus Christus sub utraque specie sit et sumatur.»
24 Vgl. unten S. 101.
25 Vgl. Gaïse, Signes, S. 108.
26 Das um 1140 entstandene Decretum Gratiani Nr. 144–148 bestimmt nur, dass der Wein aus Trauben und das Brot aus Getreide («frumentum») sein müsse; vgl. Gaïse, Signes, S. 151.
27 Vgl. ebd.
28 Vgl. ebd., S. 153.
29 Albert, Commentarii, Dist. XII, C, Art 6, (ed. Borgnet, S. 301a); vgl. dazu auch Gaïse, Signes, S. 170–173.
30 Vgl. ebd., S. 305: Albert berichtet, Rom habe entschieden, Spelt sei eine Form der Gerste. Auch nach Cäsarius, Dialogus, S. 1888,22 f. hatte ein Dominikanerabt bei Honorius III. nachfragen lassen, ob nicht auch Hostien aus Spelt konsekriert werden dürften. Rom hatte das abgelehnt, da der Spelt eher als Gerste denn als Weizen zu betrachten sei.
31 Vgl. Albert, De Sacramentis (ed. Ohlmeyer), S. 55,44 und 55,23.
32 Vgl. Albert, Commentarii (ed. Borgnet), S. 301a und S. 303 und 305.
33 Vgl. Alexander von Hales, Summa Theologica IV, q. 32, m 8 (ed. Klumper), der eigens betont, dass Wein nicht überall hingebracht werden kann.
34 Vgl. Thomas, In quattuor Libros, ds11 q11 ar2a ad3 (ed. Busa).
35 Wenn Thomas, STh III, q74 art2 ad2 behauptet, dass auch eine Hostie, die konsekriert wird, um einen Giftmord zu begehen, gültig ist, so ist damit offenbar nicht gemeint, dass der Hostie Gift als ein fremder Stoff beigefügt wurde, sondern dass im 13. Jh. konsekrierte Hostien offenbar benutzt wurden, um Gift und Zaubertränke aus ihnen zu bereiten (vgl. dazu Browe, S. 223).
36 Vgl. ebd., q74 art1 ad 2.
37 Vgl. ebd., q74 art3 ad1 und ad4.
38 Vgl. Thomas, In quattuor Libros, (ed. Busa), ds11 q2 ar2b ra3.
39 Vgl. ebd., ds11 q2 ar2c ad9.
40 Vgl. ebd., ds11 q2 ar3c ra1.
41 Vgl. Thomas, STh, III q66 art4 a5 und q74 art7 ad3.
42 Vgl. ebd.
43 Vgl. Biel, Canonis Missae Expositio (ed. Oberman), Sermo 35, S. 17 und 20.
44 Vgl. ebd.
45 Vgl. ebd., S. 24.
46 Vgl. ebd., «quia feces commixte substantiae vini in sanguinem non convertuntur.»

Anmerkungen

47 In der innerkatholischen Diskussion wurde ihm später unterstellt, die Verwendung von Weizen sei nicht aus der Natur des Sakraments selbst notwendig, sondern nur aus Vorschrift der Kirche (vgl. Fagundez, Tractatus, S. 574b ad 2).
48 Vgl. PL 212,60 (Paris 1210).
49 Vgl. Mansi 23,1190 (Clermont 1268).
50 Zitiert nach Rubin, Popular Attitutes, S. 452.
51 Zitiert nach ebd., S. 453.
52 Vgl. Browe, S. 372.
53 Vgl. dazu Braun, Altargerät, S. 448–454.
54 Vgl. PL 212,66 A.
55 Vgl. Mansi 24,350.
56 Vgl. Mansi 23,1190 und 24,997.
57 Vgl. Mansi 23,1191 und 24,350.
58 Vgl. dazu Jungmann, Missarum I,55 und II,588; zu Lyon ausführlich Buenner, Liturgie, S. 272.
59 Vgl. grundsätzlich dazu Braun, Altar.
60 Vgl. Mansi 22,63.
61 Vgl. ebd.
62 Vgl. Mansi 24,351.
63 Vgl. ebd., S. 352.
64 Cäsarius, Dialogus IX,11, S. 1770.
65 Zum Folgenden Schubert, Essen und Trinken, S. 173–205.
66 Vgl. Rolevinck, Bauernspiegel III,1 (ed. Holzapfel, S. 16).
67 Vgl. Cäsarius, Dialogus, S. 1888,22 f.
68 Vgl. ebd., S. 1888, 16 ff.
69 Zitiert nach Rubin, Popular Attitutes, S. 450.
70 Vgl. ebd., S. 43.
71 Vgl. Cäsarius, Dialogus, S. 1888,1.
72 Corblet, Histoire, S. 177.
73 Fabri, Traktat, S. 138.
74 Bergius, Policey, S. 225.
75 Tenschert, Anblaten, S. 120–126.
76 Corblet, Histoire, S. 177–178.
77 Vgl. Benito, Food Systems, S. 45–47.
78 Vgl. Grieco, Food Production, S. 35–36 und Nottarp, Grönlandbistum, S. 37.
79 Vgl. DH 822.
80 Hartmeyer, Weinhandel, S. 31, und Grønlands II, S. 767.
81 Nottarp, Grönlandbistum, S. 37, und Grønlands II, S. 766 f.
82 Lange, Diplomatarium Norvegicum, S. 14.

83 Vgl. ebd., «oblata undecumque [wörtlich: von irgendwoher] confecta».
84 Vgl. DH 829.
85 Vgl. Seaver, Echo, S. 187.
86 Vgl. Vésteinsson, Christianization, S. 197.
87 Nottarp, Grönlandbistum, S. 39.
88 Vgl. Seaver, Echo, S. 181.
89 Vgl. ebd., S. 88, und McGovern, Demise, S. 327.
90 Zum Folgenden vgl. Leicht (Hg.), Reise, S. 162–164.
91 Grundsätzlich Browe, S. 170–172.
92 Zitiert nach ebd., S. 171.
93 Vgl. ebd., und Keegan, Antlitz, S. 101–102.
94 Vgl. Browe, S. 170.
95 Vgl. Cäsarius, Dialogus, S. 1753.
96 Vgl. Browe, S. 369 ff.; grundlegend Hsia, Myth, und Rubin, Gentile tales.
97 Zum Folgenden vgl. Browe, S. 219–231.
98 Grundlegend vgl. Meyer, Elevation, S. 163.
99 Vgl. für das Folgende ebd., S. 170–174.
100 Vgl. Angenendt, Religiosität, S. 513.
101 Vgl. Angenendt, Offertorium, S. 386.
102 Vgl. das Pfarrbuch des Johannes Eck in Benini, Feier, S. 133, und Angenendt, Religiosität, S. 386.
103 Vgl. ebd., S. 386 f.
104 Vgl. Schreiber, Weingeschichte, S. 333–359.
105 Vgl. Browe, S. 417–425.
106 Vgl. ebd., S. 188 ff.
107 Vgl. ebd., S. 195.
108 Literatur vgl. bei Gormans/Lentes, Bild, sowie Meier, Gregorsmesse, und dies., Probleme.
109 Surmann/Schröer, Augenschein, S. 280.
110 Beide Allegorien, die kongenial sowohl die Lehre von der Transsubstantiation als auch von der Konkomitanz illustrieren, hatten einen älteren Kern, um den sich seit dem Frühmittelalter immer mehr Bedeutungsschichten anlagerten. In Anspielung auf die Rede von der Weinkelter (Jes. 63,3) hatte schon Augustinus behauptet, die erste Rebe, die Gott ausgepresst habe, sei Christus selbst gewesen und sein Blut sei der trunkenmachende Kelch (Ps. 23,5). Vgl. Augustin, Ennarrationes in Psalmos (zitiert nach Rubin, Corpus Christi, S. 313, Anm. 173). Gregor der Große hatte von Christus gesagt, er habe selbst die Kelter getreten, in der er ausgepresst wurde (zitiert nach Schiller, Ikonographie 2, S. 242). War die alttestamentliche Kelter im

Anmerkungen

Hochmittelalter noch als typologische *Entsprechung* zur neutestamentlichen Kreuzigung verstanden wurden, wurde sie seit dem Ende des vierzehnten Jahrhunderts zu ihrem Symbol.

111 Vgl. Währen, Brot und Gebäck im Mittelalter, S. 593 ff.; Seifert/Backhaus, Panis, S. 14 ff.; Krauß, Gelungen geschlungen, S. 25.

112 Frankfurt am Main, Liebighaus Skulpturensammlung: Elfenbeintafel mit der Darstellung des Sanctusgesanges, Lothringen oder Trier, um 1000, Elfenbein 33,3 × 11,4 cm (Dauerleihgabe der Universitätsbibliothek Ms. Barh 181) (Abb. Surmann/Schröer, Augenschein, S. 41).

113 Tatsächlich war mittelalterlichen Theologen die Differenz zwischen beidem durchaus bewusst. Vgl. etwa STh III q78a3; vgl. dazu Hilgenfeld, Elemente, S. 11–17, und Welzel, Abendmahlsaltäre, S. 144.

114 Schon in der Lucinagruft der Calixtuskatakombe (um 220) werden die Ringbrote zusammen mit einigen Fischen dargestellt.

115 Vgl. dazu Vello, Cene.

116 Krauß, Gelungen geschlungen, passim.

117 Siehe unten S. 137 f.

118 Nicht zu verwechseln sind die Abendmahlsdarstellungen mit der *Hochzeit von Kana* oder von Jesu *Mahl in Emmaus*, auch wenn nicht ausgeschlossen werden soll, dass die Bilder möglicherweise gerade auf Mehrdeutigkeit hin angelegt sind. Vgl. etwa Michelangelo Merisi da Caravaggio: Supper in Emmaus, 1601, National Gallery London (NG172), Öl auf Leinwand (141 × 196.2 cm); Tiziano Vecelli: Abendmahl in Emmaus, 16. Jh., Louvre (Inv 746), Öl auf Leinwand (169 × 244 cm).

119 Sehr anschaulich etwa bei Tintoretto: La Dernière Cène, ca. 1533, Paris St. Francis-Xavier (Inv FXA42/299), ÖL auf Leinwand.

120 Vgl. Luca Signorelli: Communione degli Apostoli, 1512, Cortona Museo Diocesano, Öl auf Holz, (232 × 220 cm).

121 Vgl. Tiziano Vercelli: L' ultima Cena, ca. 1542, Galleria Nazionale delle Marche, Palazzo Ducale, Urbino, Öl auf Leinwand (163 × 144 cm).

122 Carlo Dolci: Christus, Brot und Wein segnend, um 1670, Dresden Gemäldegalerie Alte Meister (Gal. Nr. 510), Öl auf Leinwand (87 × 75 cm).

Streit um den Leib Gottes

1 Vgl. Luthers Invocavitpredigten, WA 10/III, 21–31 und 45–48.

2 Zu Augsburg vgl. Wandel, Eucharist; allgemein Dankbaar, Communiegebruiken.

3 Vgl. Schreiber, Weingeschichte, S. 537.

4 Wickram, Rollwagenbüchlein, Nr. 34 (ed. Roloff, S. 63).

5 WA 18,115.
6 Vgl. WATr 5,203 Nr. 5509.
7 Vgl. seine Formula Missae et Communionis von 1523 (WA 12,211, 23 f.).
8 WA 52, 819, 1f.
9 Vgl. WA 12,211,26 (in der Übersetzung von J. Jonas).
10 WA 52,818,39 f.
11 Vgl. Pahl, Coena I, S. 13, und Brecht, Luther II, S. 42.
12 Vgl. WABr 3,16,7–11 (zum Zusammenhang vgl. Brecht, Luther II, S. 126).
13 Vgl. WA 12,212 f.
14 Dazu grundsätzlich Kawerau, Streit, und Wengert, Luther and Melanchthon.
15 Vgl. WATr 5,54 Nr. 5314.
16 Vgl. WABr 10,348,27–30.
17 Vgl. WATr 1,139 und 5,54 Nr. 5314.
18 Vgl. WATr 5,416 Nr. 5984.
19 Vgl. WA 30/II, 624, 15.
20 Ebd., Z. 17.
21 Vgl. WATr 6,179; das Gutachten selbst findet sich WABr 11,259.
22 Vgl. Hachenburg, Irrthumb, F1v.; dazu Wengert, Luther and Melanchthon, S. 30; zur Datierung vgl. WABr 10,337.
23 Vgl. Hachenburg, Irrthumb, F2r.
24 Vgl. Anm. 22.
25 Vgl. WATr 5,203.
26 Graff, Auflösung I,185; vgl. Gerhard, Cum Abstemiis, G4r.
27 Vgl. Gerhard, Cum Abstemiis, H1r.
28 Vgl. die Akten des Religionsgesprächs bei Ganzer, Akten; zu den Diskussionen vgl. Schultheis, Verhandlungen, S. 112–120 und dazu MBW 10,222–224. Eine ausführliche Fassung wurde kurz nach Melanchthons Tod 1560 in Melanchthon, Libelli Aliquot vtiles, R1r ff., und 1562 in Melanchthon, Operum [...] Pars II, S. 186 ff. veröffentlicht.
29 Vgl. Melanchthon, Libelli, R3v.
30 Bellarmin, De controversiis, Tom III, Lib IV, Cap. XXIV (S. 682).
31 WA 26,462,4.
32 WABr 10,330,77.
33 Vgl. Zwingli, Wahl, S. 61.
34 Vgl. Goertz, Grebel.
35 Vgl. CR 89,789.
36 Vgl. ebd.
37 Vgl. CR 92, S. 910.

Anmerkungen

38 Vgl. ebd.
39 Vgl. CR 91,17.
40 Vgl. CR 91,692. Vgl. dazu Dankbaar, Communiegebruiken, S. 32.
41 Finsler, Statistik, S. 714; Dankbaar, Communiegebruiken, S. 34, Anm. 5.
42 Dazu Mattern, Leben im Abseits, S. 224–229.
43 Vgl. ebd.
44 Nachweise ebd., S. 227.
45 Vgl. Schubert, Kabbalah, S. 64 ff.
46 Clasen, Anabaptism, S. 280–282.
47 Schubert, Nova Israelis Republica, S. 278.
48 Vgl. Stupperich, Schriften, S. 142 ff.
49 Vgl. Cornelius, Berichte, S. 103–114.
50 Vgl. ebd., S. 172 ff.
51 In den Auflagen 1539–1554 (CR 29,138) und der Auflage von 1559 (CR 30,1045–1046) heißt es unverändert: «In manum accipiant fideles nec ne, inter se dividant an singuli quod sibi datum fuerit edant, calicem in diaconi manu reponant an proximo tradant, panis sit fermentatus an azymus, vinum rubrum an album, nihil refert. Haec indifferentia sunt et in ecclesiae libertate posita.»
52 Vgl. grundlegend Grosse, Rituels, S. 225 ff.
53 Vgl. ebd. S. 127 und 228. Die Beschlüsse der Synode bei Herminjard, Correspondance, S. 413–414; die entsprechenden Briefe Calvins in Epistolae I, S. 362–376.
54 Vgl. Grosse, Rituels, S. 227.
55 Zitiert nach ebd., S. 228.
56 Rosio da Porta, Historia Reformationis, S. 219: «Placet ut Domini coenam peragentes utamur azymo et infermentato omnes, si aliquo modo nancisci poterimus. Talis enim proxime ad illum quo usus est Dominus in coena accedit […].»
57 Vgl. Grosse, Rituels, S. 230.
58 Vgl. ebd., S. 230–231.
59 Vgl. Léry, Historia, S. 44, 54 und 68; Richer an Calvin in CR 44, 433.
60 Zur Entstehung des Gutachtens vgl. CR 44,440; das Gutachten selbst ist nicht erhalten, es wird auszugsweise zitiert von Beza in seinem Brief an Dudith (vgl. Dudithius, Epistolae, S. 78).
61 Vgl. ebd., S. 77.
62 Vgl. Bèze, Correspondance XII (ed. Dufour/Aubert), S. 198.
63 Zum liquoristischen Streit vgl. Kjöllerström, Striden; Czaika, Chyträus, S. 199–221.

64 Vgl. Diestelmann, Nur Wein, S. 11.
65 Vgl. Czaika, Chyträus, S. 213.
66 Vgl. Diestelmann, Nur Wein, S. 12.
67 Vgl. ebd.
68 Czaika, Chyträus, S. 219.
69 Vgl. Nischan, Fractio Panis.
70 Nachweise bei Lohse, Von Luther zum Konkordienbuch, S. 130, Anm. 1; und Neuser, Von Zwingli und Calvin, S. 276.
71 Abgedruckt in Müller, Bekenntnisschriften, S. 726–739.
72 Vgl. Heppe, Bekenntnisschriften, S. 107.
73 Ebd.
74 Vgl. Erinnerungsschrift, fol. E3v.
75 Vgl. ebd., F3v.
76 Vgl. ebd.
77 Academia Wittenbergensis, Nothwendige Antwort, S. 92v.
78 Vgl. Amling, Anleytung, S. 47.
79 Ausführlich dokumentiert bei Becmann, Anatomia IV, S. 174–179.
80 Vgl. Amling, Antwort, S. 110; Hoë, Abgenötigte Antwort, S. 112 f.
81 Vgl. Pareus, Bedenken, S. 90 und 92.
82 Hoë, Abgenötigte Antwort, S. 115, 118 und 156.
83 So Academia Wittenbergensis, Notwendige Antwort, S. 93r. Die Debatte flammte noch einmal auf, als der anhaltische Reformierte Christian Becmann 1621 die kursächsischen Theologen in seiner vielbändigen «Anatomia Universalis» einer Grundsatzkritik unterzog und dabei auch die Frage nach den Elementen verbissen ausdiskutierte. Vgl. Becmann, Anatomia IV, S. 172–186.
84 Zitiert nach Thadden, Hinwendung, S. 256. Auch in seinem persönlichen Bekenntnis betonte der Kurfürst, «ob nicht, wie ein natürlicher, wahrhafftiger Wein, so gut er vom Weinstock ausgepresset, also auch natürliches und wahrhafftiges Brod zu nehmen und zu gebrauchen sey [...]. Ob nun die Oblaten unnd Schein-Brodt auch die Krafft und Würckung haben eines natürlichen Brodts, das da sättigen und stärcken kann, [...] last man Verständige für sich selbst urteilen.» (zitiert nach Gericke, Glaubenszeugnisse, S. 128).
85 Vgl. Thadden, Hinwendung, S. 257.
86 Reformation der königlichen Schloßkirchen, S. 10.
87 Vgl. ebd.
88 Vgl. ebd., S. 5.
89 Vgl. ebd.
90 Vgl. Aimon, Synodes II, S. 149 und 181; Grosse, Rituels, S. 612–616.

Anmerkungen

91 Vgl. Aimon, Synodes, S. 244.
92 Grundlegend Wooley, Bread, S. 30–42, und Turrell, Anglican Practices; vgl. die Texte bei Pahl, Coena I, S. 377–430.
93 Nach Pahl, Coena I, S. 405.
94 Ebd., S. 408.
95 Ebd.
96 Zitiert nach ebd., S. 34.
97 Zitiert nach Sack, Whitebread Prostestants, S. 121.
98 Vgl. Wooley, Bread, S. 38.
99 Vgl. Turrell, Anglican Practices, S. 281, und Wooley, Bread, S. 41.
100 Zitiert nach ebd., S. 40.
101 Vgl. ebd.
102 Vgl. Müller, Bekenntnisschriften, S. 605,4 und 606,21.
103 Vgl. DH 1636.
104 Vgl. DH 1642.
105 Bellarmin, Catechismus, S. 234 f.
106 Missale Romanum, De Defectu Panis, 7.
107 Vgl. Jungmann, Missarum II, S. 518, Anm. 72.
108 Corblet, Histoire, S. 178.
109 Bayle, Culto, S. 23.
110 Vgl. Browe, S. 30.
111 Vgl. ebd., S. 38.
112 Beispiele bei Bayle, Culto, S. 23–35.
113 Vgl. Neill, History, S. 163.
114 Vgl. ebd., S. 459, Anm. 108.
115 Vgl. ebd., S. 361.
116 Zitiert nach Sievernich, Franz Xaver, S. 155.
117 Grundlegend Vazheeparampil, Toma Marga.
118 Vgl. Neill, History, S. 194, und Grynaeus, Novus Orbis, S. 129.
119 Vgl. Neill, History, S. 207.
120 Zitiert nach Sievernich, Franz Xaver, S. 267.
121 Ebd.
122 Ebd.
123 Ebd., Anm. 6.
124 Vgl. Jennes, History, S. 75, Anm. 70.
125 Vgl. ebd., S. 14 und 23.
126 Vgl. Anderson, Food of China, S. 66.
127 Vgl. Hyams, Wine, S. 233–239.
128 Vgl. Collani, Chinamission, S. 942–956.
129 Zitiert nach Baumgartner, Mission, S. 240; vgl. dazu auch grundlegend Specker, Missionsmethode.

130 Vgl. ebd., S. 236–263 (zur Datierung S. 250).
131 Ebd., S. 125.
132 Instruktiv dazu Lara, Spanish World, S. 296–319.
133 Ebd., S. 307.
134 Fagundez, Tractatus, S. 576.
135 So der Erzbischof von Quito 1668 (vgl. Kern, Imaginationen, S. 345).
136 Vgl. die grundlegende Darstellung von Henkel, Konzilien.
137 So etwa die Interpretation als indigener kultureller Widerstand bei Krögel, Food, S. 65–67.
138 Siehe oben S. 110.
139 Dazu Bayle, Culto, S. 100–106. Das wenige Mehl, das 1510 auf Kuba überhaupt noch angelandet wurde, wurde tatsächlich zu Hostien verbacken (vgl. ebd., S. 102, Anm. 114).
140 Super, Food, S. 32–38.
141 Vgl. FAZ vom 29. Mai 2013.
142 Vgl. Bayle, Culto, S. 107.
143 Vgl. Unwin, Wine, S. 216.
144 Vgl. Fuller, Religion, S. 24.
145 Vgl. Unwin, Wine, S. 301 f.
146 Vgl. dazu Hyams, Wine, S. 284–291.
147 Vgl. ebd., S. 294.
148 Vgl. Bayle, Culto, S. 104.
149 Vgl. dazu grundlegend Cushner, Lords, S. 68–71.
150 Vgl. Hyams, Wine, S. 294.
151 Vgl. Unwin, Wine, S. 220, und Dunmire, Gardens, S. 139.
152 Vgl. Haring, Spanish empire in America, S. 172.
153 Vgl. Bayle, Culto, S. 106, und FAZ vom 29. Mai 2013.
154 Vgl. Herberstein, Rußland, S. 112.
155 Vgl. Olearius, Reise-Beschreibungen, S. 162.
156 Vgl. dazu grundlegend Gonneau, Kirche.
157 Zitiert nach Onasch, Kirchengeschichte, S. 73.
158 Vgl. Florovsky, Ways I, S. 108.
159 Zitiert nach Karabinov, Bericht.
160 Vgl. ebd.
161 Vgl. Foullioux, Erschütterungen, S. 928.
162 Vgl. Karabinov, Bericht.
163 Vgl. ebd.
164 Ebd.
165 Vgl. Gerhard, Loci Theologici, XXII, Cap V–VIII.
166 Vgl. ebd., § XXVIII.
167 Vgl. Graff, Auflösung II, S. 184.

Anmerkungen

168 Vgl. Gerber, Kirchen-Ceremonien, S. 462.
169 Vgl. ebd.
170 Vgl. Graff, Auflösung II, S. 184.
171 Vgl. Hollatz, Examen, S. 1116.
172 Vgl. Teller, Lehrbuch, S. 507.
173 Vgl. ebd., S. 509.
174 Die umfangreiche Darstellung des Reformierten Jean Daillé über die Geschichte der christlichen Kulte aus dem Jahr 1671 hatte noch eine apologetische Note, die sich gegen «Papisten» und Lutheraner richtete. Johann Franz Buddes *Disputatio historica de symbolis eucharisticis* von 1686 argumentierte zwar noch im Stil der lutherischen Theologie, behandelte das Problem aber primär historisch. Johann Andreas Schmidt versuchte 1702 in einem Buch über die Hostien (*De Oblatis Evcharisticis Qvae Hostiae Vocari Solent*) dasselbe aus reformierter Sicht. Hermann Christoph Engelcken (*Diss. theol. de placentis orbicularibus, seu pane eucharistico*, 1723) versuchte noch einmal die Apologetik zu erneuern, aber spätestens mit Johann Gottfried Hermanns großer Studie *Historia concertationum de pane azymo et fermentato in coena Domini* von 1737 war klar, dass sich das Thema nicht mehr wirklich für zeitgenössische Kontroversen eignete. Im historischen Werk von Johann Georg Walch (1733–1739) wird es bereits als eine Art historische Kuriosität behandelt. Vgl. Walch, Einleitung, S. 209–212.
175 Vgl. Mayer, De hostiis et calice venenatis.
176 Vgl. J. F. Freedman, Chalice.
177 Vgl. ebd., S. 155.
178 Grundlegend Smend, Abendmahlskelch, S. 354–355, und Graff, Auflösung II, S. 148.
179 Vgl. Gruner, Gemeinschaftlicher Kelch.
180 Vgl. Spazier, Gedanken, S. 206.
181 Zitiert nach Smend, Abendmahlskelch, S. 355.
182 Zitiert nach ebd.
183 Tralles, Vertheidigung, S. 10.
184 Vgl. Otte/Schenk, Reunionsgespräche.
185 Vgl. Foerster, Landeskirche I, S. 281.
186 Kabinettorder des Königs vom 13. 10. 1817 (zitiert nach Foerster, Landeskirche I, S. 281).
187 Vgl. Marheineke, Brodt.
188 Vgl. Berlinische Zeitung Nr. 131, vom 1. 11. 1817; S. 2.
189 Loock, Kirchenwesen, S. 395–397.
190 Vgl. zu den Vorgängen Kampmann, Einführung, S. 147 ff.

Der Leib Gottes im industriellen Zeitalter

1. Vgl. Jonas/Dilthey, Schleiermacher's Leben, S. 484.
2. Die Daten aus Weis, Durchbruch, S. 436, und Schieder, Staatensystem, S. 430.
3. Vgl. Pallach, Hunger, S. 315.
4. Vgl. Campbell, Phylloxera.
5. Pallach, Hunger, S. 302.
6. Vgl. Saunier, Food Production.
7. Vgl. Accum, Treatise, S. 34 ff.
8. Vgl. Bassermann-Jordan, Geschichte I, S. 640 ff.
9. Vgl. dazu grundlegend Goldberg, German Wine, S. 104–166.
10. Vgl. ebd., S. 78 f.
11. Hartley, Companion, S. 90 und 91.
12. Beispiele finden sich angeblich bei Hofmann, Specialitäten, das mir leider nicht zugänglich war.
13. Vgl. Goldberg, German Wine, S. 104.
14. Vgl. Birnbaum, Brotbacken, S. 711 ff.
15. Vgl. Accum, Treatise, S. 117 f.
16. Birnbaum, Brotbacken, S. 713.
17. Zu Accum vgl. Bruegel, Introduction, und Hierholzer, Food Security.
18. Vgl. etwa Chevalier, Dictionnaire des altérations.
19. Rouard de Card, Falsification, S. 1–2.
20. Vgl. Fattinger, Pastoralchemie.
21. Vgl. ebd., S. 18 und 84.
22. Vgl. Nostadt, Mess-Wein, S. 6; die Dekrete ebd., S. 15–22.
23. Zitiert nach ebd., 15.
24. Ebd., S. 15.
25. Ebd., S. 19.
26. Vgl. ebd.
27. Weissensee, Messwein, S. 6–7, und Nostadt, Mess-Wein, S. 22–24.
28. Zitiert nach Nostadt, Mess-Wein, S. 20.
29. Vgl. DH 3198.
30. Vgl. DH 3264.
31. Vgl. DH 3312 und AAS 29, S. 318, und ASS 34, S. 25.
32. Vgl. AAS 21, S. 633. Vgl. DH 3312.
33. Löhe, Beicht- und Communionbuch, S. 233.
34. Ebd., S. 224.
35. Vgl. ebd.
36. Vgl. www.diakonieneuendettelsau.de/leben-gestalten/glauben-und-leben/hostienbereitung [10. 12. 2016].

Anmerkungen

37 Grundlegend Spode, Trunkenheit, S. 150 ff.
38 Vgl. Warner, Craze.
39 Vgl. grundlegend Sack, Whitebread Protestants; O'Brien, Lord's Supper; Noll, Evangelikalismus.
40 Sack, Whitebread Protestants, S. 122.
41 O'Brien, Lord's Supper, S. 208.
42 Vgl. ebd.
43 Zitiert nach ebd.
44 Ebd., S. 207.
45 Vgl. ebd., S. 217 ff.
46 Vgl. Mancuso, Liebe, S. 39–48.
47 Vgl. ebd., S. 209, und Fuller, Religion, passim; Sack, Whitebread Protestants, S. 133.
48 Vgl. Sack, Whitebread Protestants, S. 134.
49 Vgl. Belaskie, Wine.
50 Lees/Burns, Temperance Bible-Commentary.
51 Wright, Unfermented Wine, S. 1.
52 Vgl. Olsen, Pub, S. 56.
53 Grundlegend Knight, Recreation.
54 Vgl. Shiman, Crusade, S. 72.
55 Vgl. Resolution Nr. 2 der VI. Lambeth Conference (auf www.anglicancommunion.org/resources/document-library/lambeth-conference/1888).
56 Spode, Trunkenheit, S. 167 ff.
57 Ebd., S. 167.
58 Vgl. ebd., S. 170–200.
59 Vgl. ebd., S. 203.
60 Vgl. ebd., S. 218–228.
61 Dazu ebd., S. 236.
62 Vgl. ebd., S. 219.
63 Vgl. Allgemeines Kirchenblatt 52 (1904), S. 645.
64 Vgl. ebd., S. 646.
65 Vgl. Boehmer, Wein, S. 28 und 30.
66 Vgl. Dalman, Wein, in: Evangelisch-lutherische Kirchenzeitung 6 (1931), S. 797–798, und ders.: Brot, S. 394.
67 Allgemeines Kirchenblatt 19–23 (1910), S. 547.
68 Rolffs, Alkoholfrage, S. 24.
69 Vgl. ebd., S. 25 und S. 41, Anm. 48 und 49.
70 Schweitzer, Mission, S. 345.
71 Vgl. ebd., S. 346.
72 Vgl. ebd.

73 Vgl. Theologisches und Kirchlich-Zeitgeschichtliches Monatsblatt 1914, S. 142.
74 Vgl. Boehmer, Wein, S. 37.
75 Zur Einführung Leven, Infektionskrankheiten, S. 86 ff.
76 Vgl. ebd., S. 98.
77 Vgl. ebd., S. 119.
78 Vgl. ebd., S. 123 f.
79 Berger, Bakterien, S. 86.
80 Grundlegend Sack, Whitebread Protestants, S. 136–153, und Tomes, Gospel, S. 132 ff.
81 Zitiert nach Sack, Whitebread Protestants, S. 136.
82 Vgl. ebd., S. 139.
83 Vgl. ebd., S. 139 ff.
84 Rauschenbach, Einzelkelch, S. 304.
85 Monatsschrift für Gottesdienst und kirchliche Kunst 9 (1904), S. 17.
86 Vgl. ebd.; in den «Verhandlungen der Fünften Ordentlichen Generalsynode der evangelischen Landeskirche Preußens» wird die Petition nicht einmal erwähnt.
87 Vgl. Allgemeines Kirchenblatt 24 (1904), S. 268, und Allgemeines Kirchenblatt 10–13 (1904), S. 248, 253, 269, 513, 638, 639, 641.
88 Smend, Kelchspendung, hatte schon 1898 die Laienkommunion als eigentliches Zentrum des Christentums beschrieben.
89 Beides in Monatsschrift 9 (1904), S. 13.
90 Vgl. ebd., S. 13–17.
91 Vgl. Allgemeines Kirchenblatt 10–13 (1904), S. 645.
92 Vgl. auch Boehmer, Wein, S. 38.

Die Rückkehr der Vielfalt

1 Grundlegend Deckers, Traubenadler, S. 148–150.
2 Vgl. Schreiben des Bistums Speyer von 1946 in Weissensee, Messwein, S. 5–6.
3 Mündliche Auskuft von Dr. Bernhard Bonkhoff, Homburg/Saar, 7.7.2016.
4 Lutherisches Kirchenamt, Ordnung (1956); Evangelische Kirche der Union, Ordnung (1955).
5 Kirchenamt der Vereinigten Evangelisch-lutherischen Kirche, Leitlinien (2003); Kirchenkanzlei der Evangelischen Kirche der Union, Ordnung (1999).
6 Vgl. Kirchenkanzlei, Ordnung, Art. 25.
7 Vgl. Fuchs, Ma(h)l, S. 108 f. und 114 f.

Anmerkungen

8 Vgl. ebd., S. 115; zu den rechtlichen Rahmenbedingungen um 1970 vgl. grundlegend Krämer, Abendmahlsordnung.
9 Dazu einführend Grethlein, Abendmahl, S. 185 ff.
10 Ökumenischer Rat der Kirchen, Konvergenzerklärung, Eucharistie III, Nr. 22–23, in: Dokumente wachsender Übereinstimmung I, S. 545–585, ebd., S. 564 (Nr. 22–26).
11 Ebd., S. 566 (Kommentar zu Nr. 28).
12 Vgl. ebd.
13 Vgl. die Schulz, Lima-Liturgie, S. 20 (Nr. 29).
14 Begerau, Abendmahl, S. 138. Zur Liturgie ebd., S. 100–126.
15 Evangelischer Pressedienst, Epd-Dokumentation, S. 17.
16 Vgl. ebd., S. 7.
17 Vgl. Evangelische Kirche in Deutschland, Abendmahl, S. 13 und S. 50.
18 Vgl. ebd., S. 51. Begründet wurde diese Neuerung mit dem «neutestamentlichen Liebesgebot» und Hinweis auf die Handreichung VELKD, Abendmahl (1979), die dieselbe Forderung erhoben hatte.
19 VELKD, Abendmahl. In der Handreichung wurde deutlich, dass der *Einzelkelch* in verschiedenen Kirchen in Gebrauch gekommen war. In den Ordnungen von 1999 und 2003 wird das schlicht zur Kenntnis genommen.
20 VELKD, Abendmahl (1979), S. 3.
21 Vgl. ebd., S. 8.
22 Vgl. ebd., S. 6.
23 Vgl. die Homepages der Anstalten www.stift-bethlehem.de; www.diakonieneuendettelsau.de/leben-gestalten [7. 2. 2017].
24 Vgl. Gemeinschaftswerk der Evangelischen Publizistik, Dies ist mein Leib [7. 2. 2017].
25 Vgl. Sack, Whitebread Protestants, S. 151.
26 Zitiert nach ebd., S. 152.
27 Zitiert nach ebd.
28 Vgl. www.celebratecommunion.com/gluten-free-communion-wafers-130.html [30. 11. 2016].
29 Vgl. www.bhpublishinggroup.com/products/communion-wafer [30. 11. 2016].
30 Vgl. Sekretariat der Deutschen Bischofskonferenz, Meßfeier, S. 172.
31 Vgl. ebd., S. 164.
32 Vgl. Fuchs, Ma(h)l, S. 24 f.
33 Vgl. die Berichte auf www.leuninger-herbert.de/herbert/messfest/ presse.htm [7. 2. 2017].
34 Vgl. Bundesgesetzblatt 1971, Nr. 63, S. 893–921.

35 Vgl. die Wein-Verordnung vom 15. Juli 1971, Bundesgesetzblatt 1971, Nr. 64, S. 926–932, ebd., S. 926 f.
36 Vgl. Deutsche Bischofskonferenz, Verordnung über den Gebrauch von Wein, S. 20.
37 Vgl. Messweinverordnung der Deutschen Bischofskonferenz vom 1. Dezember 2014 in: Kirchliches Amtsblatt 158 (2014) Nr. 211.
38 EU-Kommission, Verordnung Nr. 606/2009, Anhang I.
39 Dokumente der deutschen Bischöfe – Montag, 1. Dezember 2014 – Jahrgang: 158 – Artikel: 211.
40 AAS 74 (1982), S. 1298.
41 Ebd.
42 Vgl. Kongregation für Glaubenslehre, Rundschreiben 1995.
43 Vgl. ebd.
44 Vgl. Kongregation für den Gottesdienst und die Sakramentenordnung, 2017, S. 2.
45 Vgl. Gaïse, Signes, S. 12–46.
46 Vgl. zum Folgenden ebd., S. 11–19
47 Zitiert nach ebd., S. 22.
48 Vgl. ebd., S. 37.
49 Ökumenischer Rat der Kirchen, Konvergenzerklärung, Eucharistie III, Nr. 28, Kommentar, in: Dokumente wachsender Übereinstimmung II, S. 566.
50 Vgl. ebd., S. 17.
51 Vgl. ebd., S. 9.
52 Vgl. ebd., S. 18.
53 Vgl. ebd.
54 Vgl. ebd., S. 3.
55 Siehe oben, S. 178.

«The coconut of life»
oder: Blick zurück in die Zukunft

1 Zum Folgenden ausführlich Prior, Coconut; zur Einordnung der Theologie Haveas vgl. Palu, Havea; und Forman, Voice.
2 Prior, Coconut, S. 35 f.
3 Vgl. ebd., S. 39.
4 Joh. 6,35 und 15,1.

Literatur

Abkürzungen

Browe = Peter Browe: Die Eucharistie im Mittelalter. Liturgiehistorische Forschungen in kulturwissenschaftlicher Absicht. Mit einer Einführung, hg. v. Hubertus Lutterbach und Thomas Flammer, 6. Aufl., Berlin 2011.
DH = Heinrich Denzinger/Peter Hünermann (Hgg.): Enchiridion symbolorum, definitionum et declarationum de rebus fidei et morum. Kompendium der Glaubensbekenntnisse. Lateinisch-Deutsch, 43. Aufl., Freiburg 2010.
NTApo = Neutestamentliche Apokryphen in deutscher Übersetzung, begründet von E. Hennecke, hg. v. Wilhelm Schneemelcher, 2 Bde., 6. Aufl., Tübingen 1997.
Mansi = Sacrorum conciliorum nova et amplissima collectio, hg. v. J. D. Mansi, 53 Bde., Florenz 1759–1798.
PG = Patrologiae cursus completus. Series graeca, hg. v. J. P. Migne, 161 Bde., Paris 1857–1866.
PL = Patrologiae cursus completus. Series latina, hg. v. J. P. Migne, 221 Bde., Paris 1844–1855.

Quellen

Accum, Friedrich Christian: A treatise on adulterations of food and culinary poisons. Exhibiting the fraudulent sophistications of bread, beer, wine, spirituous liquors, tea, coffee, cream, confectionery, vinegar, mustard, pepper, cheese, olive oil, pickles and other articles employed in domestic economy, London 1820.
Achelis, Hans/Flemming, Johannes (Hgg.): Die ältesten Quellen des orientalischen Kirchenrechts, Bd. 2: Die syrische Didaskalia, Leipzig 1904.
Aimon, Jean (Hg.): Tous Les Synodes Nationaux Des Eglises Reformées De France […], La Haye 1710.
[Ambrosius]: De sacramentis. De mysteriis. Lateinisch-deutsch. Übers. und eingel. von Josef Schmitz CSSR, Freiburg 1990.
Amling, Wolfgang: Anleytung / wie man das WJttenbergische Buch /

mit frucht vnd nutz lesen mœge. Welches die Theologische Facultet daselbsten wider die Anhaltische neulicher tage hat außgehen lassen. […], Amberg 1597.
–: Antwort Auff die Wittenbergische Abfertigung der Ambergischen Anleitung: Belangend die Anhaltische Reformation […], Amberg 1598.
Apicius, Marcus Gavius: De re coquinaria. Das römische Kochbuch. Lateinisch-deutsch, hg. v. Robert Maier, Stuttgart 1991.
Apostolische Constitutionen und Canonen: Die sogenannten Apostolischen Constitutionen und Canonen. Aus dem Urtexte übersetzt von Dr. Ferdinand Boxler, Kempten 1874.
Athenaios: Das Gelehrtenmahl. Eingel. und übers. von Claus Friedrich, 5. Bde., Stuttgart 1998–2001.
Baazus, Joan: Inventarium Ecclesiae Sueo-Gothorum continens integram historiam Ecclesiae Suecicae, Lincopiae 1642.
Baumgarten, Siegmund Jacob: Geschichte der Religionspartheyen, hg. v. Johann Salomo Semler, Halle an der Saale 1766.
Becmann, Christian: Anatomia Universalis, Oder Außführliche / Deutliche / und Vollständige widerlegung Des Büchleins von XVII. Articuln / so D. Matthias Hoe vermehret / Zum fünfften mahl drucken lassen und mit seiner vermeinten Verantwortung / nothwendigen Beweiß / und Triumphs / weiter verthediget hat, Marpurgk/Franckfurt am Mayn 1621.
Beda der Ehrwürdige: Kirchengeschichte des Englischen Volkes, hg. v. Günther Spitzbart, 2 Bde., Darmstadt 1982.
Bellarmin, Robert: Disputationum […] de Controversiis Christianae Fidei, adversus huius temporis haereticos Tomus III, Paris 1608.
–: Catechismus Bellarmini deß Cardinals, Welcher Aus Befelch Clementis VIII. Zum Unterricht Der gantzen Christenheit beschriben, und allen Pfarreren aller Orthen in der Welt vorgeschriben, Augspurg 1737.
Bergius, Johann Heinrich Ludwig: Neues Policey- und Cameral-Magazin nach alphabetischer Ordnung. Bd. 4, Leipzig 1778.
Bericht vnd lehre Göttliches Worts / Was von den Ceremonien vnd eusserlichen Kirchen breuchen / so wol beym heiligen Abendmal vnsers HErrn Christi / als auch andern mehr Exercitijs vnd handlungen des ordenlichen Gottesdiensts nach außweisung heiliger Schrifft / zu statuiren vnd zu halten sey, Zerbst 1596.
Biel, Gabriel: Gabrielis Biel Canonis missae expositio, hg. v. Heiko Augustinus Oberman, Wiesbaden 1965.
Boehmer, Julius: Der Wein im heiligen Abendmahl, Berlin 1927.
Bona, Johannes: Rerum liturgicarum libri duo, Campoduni 1674.

Literatur

244 [Bonaventura]: Opera Omnia. Tomus V: Opuscula varia theologica, Quaracchi 1891.
Borgnet, Auguste: B. Alberti Magni Ratisbonensis episcopi, Ordinis Praedicatorum, opera omnia, ex editione Lugdunensi religiose castigata, et pro auctoritatibus ad fidem vulgatae versionis accuratiorumque Patrologiae textuum revocata auctaque B. Alberti vita ac bibliographia operum a PP. Quétif et Echard exaratis. Commentarius in IV Sententiarum (Dist. I–XXII), Parisiis 1894.
Brommer, Peter (Hg.): Capitula Episcoporum. Kirchenprovinzen: Köln, Trier, Sens, Bensançon, Bourges, Hannover 1984.
Buddeus, Johann Franz/Schmid, Heinrich: Disputatio Historica De Symbolis Eucharisticis, Wittenberg 1686.
Busa, Robert SJ: S. Thomae Aquinatis Opera Omnia. Bd. 1: In quattuor libros sententiarum, Stuttgart-Bad Cannstatt 1980.
Cäsarius von Heisterbach: Dialogus miraculorum/Dialog über die Wunder. Bd. 4. Eingeleitet von Horst Schneider. Übersetzt und kommentiert von Nikolaus Nösges und Horst Schneider, Turnhout 2009.
Cajetan, Thomas: Divi Thomae Aquinatis Doctoris Angelici. Tertia Pars Summae Theologiae Cum Commentariis, Antverpiae 1612.
[Calvin, Johannes]: Ioannis Calvini opera omnia denuo recognita et adnotatione critica instructa notisque illustrata. Epistolae. Bd. 1 (1530-sep. 1538), hg. v. Cornelis Augustijn u. a., Genève 2005.
Carmina Burana. Die Lieder der Benediktbeurer Handschrift. Zweisprachige Ausgabe. Vollst. Ausg. des Originaltextes nach der von B. Bischoff abgeschlossenen kritischen Ausg. von A. Hilka und O. Schumann, (Heidelberg 1930–1970) München 1979.
Cassander, Georgius: Litvrgica De Ritv Et Ordine Dominicae Coenae Celebrandae. Quam celebrationem Græci Liturgian, Latini Missam appellarunt. Ex variis monumentis & probatis scriptoribus collecta, Coloniae 1558.
Chaptal, Jean-Antoine-Claude: Traité théorique et pratique sur la Culture de la Vigne avec l'art de faire le vin, les eaux-de-vie, esprit-de-vin, vinaigres simples et composes, 2. éd., Paris 1801.
Chevalier, Alphonse: Dictionnaire des altérations et falsifications des substances alimentaires, médicamenteuses et commerciales, avec l'indication des moyens de les reconnaître, Paris 1850.
Christianus de Scala: Legenda Christiani. Vita et passio sancti Wenceslai et sancte Ludmile. (Kristiánova legenda. Život a umučení svatého Václava a jeho báby svaté Ludmily. K vydání připravil, přeložil a poznámkami opatřil), hg. v. Jaroslav Ludvíkovský, Praha 1978.
Codex Theodosianus. Vol. I: Theodosiani Libri XVI cum constitutionibus

Sirmodinis. Edidit ad sumpto apparatu P. Kruegeri Th. Mommsen. Pars Posterior, Berlin 1905.

Cornelius, Carl Adolf von (Hg.): Berichte der Augenzeugen über das münsterische Wiedertäuferreich, Münster 1853.

Daillé, Jean: De Cultibus religiosis Latinorum Libri novem. Opus posthumum, Geneva 1671.

Dedeken, Georg: Thesauri Consiliorum Et Decisionum Appendix […] Das ist: Vornehmer Universiteten hochlöblicher Collegien / wolbestalter Consistorien / auch sonst hochgelährter Theologen und Juristen Rath, Bedencken, Antwort. Belehrung / Erkentnüß / Bescheide und Urtheil, in und von allerhand schweren Fällen und wichtigen Fragen. […], Hamburgk 1623.

Deutsche Bischofskonferenz: Verordnung über den Gebrauch von Wein bei der Eucharistiefeier (Meßwein) für alle (Erz-)Bistümer in der Bundesrepublik Deutschland, in: Kirchliches Amtsblatt für die Diözese Mainz 118 (1976), S. 16–21.

Diercks, Gerardus Frederik (Hg.): Sancti Cypriani Episcopi Opera. Sancti Cypriani Episcopi Epistularia, Tvrnholti 1996.

Dilthey, Wilhelm/Jonas, Ludwig: Aus Schleiermacher's Leben. In Briefen. Bd. 2: Von Schleiermacher's Anstellung in Halle – October 1804 – bis an sein Lebensende – den 12. Februar 1834, Berlin 1858.

Dokumente wachsender Übereinstimmung. Sämtliche Berichte und Konsenstexte interkonfessioneller Gespräche auf Weltebene, hg. v. Harding Meyer, 3 Bde., Paderborn 1982–2003.

Duchesne, Louis: Le liber pontificalis. Texte, introduction et commentaire, Paris 1886.

Dudithius, Andreas: Epistulae. Ed. cur. Lecho Szczucki et al. Pars II: 1568–1573, ed. Margarita Borowska et al., Budapest 1995.

Dufour, Alain/Aubert, Hippolyte: Correspondance de Théodore de Bèze. Tome XII (1571), Genève 1986.

Egli, Johannes (Hg.): Der Liber Benedictionum Ekkeharts IV. Nebst den kleinern Dichtungen aus dem Codex Sangallensis 393, St. Gallen 1909.

Engelcken, Hermann Christoph: Diss. theol. de placentis orbicularibus, seu pane eucharistico, quod sit verus et proprie dictus panis recentissimis […], Rostochium 1723.

Epiphanius von Salamis: Anchoratus und Panarion 1–33, hg. v. Karl Holl, Leipzig 1915.

–: The Panarion of Epiphanius of Salamis, hg. v. Frank Williams, 2 Bde., Leiden/New York 1987.

Erinnerungs Schrifft etlicher vom Adel vnd Stedten / An den Durchleuchtigen Hochgebornen Fürsten vnd Herrn / Herrn Johann Geor-

Literatur

gen / Fürsten zu Anhalt / Graffen zu Ascanien / Herrn zu Zerbst vnd Bernburg / etc. Sampt darauff erfolgten gnediger verantwortung vnd erklerung. Item: Anleytung wie man das Wittenbergische Buch / hievon geschrieben / mit frucht und nuz lesen möge, Zerbst 1597.

Evangelische Kirche der Union: Ordnung des Kirchlichen Lebens der Evangelischen Kirche der Union vom 6. Mai 1955 [o. O u. J.].

Evangelische Kirche in Deutschland: Das Abendmahl. Eine Orientierungshilfe zu Verständnis und Praxis des Abendmahls in der evangelischen Kirche, 3. Aufl., Gütersloh 2003.

Fabri O. P., Felix: Traktat über die Stadt Ulm. Übersetzt und kommentiert von Folker Reichert, Norderstedt 2014.

Fagundez, Stephanus: Tractatus in quinque Ecclesiae praecepta, editio tertia recognita & emendata, Lugduni 1649.

Ganzer, Klaus/zur Mühlen, Karl-Heinz (Hgg.): Akten der deutschen Reichsreligionsgespräche im 16. Jahrhundert. Bd. 3: Das Regensburger Religionsgespräch (1541). Teilbd. 1, hg. im Auftrag der Akademie der Wissenschaften und der Literatur Mainz, Göttingen 2007.

Geerlings, Wilhelm (Hg.): Traditio Apostolica – Apostolische Überlieferung, Freiburg 1992.

Gerhard, Johann: Loci theologici cum pro adstruenda veritate tum pro destruenda quorumvis contradicentium falsitate per theses nervose solide et copiose explicati. Denuo Edidit Variique Generis Observationes Nec Non Praefationem Qua De Vita Ac Scriptis Auctoris Disseruit Adiecit Io. Fridericus Cotta Theologus Tubingensis, Tubingae 1775.

Gerhard, Johann Ernst: […] Tōn Aoinōn Akēma, Seu Quaestionem Casualem: Cum Abstemiis Quid Agendum In SS. Synaxi Sit?, Jena 1666.

[Gregor d. Gr.]: Des heiligen Papstes und Kirchenlehrers Gregor des Grossen vier Bücher Dialoge. Aus dem Lateinischen übers. von Joseph Funk, Kempten/München 1933.

[Gregor von Tours]: Gregorii Episcopi Turonensis Libri historiarum X, hg. v. Bruno Krusch und Wilhelm Levison, Hannover 1937.

Grønlands historiske mindesmaerker. Det Kongelige Nordiske Oldskriftselskab. 1838–1945, 3 Bde., København 1976.

Gruner, Christian Gottfried: Der gemeinschaftliche Kelch. Nebst einigen historischen und medicinischen Zweifeln. Ein Beitrag zur wohlgemeinten Ehrenrettung des Herrn Doctor Tralles, Jena/Göttingen 1785.

Grynaeus, Simon: Novus orbis regionum ac insularum veteribus incognitarum […] His accessit copiosis rerum memorabilium index, Parisiis 1532.

Hachenburg, Johann: Wider den irrthumb der newen Zwinglianer / nötige vnterrichtung, Erfurt 1558.

Hartley, Joseph: The Wholesale and Retail Wine & Spirit Merchant's Companion, and complete Instructor to the Trade; Containing several Hundred valuable Receipts, from Practical Experience, London 1839.
Heppe, Heinrich (Hg.): Die Bekenntnisschriften der reformirten Kirchen Deutschlands, Elberfeld 1860.
Herberstein, Sigmund von: Das alte Rußland. Übertragen von Wolfram von den Steinen. Mit einem Nachwort von Walter Leitsch, 2. Aufl., Zürich 1985.
Hermann, Johann Gottfried: Historia concertationum de pane azymo et fermentato in coena Domini variis commentationes explanata. Subiuncta est Graeci theologi de Christo pascha suum praemature atque in pane fermentato celebrante dissertatio, Lipsiae 1737.
Herminjard, Aimé Louis: Correspondance des réformateurs dans les pays de langue française. Recueillie et publiée avec d'autres lettres relatives à la réforme et des notes historiques et biographiques. Tome Quatriéme 1536–1538, Genève/Paris 1872.
[Hieronymus]: S. Hieronymi Presbyteri Commentariorum in Esaiam Libri XII–XVIII. Cura et studio Marci Adriaen, Turnhout 1963.
Hinkmar von Reims: Vita Remigii Episcopi Remensis, in: Bruno Krusch (Hg.): Scriptores rerum Merovingicarum. Tomus III: Passiones vitaeque sanctorum aevi Merovingici et antiquiorum aliquot (I), Hannover 1896, S. 239–349.
Hoë von Hoënegg, Matthias: […] Abgenötigte gründliche Antwort / Auff ein Calvinisch Ausforderungs Büchlein […], Leipzig 1616.
Hofmann, Karl Bertold: Specialitäten der Kunstwein- und Liqueur-Fabrikation, Berlin 1883.
Hollatz, David/Teller, Romanus: Davidis Hollazii A. M. Pastoris Quondam Iacobshagensis Et Vicinae Synodi Praeposita Examen Theologicum Acroamaticum Universam Theologiam Thetico-Polemicam Complectens, editio Altera, Lipsiae [1707] 1763.
Holzapfel, Egidius (Hg.): Werner Rolevincks Bauernspiegel. Untersuchung und Neuherausgabe von «De regimine rusticorum», Basel/Wien 1959.
Horn, Cornelia B./Phenix, Robert R. (Hgg.): John Rufus. The lives of Peter the Iberian, Theodosius of Jerusalem, and the Monk Romanus, Atlanta 2008.
[Ignatius von Antiochien]: Epistulae, in: Andreas Lindemann/Henning Paulsen (Hgg.): Die Apostolischen Väter. Griechisch-deutsche Parallelausgabe auf der Grundlage der Ausgaben von Franz Xaver Funk, Karl Bihlmeyer und Molly Whittaker, Tübingen 1992, S. 176–241.
Inter-Anglican Liturgical Commission: Eucharistic Food and Drink, Berkeley 2005.

Literatur

[Irenäus]: Adversus Haereses. Darlegung der Apostolischen Verkündigung. Gegen die Häresie. Übersetzt und eingeleitet von Norbert Brox, Freiburg 1993 f.

Jansenius, Cornelius: Concordia Evangelica, In qua, praeterquam quod suo loco ponu[n]tur quae Evangelistae non servato recensent ordine, etia[m] nullius verbum aliquod omittitur: litteris autem omnia sic distinguuntur, ut quid cuiusq[ue] propriu[m], quid cum aliis & cum quibus commune, etiam ad singulas distinctiones mox deprehendatur, Antverpiae 1558.

Joannou, Périclès-Pierre (Hg.): Discipline Générale Antique. Vol. 1,2: Les canons des Synodes Particuliers, Grottaferrata 1962.

[Justin]: Iustini Martyris apologiae pro christianis, hg. v. Miroslav Marcovich, Berlin 1994.

Karabinov, Ivan A.: Über Brot und Wein in der Eucharistie. Bericht ans Landeskonzil 1917–1918 (russ.). Online verfügbar unter http://trezvenie.org/trezvenie/predanie/full/&id941.

Kirchenamt der Vereinigten Evang.-Luth. Kirche Deutschlands: Leitlinien kirchlichen Lebens der Vereinigten Evangelisch-Lutherischen Kirche Deutschlands, Hannover 1997.

Kirchenkanzlei der Evangelischen Kirche der Union: Ordnung des kirchlichen Lebens der Evangelischen Kirche der Union, Berlin 1999.

Klumper, Bernardinus: Doctoris Irrefragabilis Alexandri de Hales Ordinis Minorum Summa Theologica. Liber Tertius (Textus), Quaracchi 1948.

Knowles, David: Decreta Lanfranci monachis Cantuariensibus transmissa. Text lat., Einf. engl., Siegburg 1967.

Kongregation für die Glaubenslehre: Rundschreiben an die Vorsitzenden der Bischofskonferenzen über den Gebrauch von Brot mit geringem Gluten-Anteil und von Most als Materie für die Eucharistie, in: Notitiae 31 (1995), S. 608–609.

–: Rundschreiben an die Vorsitzenden der Bischofskonferenzen über den Gebrauch von Brot mit geringem Gluten-Anteil und von Most als Materie für die Eucharistie, in: Archiv für kath. Kirchenrecht 172 (2003), S. 475–477.

Kongregation für den Gottesdienst und die Sakramentenordnung: Instruktion Redemptionis Sacramentum (25. März 2004).

–: Rundbrief an die Bischöfe über das Brot und den Wein für die Eucharistie (2017). Online verfügbar unter http://www.vatican.va/roman_curia/congregations/ccdds/documents/rc_con_ccdds_doc_20170615_lettera-su-pane-vino-eucaristia_ge.html

Kortholt, Christian/Elers, Christian: De Hostiis, Sive Placentulis Orbicularibus, Quibus Ecclesiae Augustanae Confessioni Addictae In Sacrae

Coenae Administratione Utuntur, Num Verus Panis Sint, Disquisitio, Ienae 1657.

Lange, Christian Christoph Andreas/Unger, Carl Richard/Bugge, Alexander/Strom, Gustav: Diplomatarium Norvegicum. Oldbreve til Kundskab om Norges indre og ydre Forholde Sprog Slaegter Saeder Lovgivning og Rettergang i Middelalderen, Christiania 1847.

Lees, Frederic Richard/Burns, Dawson: The temperance Bible-commentary: giving at one view version, criticism, and exposition […], London 1868.

Léry, Joannes de: Historia Navigationis In Brasiliam, Qvæ Et America Dicitvr […], Paris 1586.

Lindemann, Andreas/Paulsen, Henning (Hgg.): Die Apostolischen Väter. Griechisch-deutsche Parallelausgabe auf der Grundlage der Ausgaben von Franz Xaver Funk, Karl Bihlmeyer und Molly Whittaker, Tübingen 1992, S. 176–241.

Löhe, Wilhelm: Beicht- und Communionbuch für evangelische Christen. Zum Gebrauch sowohl in, als auch außerhalb des Gotteshauses, 5., verm. und verb. Aufl., Nürnberg [1844] 1871.

Lutherisches Kirchenamt Hannover: Ordnung des Kirchlichen Lebens der Vereinigten Evangelisch-Lutherischen Kirche Deutschlands, 3. Aufl., Berlin 1956.

Marheineke, Philipp Konrad: Das Brodt im heiligen Abendmahl. Ein Beitrag zur Vereinigung der lutherischen und refomierten Kirche, Berlin 1817.

Mayer, Johannes Fridericus: De hostiis et calice venenatis, Von vergiffteten Oblaten und Kelchen im Abendmahl, Gryphiswaldiae 1720.

Melanchthon, Philipp: Operum reverendi viri philippi melanthonis, pars secvnda, continens enarrationes aliqvot librorum Testamenti Veteris, et nonnulla alia opuscula […], Wittenberg 1562.

–/Cruciger, Caspar: Libelli aliqvot utiles philippi melanthonis. De Ecclesia. De Poenitentia. De coniugio Sacerdotum. Scripta quaedam, de usu integri Sacramenti & Missa Theatrica. De potestate Pontificis & Episcoporum […], Wittenberg 1560.

Missale Romanum, Venedig 1573.

Möller, Lenelotte (Hg.): Die Enzyklopädie des Isidor von Sevilla, Wiesbaden 2008.

Müller, E. F. Carl (Hg.): Die Bekenntnisschriften der reformierten Kirche. In authentischen Texten mit geschichtlicher Einleitung und Register, Leipzig 1903.

Müller, Ludolf (Hg.): Die Nestorchronik. Die altrussische Chronik, zugeschrieben dem Mönch des Kiever Höhlenklosters Nestor, in der Redaktion des Abtes Sil'vestr aus dem Jahre 1116, rekonstruiert nach den

Literatur

Handschriften Lavrent'evskaja, Radzivilovskaja, Akademičeskaja, Troickaja, Ipat'evskaja und Chlebnikovskaja, München 2001.

Ohlmeyer OSB, Albert (Hg.): De sacramentis, Münster 1958.

Ohme, Heinz: Concilium Quinisextum – Das Konzil Quinisextum. Griechisch-deutsch. Übersetzt und eingeleitet von Heinz Ohme, Turnhout 2006.

Olearius, Adam: Des weltberühmten Adami Olearii Colligirte und viel vermehrte Reise-Beschreibungen bestehend in der nach Muszkau und Persien […], Hamburg 1696.

Pahl, Irmgard: Coena Domini I. Die Abendmahlsliturgie der Reformationskirchen im 16./17. Jahrhundert, Fribourg 1983.

–: Coena Domini II. Die Abendmahlsliturgie der Reformationskirchen vom 18. bis zum frühen 20. Jahrhundert, Fribourg 2005.

Pareus, David: Christlich vnd gründlich Bedencken vom Brot vnnd Brotbrechen im H. Abendmal des Herren. Allen Gelerten vnnd Vngelerten / sonderlich den einfältigen dieser zeit nutzlich zu lesen. Vff begeren einer Gottseligen vornemen Person. Gestellet durch David Pareum, der H. Schrifft Doctorn, Amberg 1598.

Philo von Alexandrien: De specialibus legibus, in: Leopold Cohn et al. (Hgg.): Philonis Alexandrini opera quae supersunt. Bd. 5, Berlin 1906, S. 1–265.

C. Plinius Secundus d. Ä.: Naturkunde. Lateinisch-deutsch, hg. und übers. v. Roderich König u. a., 32 Bde., München/Zürich/Heimeran 1973–2004.

Ratramnus: De corpore et sanguine Domini, hg. v. Jan N. Bakhuizen van den Brink, Amsterdam 1954.

Rauschen, Gerhard (Hg.): Frühchristliche Apologeten und Märtyrerakten. Bd. 2: Des Theophilus von Antiochien drei Bücher an Autolykus. Hermias' des Philosophen Verspottung der nichtchristlichen Philosophen. Des Minucius Felix Dialog Oktavius. Des Firmicus Maternus Schrift vom Irrtum der heidnischen Religionen. Echte alte Märtyrerakten, München 1913.

Reformation Der Königlichen schloßkirchen zu Prag / wie dieselbe an S. Thomae und folgende Täg Anno 1619. durch etliche König Friderici Pfaltzgrafens hohe Böhemische Officir, und Herrn Abraham Scultetum […] angestellt und verrichtet worden […], Prag 1621.

Renaudot, Eusebius: Liturgiarum Orientalium Collectio, 2 Bde., Paris 1715–1716.

Riedel, Wilhelm (Hg.): Die Kirchenrechtsquellen des Patriarchats Alexandrien, Leipzig 1900.

Rolffs, Ernst: Die Alkoholfrage in den evangelischen Kirchen Deutschlands, Berlin 1927.

—: Die Frage des alkoholfreien Abendmahlweins, Berlin 1932.

Rosio de Porta, Petro Dominico: Historia Reformationis ecclesiarum Raeticarum ex genuinis fontibus et adhuc maximam partem numquam impressis sine partium studio deducta, ut exstans symbola ad syntagma hist. reform. Helvetiae queat censeri, Lindoviae 1772.

Rouard de Card, Pie Marie: De la falsification des substances sacramentelles, Paris 1856.

Schmidt, Johannes Andreas/Rehtmeyer, Philippus Julius: De Oblatis Evcharisticis Qvae Hostiae Vocari Solent, Helmestadii 1702.

Schöllgen, Georg (Hg:): Didache. Zwölf-Apostel-Lehre, 2. Aufl., Freiburg im Breisgau 1992.

Schulz, Frieder: Die Lima-Liturgie. Die ökumenische Gottesdienstordnung zu den Lima-Texten. Ein Beitrag zum Verständnis und zur Urteilsbildung, Kassel 1983.

Schweitzer, Albert: Von der Mission. Gedanken und Erfahrungen, in: Albert Schweitzer: Vorträge, Vorlesungen, Aufsätze, hg. v. Claus Günzler, München 2003, S. 316–359.

Sekretariat der Deutschen Bischofskonferenz (Hg.): Die Meßfeier – Dokumentensammlung. Auswahl für die Praxis. Katholische Kirche, 11. Aufl., Bonn 2009.

Sievernich, Michael/Fritzen, Wolfgang/Knauer, Peter (Hgg.): Franz Xaver. Briefe und Dokumente 1535–1552, Regensburg 2006.

Spazier, Karl: Freymüthige Gedanken über die Gottesverehrungen der Protestanten, Gotha 1788.

Spitta, Friedrich: Die Kelchbewegung in Deutschland und die Reform der Abendmahlsfeier, Göttingen 1904.

Stupperich, Robert (Hg.): Die Schriften der Münsterischen Täufer und ihrer Gegner II. Die Schriften von katholischer Seite gegen die Täufer, Münster 1980.

Teller, Wilhelm Abraham: Lehrbuch des Christlichen Glaubens, Helmstedt 1754.

[Tertullian]: Ad uxorem, in: Emil Kroymann (Hg.): Tertullianus. De praescriptione haereticorum. De cultu feminarum. Ad uxorem. De exhortatione castitatis. De corona. De carne Christi. Adversus Iudaeos, Wien 1942, S. 96–124.

—: De corona militis, in: Emil Kroymann (Hg.): Tertullianus. De praescriptione haereticorum. De cultu feminarum. Ad uxorem. De exhortatione castitatis. De corona. De carne Christi. Adversus Iudaeos, Wien 1942, S. 153–188.

Tralles, Balthasar Ludwig: Nothwendige Vertheidigung seiner kleinen Schrift von der Ehre und Unschuld des gemeinschafftlichen Kelches bey dem h. Abendmahl gegen die harten Angriffe Hrn. D. Christian Gottfried Gruners, Breslau 1785.

[Universität Wittenberg]: Nothwendige Antwort auf die im Fürstenthumb Anhalt ausgesprengte heftige Schrifft, darinnen nicht allein die jetzige Neuerung mit Abwerfung der Bilder, Altären ect. vergeblich beschauet usw. sondern auf die Lehre von den Sacramenten jämmerlich verkehrt wird, wider die Verfasser des Buchs gerichtet durch die theologische Facultät zu Wittenberg, Wittenberg 1597.

[Venantius Fortunatus]: Venantii Honori Clementiani Fortunati presbyteri Italici Opera Poetica, hg. v. Friedrich Leo, Berlin 1881.

–: Vita Sanctae Radegundis, in: Bruno Krusch (Hg.): Venanti Honori Clementiani Fortunati presbyteri Italici Opera Pedestria, Berlin 1885, S. 38–49.

Vereinigte Evangelisch-Lutherische Kirche Deutschlands: Das Heilige Abendmahl in der Seelsorge an Alkoholgefährdeten. Eine Handreichung der Bischofskonferenz der VELKD, Rendsburg, 29. Juni 1979, 3. Aufl., Hannover 1982.

–: Leitlinien kirchlichen Lebens der Vereinigten Evangelisch-Lutherischen Kirche Deutschlands (VELKD). Handreichung für eine kirchliche Lebensordnung, Gütersloh 2003.

Verhandlungen der Fünften Ordentlichen General-Synode der Evangelischen Landeskirche Preußens, Berlin 1904.

[Vita Wandregisili Abbatis Fontanellensis] in: Acta Sanctorum Julii [...] Collecta, Digesta, Commentariisque & Observatonibus illustrate, Joh. Bap. Sollerio, Joanne Pinio, Guilielmo Cupero, Petro Boschio. Tomus V, Antwerpen 1728, S. 253–302.

Walch, Johann Georg: Historische und theologische Einleitung in die Religions-Streitigkeiten, welche sonderlich außer der evangelisch-lutherischen Kirche entstanden. Bd. 3, Jena 1736.

Wickram, Georg: Sämtliche Werke. Bd. 7: Das Rollwagenbüchlein, hg. v. Hans-Gert Roloff, Berlin/New York 1973.

Will, Cornelius (Hg.): Acta et Scripta quae de controversiis ecclesiae Graecae et Latinae saeculo undecimo composita extant [...], Faksimile-Neudruck, Leipzig 1861.

Wright, Frank: New Unfermented Wines Imported Direct from the Vineyards, for Sacramental and Domestic Uses, by Frank Wright, Mundy & Co., Makers and Importers of Unfermented Wines, Kensington London 1884.

Zwingli, Huldrych: Die freie Wahl der Speisen, in: Schriften I, im Auftrag des Zwinglivereins hg. v. Thomas Brunnschweiler und Samuel Lutz, Zürich 1995, S. 13–74.

Sekundärliteratur

Alberigo, Giuseppe (Hg.): Geschichte der Konzilien. Vom Nicaenum bis zum Vaticanum II, Wiesbaden 1998.
Anderson, Eugene N.: The food of China, New Haven 1988.
Angenendt, Arnold: Geschichte der Religiosität im Mittelalter, 2. überarb. Aufl., Darmstadt 2000.
–: Offertorium. Das mittelalterliche Messopfer, 3., korr. und erw. Aufl., Münster 2014.
Arneborg, Jette: Greenland and Europe, in: William W. Fitzhugh/Elisabeth I. Ward (Hgg.): Vikings. The North Atlantic saga, Washington 2000, S. 304–317.
Avvakumov, Yuri G.: Die Entstehung des Unionsgedankens. Die lateinische Theologie des Hochmittelalters in der Auseinandersetzung mit dem Ritus der Ostkirche, Berlin 2002.
Bassermann-Jordan, Friedrich von: Geschichte des Weinbaus, 2 Bde., Neustadt 2. Aufl. 1923 [ND 1975].
Baumgartner, Jakob: Mission und Liturgie in Mexiko. Bd. 1: Der Gottesdienst der jungen Kirche in Neuspanien, Schöneck-Beckenried 1971.
Bayle, Constantino: El culto del santisimo en Indias, Madrid 1951.
Begerau, Christiane/Schomburg, Rainer/Essen, Martin von (Hgg.): Abendmahl – Fest der Hoffnung. Grundlagen – Liturgien – Texte. Deutscher Evangelischer Kirchentag, Gütersloh 2000.
Behringer, Wolfgang: Tambora und das Jahr ohne Sommer. Wie ein Vulkan die Welt in die Krise stürzte, München 2015.
Belaskie, Cynthia: Art. Bible Wine, in: Blocker, Jack u. a.: Alcohol and Temperance, Bd. 1, Santa Barbara CA 2003, S. 106–107.
Bender, Helmut/Capelle, Torsten/Lüning, Jens/Jockenhövel, Albrecht: Deutsche Agrargeschichte. Vor- und Frühgeschichte, Stuttgart 1997.
Benini, Marco: Die Feier des Osterfestkreises im Ingolstädter Pfarrbuch des Johannes Eck, Münster 2016.
Benito, Pepe: Food Systems, in: Massimo Montanari (Hg.): A Cultural History of Food. Bd. 2: Medieval Age, London 2012, S. 37–56.
Berger Ziauddin, Silvia: Bakterien in Krieg und Frieden. Eine Geschichte der medizinischen Bakteriologie in Deutschland 1890–1933, Göttingen 2009.
Berger, Klaus: Manna, Mehl und Sauerteig. Korn und Brot im Alltag der frühen Christen, Stuttgart 1993.
Birnbaum, Karl/Otto, Friedrich Julius: Das Brotbacken. Eine Besprechung der Grundlagen für den rationellen Betrieb des Bäckergewerbes, Braunschweig 1978.

Literatur

Blocker, Jack S./Fahey, David M./Tyrrell, Ian R.: Alcohol and temperance in modern history. An international encyclopedia, Santa Barbara CA 2003.

Bonkhoff, Bernhard H.: Geschichte der Vereinigten Protestantisch-Evangelisch-Christlichen Kirche der Pfalz, 2 Bde., St. Ingbert 2016.

Braun, Joseph: Der christliche Altar in seiner geschichtlichen Entwicklung, 2 Bde., München 1924.

–: Das christliche Altargerät in seinem Sein und in seiner Entwicklung, München 1932.

Brecht, Martin: Martin Luther. Bd. 2: Ordnung und Abgrenzung der Reformation 1521–1532, Stuttgart 1986.

Bremmer, Jan: Art. Opfer III. Griechenland, in: DNP Bd. 8, Stuttgart 2000, S. 1240–1246.

Brommer, Peter: Die Rezeption der bischöflichen Kapitularien Theodulfs von Orleans, in: ZRH 61 (1975), S. 113–160.

Browe, Peter: Mittelalterliche Kommunionriten, in: JLW 15 (1941), S. 23–66.

–: Die Verehrung der Eucharistie im Mittelalter, München 1993.

Bruegel, Martin: Introduction. Locating Foodways in the Nineteenth Century, in: ders. (Hg.): A Cultural History of Food. Bd. 5: Age of Empire, London 2012, S. 1–26.

Buenner, Denys: L' ancienne liturgie Romaine. Le rite Lyonnais, Lyon 1934.

Campbell, Christopher: Phylloxera. How wine was saved for the world, London 2004.

Caspers, Charles/Lukken, Gerard (Hgg.): Bread of Heaven. Customs and practices surrounding Holy Communion. Essays in the history of liturgy and culture, Kampen 1995.

Clasen, Claus-Peter: Anabaptism. A social history 1525–1618. Switzerland, Austria, Moravia, South and Central Germany, Ithaca 1972.

Colgrave, Bertram: The earliest life of Gregory the Great. By an anonymous monk of Whitby. Text, translation and notes by Bertram Colgrave, Cambridge 1985.

Collani, Claudia von: China. Die Chinamission von 1520–1630, in: Heribert Smolinsky (Hg.): Geschichte des Christentums. Bd. 8, Freiburg im Breisgau 1992, S. 933–958.

Corblet, Jules: Histoire dogmatique, liturgique et archéologique du sacrement de l'eucharistie, Paris 1885.

Craig, Barry M.: Fractio panis. A history of the breaking of bread in the Roman rite, Roma 2011.

Cushner, Nicholas P.: Lords of the land. Sugar, wine and Jesuit estates of coastal Peru. 1600–1767, Albany NY 1980.

Czaika, Otfried: David Chyträus und die Universität Rostock in ihren Beziehungen zum schwedischen Reich, Helsinki 2002.
Dalman, Gustaf Hermann: Der Wein des letzten Mahles Jesu, in: Allgemeine ev.-luth. Kirchenzeitung 64 (1931), S. 797–798.
–: Arbeit und Sitte in Palästina. Bd. 4: Brot, Öl und Wein, 2. Nachdruck von 1935, Hildesheim 1987.
Dankbaar, W. F.: Communiegebruiken in de eeuw der Reformatie, 2. herziene druk, Groningen 1987.
Deckers, Daniel: Im Zeichen des Traubenadlers. Eine Geschichte des deutschen Weins, Mainz 2010.
Diestelmann, Jürgen (Hg.): «Nur Wein!» Theologische Beiträge und Dokumente zur stiftungsgemäßen Verwendung von Wein beim Hl. Abendmahl im Lichte des «liquoristischen Streites» im 16. Jahrhundert und moderner Seelsorge an Alkoholkranken, Braunschweig 1986.
Dommershausen, Werner: Art. Jajin, in: ThWAT Bd. 3, Stuttgart 1982, S. 614–620.
Dunmire, William W.: Gardens of New Spain. How Mediterranean plants and foods changed America, Austin Tex. 2004.
Eckstein, Franz/Klauser, Theodor: Art. Brotstempel, in: RAC 2, Stuttgart 1954, Sp. 630–631.
–/Stuiber, Alfred: Art. Brotformen, in: RAC 2, Stuttgart 1954, Sp. 626–630.
Ellard SJ, Gerald: Bread in the Form of a Penny, in: Theological Studies 4 (1934), S. 319–346.
Evangelischer Pressedienst (Hg.): epd-Dokumentation Nr. 22/01 (28. Mai 2001). Streit um das Feierabendmahl, Frankfurt am Main 2001.
Fattinger, Rudolf: Pastoralchemie. Eine Orientierung über die sakramentalen Materien, liturgischen Metalle, Textilien und Beleuchtungsstoffe nach den kirchlichen Bestimmungen, Freiburg im Breisgau 1930.
Finsler, Georg: Kirchliche Statistik der reformirten Schweiz, Zürich 1854.
Fitzhugh, William W./Ward, Elisabeth I. (Hgg.): Vikings. The North Atlantic saga. National Museum of Natural History, Washington 2000.
Florovsky, Georges: Ways of Russian Theology. Part 1, Belmont 1979.
Foerster, Erich: Die Entstehung der preußischen Landeskirche unter der Regierung König Friedrich Wilhelms des Dritten. Nach den Quellen erzählt von Erich Foerster. Ein Beitrag zur Geschichte der Kirchenbildung im Deutschen Protestantismus, 2 Bde., Tübingen: 1905/1907.
Foley, Edward: From age to age. How Christians have celebrated the Eucharist, rev. and expanded ed., Collegeville/Minn. 2008.
Fontaine, Jacques: Erneuerung kirchlichen Lebens auf der Iberischen Halbinsel. Synodale und literarische Aktivitäten, in: Pietri, Luce (Hg.):

Literatur

Geschichte des Christentums. Bd. 3, Freiburg im Breisgau 2001, S. 309–411.

Forman, Charles W.: Finding Our Own Voice: The Reinterpreting of Christianity by Oceanian Theologians, in: International Bulletin of Missionary Research 29 (2005), S. 115–122.

Foullioux, Etienne: Erschütterungen (1912–1939), in: Jean-Marie Mayeur/ Kurt Meier (Hgg.): Geschichte des Christentums. Bd. 12, Freiburg im Breisgau 1992, S. 915–971.

Freedman, Jeffrey: A Poisoned Chalice, Princeton/Oxford 2002.

Freedman, Paul (Hg.): Food. The History of Taste, London 2007.

Fuchs, Guido: Ma(h)l anders. Essen und Trinken in Liturgie und Kirchenraum, Regensburg 2014.

Fuller, Robert C.: Religion and wine. A cultural history of wine drinking in the United States, 1. ed., Knoxville 1996.

Gaïse, Roger: Les signes sacramentels de l'eucharistie dans l'eglise latine. Etudes théologiques et historiques, Fribourg 2001.

Galavaris, George: Bread and the liturgy. The symbolism of early Christian and Byzantine bread stamps, Madison 1970.

Garrier, Gilbert: Histoire sociale & culturelle du vin, Paris 1996.

Geiselmann, Josef R.: Die Abendmahlslehre an der Wende der christlichen Spätantike zum Frühmittelalter. Isidor von Sevilla und das Sakrament der Eucharistie, München 1933.

Gerber, Christian: Historie der Kirchen-Ceremonien in Sachsen. Nach ihrer Beschaffenheit in möglichster Kürtze mit Anführung vieler Moralien und specialen Nachrichten, Dresden/Leipzig 1732.

Gericke, Wolfgang (Hg.): Glaubenszeugnisse und Konfessionspolitik der brandenburgischen Herrscher bis zur Preußischen Union, 1540 bis 1815, Bielefeld 1977.

Goertz, Hans-Jürgen: Konrad Grebel. Ein Radikaler in der Zürcher Reformation. Eine biografische Skizze, Zürich 2004.

Goetz, Leopold Karl: Pamjatniki Drevne-Russkago Kanoniceskago Prava L. K. Goetza. (Kirchenrechtl. und kulturgeschichtl. Denkmäler Altrusslands nebst Geschichte des russischen Kirchenrechts. Eingel., übers. und erkl. von Leopold Karl Goetz), Stuttgart 1905.

Goldberg, Kevin Douglas: German Wine and the Fermentation of Modern Taste, 1850–1914. Diss. masch. University of California, Los Angeles 2010.

Gonneau, Pierre: Die russische Kirche. Unterjochung, Fortbestand und Glaubensspaltungen, in: Marc Venard (Hg.): Geschichte des Christentums. Bd. 9, Freiburg im Breisgau 1998, S. 502–542.

Gormans, Andreas/Lentes, Thomas (Hg.): Das Bild der Erscheinung. Die Gregorsmesse im Mittelalter, Berlin 2007.

Graff, Paul: Geschichte der Auflösung der alten gottesdienstlichen Formen in der evangelischen Kirche Deutschlands, 2 Bde., Göttingen 1937/39.

Grethlein, Christian: Abendmahl feiern in Geschichte, Gegenwart und Zukunft, Leipzig 2015.

Grieco, Allan J.: Food Production, in: Ken Albala (Hg.): A Cultural History of Food. Bd. 3: Renaissance, London 2012, S. 29–44.

Grimm, Veronika: The good things that lay at hand. Tastes of Ancient Greece and Rome, in: Paul Freedman (Hg.): Food. The History of Taste, London 2007, S. 63–98.

Grosse, Christian: Les rituels de la cène. Le culte eucharistique réformé à Genève (XVIe–XVIIe siècles), Genève 2008.

Halstead, Paul: Food production, in: Paul Erdkamp (Hg.): A Cultural History of Food. Bd. 1: Antiquity, London 2012, S. 21–41.

Hanssens, Ioannes Michael: Institutiones liturgicae de ritibus Orientalibus. Tomus II: De Missa Rituum Orientalium, Romae 1930.

Härdelin, Alf: Aquae et vini mysterium. Geheimnis der Erlösung und Geheimnis der Kirche im Spiegel der mittelalterlichen Auslegung des gemischten Kelches, Münster Westfalen 1973.

Haring, Clarence Henry: The Spanish empire in America, New York 1963.

Harnack, Adolf von: Brot und Wasser. Die eucharistischen Elemente bei Justin, in: ders. (Hg.): Texte und Untersuchungen 7/2 (1891), S. 115–144.

Hartmeyer, Hans: Der Weinhandel im Gebiete der Hanse im Mittelalter, Jena 1905.

Hefele, Karl Joseph: Conciliengeschichte. Nach den Quellen bearbeitet. Bd. 2, verbess. Aufl., Freiburg im Breisgau 1875.

Heiser, Andreas: «Bist Du ein Christ? Warum machst Du dann so eifrig bei den Juden mit?» Christliche Sabbatbeobachtung im Spiegel der Polemik des Johannes Chrysostomus, in: Anselm Schubert (Hg.): Sabbat und Sabbatobservanz in der Frühen Neuzeit, Gütersloh 2016, S. 18–38.

Henkel, Willi: Die Konzilien in Lateinamerika. Bd. 1: Mexiko 1555–1897, Paderborn 1984.

–: Die Konzilien in Lateinamerika. Bd. 2: Lima 1551–1927, Paderborn 2010.

Hierholzer, Vera: Food Security and Safety, in: Martin Bruegel (Hg.): A Cultural History of Food. Bd. 5: Age of Empire, London 2012, S. 67–86.

Hilgenfeld, Hartmut: Mittelalterlich-traditionelle Elemente in Luthers Abendmahlsschriften, Zürich 1971.

Hsia, Ronnie Po-chia: The myth of ritual murder. Jews and magic in reformation Germany, New Haven 1988.

Literatur

Hyams, Edward: Dionysus. A social history of the wine vine, London 1965.
Iserloh, Erwin: Art. Abendmahl III. 2 Mittelalter, in: TRE 1, Berlin 1977, S. 89–106.
Jasny, N.: The daily bread of the ancient Greeks and Romans, in: Osiris 9 (1950), S. 227–253.
Jennes, Joseph: A history of the catholic church in Japan. From its beginnings to the early Meiji era (1549–1873). A short handbook, rev., enl. ed., Tokyo 1973.
Jeremias, Joachim: Die Abendmahlsworte Jesu, 4., durchges. Aufl., Göttingen 1967.
Jungmann, Josef Andreas: Missarum sollemnia. Eine genetische Erklärung der römischen Messe, 2 Bde., 4., erg. Aufl., Wien 1958.
Kampmann, Jürgen: Die Einführung der Berliner Agende in Westfalen. Die Neuordnung des evangelischen Gottesdienstes 1813–1835, Bielefeld 1991.
Karant-Nunn, Susan C.: The reformation of ritual. An interpretation of early modern Germany, London/New York 1997.
Kawerau, Gustav: Streit über die Reliquiae Sacramenti in Eisleben 1543, in: ZKG 33 (1912), S. 286–308.
Kearns, Emily: Cakes in Greek Sacrifices, in: Robin Hägg (Hg.): Ancient Greek cult practice from the epigraphical evidence. Proceedings of the Second International Seminar on Ancient Greek Cult, organized by the Swedish Institute at Athens. 22–24 November 1991, Jonsered 1994, S. 65–70.
Keegan, John: Das Antlitz des Krieges. Die Schlachten von Azincourt 1415, Waterloo 1815 und an der Somme 1916, Frankfurt am Main 1991.
Kern, Margit: Transkulturelle Imaginationen des Opfers in der Frühen Neuzeit. Übersetzungsprozesse zwischen Mexiko und Europa, Berlin/München 2013.
Kiple, Kenneth F./Ornelas, Kriemhild Conne (Hgg.): The Cambridge World History of Food, 2 Bde., Cambridge 2000.
Kjöllerström, Sven: Striden kring kalvinismen i Sverige under Erik XIV, Lund 1935.
Klauser, Theodor: Art. Brot A. Nichtchristlich, in: RAC 2, Stuttgart 1954, S. 611–616.
Klinghardt, Matthias: Gemeinschaftsmahl und Mahlgemeinschaft. Soziologie und Liturgie frühchristlicher Mahlfeiern, Tübingen/Basel 1996.
Kloczowski, Jerzy: Die Konsolidierung der neuen Christenheit im 13. Jahr-

hundert, in: André Vauchez/Odilo Engels (Hgg.): Geschichte des Christentums. Bd. 5, Freiburg im Breisgau 2007, S. 688–715.
Knight, Frances: Recreation or Renunciation? Episcopal Interventions in the Drink Question in the 1890s, in: dies./John Morgan-Guy/Stewart Jay Brown (Hgg.): Religion, identity and conflict in Britain. From the Restoration to the twentieth century. Essays in honour of Keith Robbins, Burlington 2013.
Körntgen, Ludger: Studien zu den Quellen der frühmittelalterlichen Bußbücher, Sigmaringen 1993.
Krämer, Achim: Gegenwärtige Abendmahlsordnung in der Evangelischen Kirche in Deutschland. Die Abendmahlsfrage in ihrer theologischen, historischen und ekklesiologischen Bedeutung im Blick auf Abendmahlsgemeinschaft zwischen lutherischen, unierten und reformierten Landeskirchen, München 1973.
Krauß, Irene: Gelungen geschlungen. Das große Buch der Brezel, hg. vom Museum für Brotkultur, 2. Aufl., Ulm 2003.
Krögel, Alison: Food, power, and resistance in the Andes exploring Quechua verbal and visual narratives, Lanham 2012.
Lara, Jaime: The Spanish New World, in: Lee Palmer Wandel (Hg.): A Companion to the Eucharist in the Reformation, Leiden 2014, S. 294–319.
Leicht, Hans Dieter (Hg.): Wilhelm von Rubruk. Die Reise zu den Mongolen. Von Konstantinopel nach Karakorum 1253–1255, 2. Aufl. Wiesbaden 2013.
Leven, Karl-Heinz: Die Geschichte der Infektionskrankheiten von der Antike bis ins 20. Jahrhundert, Landsberg am Lech 1997.
Levy, Ian Christopher/Macy, Gary/Ausdall, Kristen van (Hgg.): A companion to the Eucharist in the Middle Ages, Leiden 2012.
Lietzmann, Hans: Messe und Herrenmahl. Eine Studie zur Geschichte der Liturgie, Berlin 1926.
Lohse, Bernhard: Dogma und Bekenntnis in der Reformation. Von Luther zum Konkordienbuch, in: ders./Gustav Adolf Benrath (Hgg.): Handbuch der Dogmen- und Theologiegeschichte. Bd. 2, 2. überarb. und erg. Aufl., Göttingen 1998, S. 1–166.
Loock, Hans-Dietrich: Vom «Kirchenwesen» zur Landeskirche. Das Zeitalter der Reformen und der Konfessionalisierung (1798 bis 1840), in: Gerd Heinrich (Hg.): Tausend Jahre Kirche in Berlin-Brandenburg, Berlin 1999, S. 363–428.
Lutterbach, Hubertus: The Mass and the Holy Communion in the Medieval Penitentials (600–1200). Liturgical and Religio-Historical Perspectives, in: Charles Caspers/Gerard Lukken (Hgg.): Bread of Heaven.

Literatur

Customs and practices surrounding Holy Communion. Essays in the history of liturgy and culture, Kampen 1995, S. 61–81.

Mancuso, Stefano: Aus Liebe zu den Pflanzen. Geschichten von Entdeckern, die die Welt veränderten, München 2017.

Margaritis, Evi/Renfrew, Jane M./Jones, Martin M./Fox, Sherry (Hgg.): Wine in ancient Greece and Cyprus. Production, Trade and Social Significance, Berlin 2017.

Marguerat, Daniel: Juden und Christen. Die Trennung, in: Luce Pietri (Hg.): Geschichte des Christentums. Bd. 1, Freiburg im Breisgau 2003, S. 187–228.

Mattern, Marlies: Leben im Abseits. Frauen und Männer im Täufertum (1525–1550). Eine Studie zur Alltagsgeschichte, Frankfurt am Main/Berlin 1998.

McGovern, Thomas H.: The Demise of Greenland, in: William W. Fitzhugh/Elisabeth I. Ward (Hgg.): Vikings. The North Atlantic saga, Washington 2000, S. 327–339.

McGowan, Andrew Brian: Ascetic Eucharists. Food and drink in early Christian ritual meals, Oxford/New York 1999.

Meier, Esther: Die Gregorsmesse. Funktionen eines spätmittelalterlichen Bildtypus, Köln 2006.

–: Ikonographische Probleme. Von der «Erscheinung Gregorii» zur «Gregorsmesse», in: Thomas Lentes/Andreas Gormans (Hgg.): Das Bild der Erscheinung, Berlin 2006, S. 39–58.

Meßner, Reinhold: Der Gottesdienst der vornizänischen Kirche, in: Luce Pietri (Hg.): Geschichte des Christentums. Bd. 1, Freiburg im Breisgau 2003, S. 340–441.

Meyer, Bernhard: Die Elevation im deutschen Mittelalter und bei Luther, in: ZKTH 85 (1963), S. 162–217.

Michel, Anton: Humbert und Kerullarios. Quellen und Studien zum Schisma des XI. Jahrhunderts, Paderborn 1930.

Montanari, Massimo: Der Hunger und der Überfluß. Kulturgeschichte der Ernährung in Europa, München 1999.

Murray, Oswyn/Tecuşan, Manuela (Hgg.): In vino veritas. Record of an international conference on wine and society in the ancient world, held in Rome from 19th to 22nd march, 1991, London 1995.

Neill, Stephen: A history of Christianity in India. The beginnings to AD 1707, Cambridge 1984.

Neunheuser, Burkhard: Eucharistie in Mittelalter und Neuzeit, Freiburg im Breisgau/Basel/Wien 1963.

Neuser, Wilhelm: Dogma und Bekenntnis in der Reformation. Von Zwingli und Calvin bis zur Synode von Westminster, in: Carl Andresen/Adolf M. Ritter/Gustav A. Benrath/Bernhard Lohse/Wilhelm Neuser (Hgg.): Handbuch der Dogmen- und Theologiegeschichte. Bd. 2, Stuttgart 1998, S. 167–352.

Nischan, Bodo: The ‹Fractio Panis›. A Reformed Communion Practice in Late Reformation Germany, in: ders. (Hg.): Lutherans and Calvinists in the age of confessionalism. From Jerusalem to Cyprus, Ashgate 1999, S. 17–29.

Noll, Mark A.: Evangelikalismus und Fundamentalismus in Nordamerika, in: Hartmut Lehmann (Hg.): Geschichte des Pietismus. Bd. 4, Göttingen 2004, S. 466–532.

Nostadt, Jakob: Ueber den Mess-Wein, Mainz 1880.

Nottarp, Hermann: Das Grönlandbistum Gardar, in: ZSRG 50 (1964), S. 1–77.

O'Brien, Betty A.: The Lord's Supper. Fruit of the Vine or Cup of the Devils?, in: Methodist History 31 (1993), S. 203–223.

Olsen, Gerald Wayne: Pub and Parish. The Beginnings of Temperance Reform in the Church of England, 1833–1875. Diss. masch., University of Western Ontario, 1972.

Onasch, Konrad: Grundzüge der russischen Kirchengeschichte, Göttingen 1967.

Otte, Hans/Schenk, Richard (Hgg.): Reunionsgespräche im Niedersachsen des 17. Jahrhunderts. Rojas y Spinola – Molan – Leibniz, Göttingen 1999.

Padberg, Lutz E. von: Christianisierung im Mittelalter, Darmstadt 2006.

Pallach, Ulrich-Christian (Hg.): Hunger. Quellen zu einem Alltagsproblem seit dem Dreißigjährigen Krieg. Mit einem Ausblick auf die Dritte Welt, München 1986.

Palu, Ma'afu: Dr. Sione 'Amanaki Havea of Tonga. The Architect of Pacific Theology, in: Melanesian Journal of Theology 28 (2012), S. 67–80.

Parasecoli, Fabio/Scholliers, Peter/Erdkamp, Paul/Montanari, Massimo/Albala, Ken/Kümin, Beat/Bruegel, Martin/Bentley, Amy (Hgg.): A cultural history of food, 6 Bde., London 2012.

Prior, Randall: I am the Coconut of Life. An Evaluation of Coconut Theology, in: Pacific Journal of Theology 10 (1993), S. 31–40.

Rauschenbach, Walter: Der Einzelkelch in Amerika, in: Monatsschrift für Gottesdienst und kirchliche Kunst 9 (1904), S. 303–306.

Roberts, James S.: Drink, temperance and the working class in nineteenth-century Germany, London 1984.

Rose, Susan: The wine trade in medieval Europe 1000–1500, London 2011.

Rubin, Miri: Corpus Christi. The Eucharist in late medieval culture, Cambridge 1992.

Literatur

—: Gentile tales. The narrative assault on late medieval Jews, Philadelphia 2004.
—: Popular Attitutes to the Eucharist, in: Jan Christopher Levy et al. (Hgg.): A Companion to the Eucharist in the Middle Ages, Leiden 2012, S. 447–471.
Ruffing, Kai: Art. Wein II. Klassische Antike A. Weinbau, B. Weinhandel, in: DNP 10, Stuttgart 2002, Sp. 424–434.
Sack, Daniel: Whitebread Protestants. Food and religion in American culture, New York 2000.
Sakamoto, Mitsuru (Hg.): Nanban byôbu shûsei [A Catalogue Raisonné oft he Namban Screens], Tokyo 2008.
Saunier, Pierre: Food Production. Industrial Processing Begins to gain Ground, in: Martin Bruegel (Hg.): A Cultural History of Food. Bd. 1: Age of Empire, S. 27–48.
Scheiwiler, Aloys: Die Elemente der Eucharistie in den ersten drei Jahrhunderten, Mainz 1903.
Schieder, Theodor: Staatensystem als Vormacht der Welt. 1848–1918, Frankfurt am Main/Wien 1977.
Schiller, Gertrud: Ikonographie der christlichen Kunst. Bd. 2: Die Passion Jesu Christi, Gütersloh 1968.
Schmitt-Pantel, Pauline: Art. Gastmahl II. Griechenland, in: DNP 4, Stuttgart 1998, Sp. 798–803.
Schrader, Franz: Anhalt, in: Die Territorien des Reiches im Zeitalter der Reformation und des Konfessionlismus. Bd. 2, hg. v. Anton Schindling und Walter Ziegler, Münster 1993, S. 88–101.
Schreiber, Georg: Deutsche Weingeschichte. Der Wein in Volksleben, Kult und Wirtschaft, Köln 1980.
Schubert, Anselm: Täufertum und Kabbalah, Gütersloh 2008.
—: Nova Israhelis Republica. Das Täuferreich von Münster 1534/1535 als wahres Israel, in: Wolfram Brandes/Felicitas Schmieder/Rebekka Voß (Hgg.): Apokalyptische Völker der Endzeit, Berlin 2016, S. 271–283.
Schubert, Ernst: Essen und Trinken im Mittelalter, Sonderausgabe, 2., unveränd. Aufl., Darmstadt 2010.
Schultheis, Saskia: Die Verhandlungen über das Abendmahl und die übrigen Sakramente auf dem Religionsgespräch in Regensburg 1541, Göttingen 2012.
Schweizerisches Idiotikon. Wörterbuch der schweizerdeutschen Sprache, 17 Bde., Frauenfeld 1881–2012.
Seaver, Kirsten A.: The frozen echo. Greenland and the exploration of North America. Ca. A. D. 1000–1500, Stanford 1996.

Seifert, Oliver/Backhaus, Ambrosius (Hgg.): Panis Angelorum – Das Brot der Engel. Museum der Brotkultur, Ostfildern 2004.
Seward, Desmond: Monks and wine. With a Foreword by Hugh Johnson, London 1979.
Shiman, Lilian Lewis: Crusade against drink in Victorian England, Basingstoke 1988.
Smend, Julius: Kelchversagung und Kelchspendung in der abendländischen Kirche. Ein Beitrag zur Kultusgeschichte, Göttingen 1898.
–: Geschichtliches und Grundsätzliches zur Frage des Abendmahlskelches, in: Monatsschrift für Gottesdienst und kirchliche Kunst 8 (1903), S. 352–358.
Smith, Mahlon H.: And taking bread. Cerularius and the azyme controversy of 1054, Paris 1978.
Specker, Johann: Die Missionsmethode in Spanisch-Amerika im 16. Jahrhundert. Mit besonderer Berücksichtigung der Konzilien und Synoden, Schöneck-Beckenried 1953.
Spode, Hasso: Die Macht der Trunkenheit. Kultur- und Sozialgeschichte des Alkohols in Deutschland, Opladen 1993.
Stein, Hans Joachim: Frühchristliche Mahlfeiern. Ihre Gestalt und Bedeutung nach der neutestamentlichen Briefliteratur und der Johannesoffenbarung, Tübingen 2008.
Stemberger, Günter: Pessachhaggada und Abendmahlsberichte im Neuen Testament, in: ders.: Studien zum rabbinischen Judentum, Stuttgart 1990, S. 357–374.
Stengel, Paul/Müller, Iwan von/Otto, Walter/Bengtson, Hermann: Die griechischen Kultusaltertümer, 3., neubearb. Aufl., München 1920.
Stuiber, Alfred.: Art. Brot B. Christlich I: Eucharistie/II. Eulogienbrot/ IV. Bildersprache, in: RAC 2, Stuttgart 1954, S. 616–620.
Super, John C.: Food, conquest, and colonization in sixteenth-century Spanish America, Albuquerque 1988.
Surmann, Ulrike/Schröer, Johannes (Hgg.): Trotz Natur und Augenschein, Köln 2013.
Taft, Robert F.: A History of the Liturgy of St. John Chrysostom. Vol. 5: The Precommunion Rites, Roma 2000.
–: A History of the Liturgy of St. John Chrysostom. Vol. 6: The Communion, Thanksgiving and concluding Rites, Roma 2008.
Tannahill, Reay: Kulturgeschichte des Essens. Von der letzten Eiszeit bis heute, Wien/Berlin 1973.
Taussig, Hal: In the beginning was the meal. Social experimentation and early Christian identity, Minneapolis 2009.
Tenschert, Helga: Von Anblaten und Offladen. Historie, Histörchen und Rezepte rund um die Oblaten-Bäckerei, München 1983.

Literatur

Thadden, Rudolf von: Die Hinwendung des Kurhauses zum reformierten Bekenntnis, in: Gerd Heinrich (Hg.): Tausend Jahre Kirche in Berlin-Brandenburg, Berlin 1999, S. 255–266.
Tomes, Nancy: The gospel of germs. Men, Women, and the Microbe in American life, Cambridge 1998.
Turrell, James F.: Anglican liturgical Practices, in: Lee Palmer Wandel (Hg.): A companion to the eucharist in the Reformation, Leiden 2014, S. 273–291.
Unwin, Tim: Wine and the vine. An historical geography of viticulture and the wine trade, London 1996.
Vazheeparampil CMC, Prasanna: The Tomâ Margâ. Icon of The Indo-Oriental Identity of the Thomas Christians of India, in: Ostkirchliche Studien 43 (1994), S. 187–210.
Vello, Michele: Le Ultime Cene con gamberi in affreschi tardogotici del Feltrino, del Trevigiano e del Trentino problemi iconografici, in: Atti e memorie dell'Accademia Patavina di Scienze. Lettere ed Arti 107 (1995), S. 149–172.
Vésteinsson, Orri: The Christianization of Iceland. Priests power and social change 1000–1300, Oxford 2000.
Vijgen, Jörgen: The status of eucharistic accidents «sine subiecto». An historical survey up to Thomas Aquinas and selected reactions, Berlin 2013.
Währen, Max: Brot und Gebäck im Mittelalter und als Primärquellen im Abendmahlsbild, in: ders.: Gesammelte Aufsätze und Studien zur Brot- und Gebäckkunde und -geschichte, Ulm 2000, S. 587–621.
–: Das Brot in frühchristlicher Zeit, in: ders.: Gesammelte Aufsätze und Studien zur Brot- und Gebäckkunde und -geschichte, Ulm 2000, S. 570–585.
Wandel, Lee Palmer: The eucharist in the Reformation. Incarnation and liturgy, Cambridge 2006.
–: (Hg.): A companion to the eucharist in the Reformation, Leiden 2014.
Warner, Jessica: Craze. Gin and debauchery in an age of reason consisting of a tragicomedy in three acts in which high and low are brought together, much to their mutual discomfort, New York 2002.
Wäschke, Hermann: Anhaltische Geschichte. Bd. 2: Geschichte Anhalts im Zeitalter der Reformation, Cöthen 1913.
Weis, Eberhard: Der Durchbruch des Bürgertums. 1776–1847, Berlin 1978.
Weisensee, Bernhard: Messwein. Die gültige, würdige und erlaubte Materie, Würzburg 1982.
Welzel, Barbara: Abendmahlsaltäre vor der Reformation, Berlin 1991.

Wengert, Timothy J.: Luther and Melanchthon on consecrated communion wine (Eisleben 1542–43), in: Lutheran quarterly 15 (2001), S. 24–42.

Wooley, Reginald Maxwell: The Bread of the Eucharist, London 1913.

Zahn, Theodor von: Brot und Wein im Abendmahl der alten Kirche, Erlangen 1892.

Zöckler, Otto: Art. Stercoranistae, in: RE 15, Gotha 1862, S. 75.

Internetquellen

www.bhpublishinggroup.com/products/communion-wafer (30. 11. 2016).
www.breadandwine.co.uk/ (20. 05. 2017).
www.diakonieneuendettelsau.de/leben-gestalten/glauben-und-leben/hostienbereitung (10. 12. 2016).
www.leuninger-herbert.de/herbert/messfest/presse.htm (7. 2. 2017).
www.stift-bethlehem.de/sortiment.html;
www.diakonieneuendettelsau.de/leben-gestalten/ (10. 12. 2016)
www.anglicancommunion.org/resources/document-library/lambeth-conference/1888 (1. 5. 2016)
www.evangelisch.de/inhalte/105051/31–05–2011/dies-ist-mein-leib-kruemelig-aber-glutenfrei (20. 11. 2016).

Bildnachweis

S. 23: © Kunsthistorisches Museum, Wien | *S. 32:* © akg-images/André Held | *S. 42:* Aus: Freedman, Taste, S. 88 | *S. 44:* Aus: Freedman, Taste, S. 66 | *S. 45:* © akg-images/Erich Lessing | *S. 49:* © akg-images/André Held | *S. 67:* Aus: Meier, Gregorsmesse, Tafel 2 | *S. 71:* Aus: Surmann/Schröer, Augenschein, S. 312 | *S. 73:* Aus: Surmann/Schröer, Augenschein, S. 41 | *S. 93:* Aus: Surmann/Schröer, Augenschein, S. 164 | *S. 96:* Aus: Fitzhugh/Ward (Hgg.): Vikings, S. 304 | *S. 101:* Aus: Surmann/Schröer, Augenschein, S. 318 | *S. 106:* © akg-images/Liszt Collection | *S. 107:* Foto: Von Rufus46 – Eigenes Werk, CC BY-SA 3.0, https://commons.wikimedia.org/w/index.php?curid=44142592 | *S. 110:* Aus: Abendmahl. Übers. von Susanne Bosch-Abele, Berlin 2005, S. 21 | *S. 112:* Foto: Von Malchen53 – Eigenes Werk, CC BY-SA 3.0, https://commons.wikimedia.org/w/index.php?curid=32156136 | *S. 113:* © akg-images/De Agostini Picture Lib./A. De Gregorio | *S. 121:* © akg-images | *S. 124:* © akg-images | *S. 144:* Aus: Sakamoto, Mitsuru (Hg.): Nanban byōbu shūsei. A Catalogue Raisonné of the Namban Screens, Tokyo (2008), S. 14–15 | *S. 147:* Aus: Kern, Imaginationen, S. 173 | *S. 149:* Foto: Caroline Noack, Bonn | *S. 151:* Foto: Boston Public Library Tichnor Brothers collection #67470 | *S. 167:* aus: Tannahill, Kulturgeschichte, S. 351 | *S. 169:* Aus: Accum, Treatise, Titelseite, | *S. 174:* © akg-images | *S. 186:* Aus: Spitta, Die Kelchbewegung, Anhang | *S. 195:* Foto: https://celebrationcup.com/product/prefilled-communion-cups-30-day-pack/

Personenregister

Accum, Friedrich von 168–170, 177
Albertus Magnus 87 f., 92
Aleixo de Menezes, Erzbischof von Goa 143
Alexander I., Papst 69, 156
Alexander III., Papst 83 f.
Alexander von Hales 87
Alkuin 65, 68
Amalar von Metz, Erzbischof von Trier 65
Ambrosius von Mailand 48, 84
Amling, Wolfgang 132
Anselm von Canterbury 85 f.
Anthimos 56
Antonius von Padua 100
Apicius, Marcus Gavius 43
Aristoteles 88
Athenaios 42
Augustinus, Bischof von Hippo 37 f., 46

Baird, Robert 178
Beardsall, James 177
Bellarmin, Robert 138
Berengar von Tours 82–85
Beza, Theodor 130
Biel, Gabriel 89, 92
Billard, Paul-Félix Arsène, Bischof von Carcassonne 171 f.
Böttcher, Johann Heinrich 178
Bonaventura 83
Bonifatius 57

Borromeo, Carlo, Erzbischof von Mailand 139
Bosch, Paula 11
Brenz, Johannes 123
Bull, Ephraim Wales 177
Bulté, Henri-Joseph 172

Cäsarius, Erzbischof von Arles 57
Cäsarius von Heisterbach 84, 92, 94, 99 f.
Cajetan, Thomas 89
Calvin, Johannes 118 f., 125, 128–134, 136 f., 156, 160, 193, 208
Cassander, Georg 74
Chaptal, Jean-Antoine 165
Charles I., König von England 136
Chlodwig I., fränkischer König 56 f., 78
Clemens VIII., Papst 141
Coligny, Gaspard de 129
Columban von Luxueil (d. J.) 57
Cortez, Hernán 150
Cox, Harvey 198
Cranach d. Ä., Lucas 124
Cranach d. J., Lucas 121
Cyprian, Bischof von Karthago 40

Dalman, Gustaf 180
Dauglish, John 167
Dietrich, Veit 123
Dolci, Carlo 112
Dudith, Andreas 130

Personenregister

Eckbert, Bischof von York 57
Edward VI., König von England 135 f.
Ekkehart von St. Gallen 74
Ela, Jean-Marc 202
Elisabeth I., Königin von England 136
Epiphanius von Salamis 37 f., 47
Erik XIV., König von Schweden 130

Fabri, Felix 94
Farel, Guillaume 128 f.
Forbes, Charles 183 f.
Francisco Xavier 142 f.
Friedrich V., Kurfürst von der Pfalz (als Friedrich I. König von Böhmen) 134
Friedrich Wilhelm III., König von Preußen 160 f.
Füssel, Martin 133 f.

Gall, Ludwig 165
Gerhard, Johann 156
Gessner, Johannes 158
Giese, Friedrich 160
Gottsvin, Bischof von Island 96
Graham, Sylvester 166
Grebel, Konrad 125 f.
Gregor I. der Große, Papst 48, 66 f., 105–107
Gregor IX., Papst 95
Gregor von Nyssa 48, 52
Gregor von Tours 57 f.
Gruner, Christian Gottfried 159
Guitmund, Bischof von Aversa 82–85

Hadrian I., Papst 63
Hartley, Joseph 166
Havea, Sione 'Amanaki 206 f.

Heinrich VIII., König von England 135
Herberstein, Sigmund von 153
Herder, Johann Gottfried 158
Hesychios von Jerusalem 55
Hieronymus 38
Hoe von Hoenegg, Matthias 123
Hogarth, William 173 f.
Hollatz, David 157
Homer 41
Honorius III., Papst 95
Honorius Augustodunensis 74
Horsford, Eben Norton 167
Hrabanus Maurus, Erzbischof von Mainz 68
Hugo von St. Viktor 11, 83
Humbert von Silva Candida 72, 75 f., 82
Hus, Johannes 121

Ibas, Bischof von Edessa 53
Ignatius von Antiochien 46
Ignatius von Loyola 142
Ildefons, Bischof 70, 74
Innozenz III., Papst 82, 90
Irenäus von Lyon 48
Isidor von Sevilla 59, 89

Jakob I., König von England 136
Jan van Leiden 127
Jerónimo de Loaysa, Erzbischof von Lima 152
Jesus Christus 12 f., 21 f., 26, 28–31, 33 f., 39 f., 45, 47, 52, 57 f., 63, 65, 69 f., 74, 76 f., 82–86, 88, 90, 92, 97, 99–103, 105–113, 118–120, 122–130, 132 f., 135, 137, 140, 148 f., 154, 163, 176, 179 f., 183, 187, 190–192, 195, 200, 204, 208 f., 211

Personenregister

Johann Sigismund, Kurfürst von Brandenburg 133
Johannes, Bischof von Maiuma 52
Jón Smyrill, Bischof von Grönland 95
Julian Apostata, römischer Kaiser 34
Julius I., Papst 69, 88
Justin der Märtyrer 32 f., 40, 48

Kano Naizen 144
Karabinov, Iwan 155
Karl der Große, Kaiser 63, 65 f., 78
Kempf, Wilhelm, Bischof von Limburg 198
Kirik von Nowgorod 79
Koch, Robert 182
Kolumbus, Christoph 117
Konstantin der Große 75
Kyrill von Alexandrien 53
Kyrill von Jerusalem 47

Lancilotto, Nicolo 142
Lanfranc von Bec, Erzbischof von Canterbury 72, 82 f., 137
Laurentius Petri, Erzbischof von Uppsala 131
Lavater, Johann Caspar 158
Lee, Francis Lightfoot 178
Leibniz, Gottfried Wilhelm 160
Leo IX., Papst 75
Leon von Achrida, Erzbischof von Ohrid 75
Léry, Jean de 129
Leß, Gottfried 159
Leuninger, Herbert 198
Liebig, Justus von 167
Löhe, Wilhelm 172 f., 193 f.
Lumbala, Kabasele 202
Luneau, René 201 f.

Luther, Martin 60, 89, 117–123, 125, 131, 156, 161, 180, 193 f.

Mahieu, Wauthier de 201
Mar Abraham, Metropolit von Angamaly 143
Marheineke, Philipp 161
Markos 46
Mayer, Johann Friedrich 158
McCulloch, John Ramsay 165
Melanchthon, Philipp 124, 131
Mellitus, Bischof von London 56
Michael I. Kerullarios, Patriarch von Konstantinopel 74
Möngke, mongolischer Großkhan 97 f.
Mogila, Petr 154 f.

Napoleon I. Bonaparte, Kaiser der Franzosen 160, 165
Nikon, Patriarch von Moskau 154

Ofeegh, Johann Nicolai 131
Olaf, Erzbischof von Uppsala 95
Olearius, Adam 153 f.

Pachomius 52
Pasteur, Louis 176 f.
Paul III., Papst 137
Paulus, Apostel 22, 25–27, 39, 46
Paulus Diaconus 66
Petrus, Apostel 32, 39
Petrus Comestor 86 f.
Petrus Lombardus 83, 86
Pezel, Christoph 132
Philipp II., König von Makedonien 44
Philipp II., König von Spanien 153
Philo von Alexandria 28
Piccolomini, Enea Silvio siehe Pius II., Papst

Personenregister

Pietro di Valdivia 152
Pionius 40
Pippin, fränkischer König 63
Pius II., Papst 95
Pius IV., Papst 139
Pius V., Papst 141
Plinius d. Ä., Gaius 41 f.
Polykarp von Smyrna 40, 46

Quian, Zhang 145

(Paschasius) Radbertus 68, 82
Radegundis, Heilige 57
Raimund von Peñaforte 94
Ratramnus 82
Ratzinger, Joseph, Kardinal 199
Regino von Prüm 68
Remigius von Reims 56
Ribbeck, Conrad Gottlieb 161
Ricci, Matteo 145
Robert, Jean-Louis, Bischof von Marseille 172
Roch, Martin 181
Rodriguez, Simon 143
Rolando Bandinelli *siehe* Alexander III., Papst
Rolevinck, Werner 93
Rothmann, Bernhard 127
Rouard de Card, Pie Marie 168, 170, 172
Rubruk, Wilhelm von 97 f.

Sack, Daniel 196
Saba, König von Essex 56
Schleiermacher, Friedrich Daniel Ernst 163
Schleiermacher, Henriette 163
Schweitzer, Albert 181
Scultetus, Abraham 134
Serra, Juniper 152
Shakespeare, William 98

Siebenhirter, Johann 100 f., 105
Signorelli, Luca 113
Sigurd Eindridesson Tafse, Erzbischof von Trondheim 95
Silvester I., Papst 75
Smend, Julius 185 f.
Sokrates 163
Spalding, Johann Joachim 158
Spazier, Karl 159
Spitta, Friedrich 185 f.
Stuart, Moses 176–178
Sverre Sigurdsson, norwegischer König 95

Tatian 39
Teller, Wilhelm Abraham 157
Terry, M. O. 183
Tertullian 32, 35, 47
Theoderich der Große, ostgotischer König 56
Theodotus 38
Theodulf, Bischof von Orléans 66
Thomas von Aquin 87–89, 139, 172, 199
Tilius, Thomas 130
Tizian 112
Tralles, Balthasar Ludwig 159

Ulrich, Johann Rudolf 158

Venantius Fortunatus 57
Vilamitjana i Vila, Benet, Bischof von Tarragona 172
Vilela, Gaspar 144

Wandrillus, Heiliger 70
Waser, Johann Heinrich 158
Weiß, Bruno 184
Welch, Thomas Bramwell 176 f.
Wenzel von Böhmen, Heiliger 70
Wesley, John 175

Personenregister

Wickram, Jörg 119
Wierix, Hieronymus 106
Willard, Francis 177
Wladimir I. der Große, Großfürst von Kiew 78
Wordsworth, Christopher, Bischof von Lincoln 178
Wright, Frank 178
Zapata, Marcos 149
Zephyrinus, Bischof von Rom 49
Zwilling, Gabriel 122
Zwingli, Huldrych 118, 125–128